青年中国说·理解系列
YOUTH VOICES: UNDERSTANDING CHINA SERIES

丛书主编：谭安奎　叶　林

理解城市

珠三角城市治理与创新调查报告选集

（2022）

REPORTS ON URBAN GOVERNANCE INNOVATION
IN THE PEARL RIVER DELTA REGION (2022)

叶　林　主编

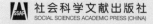

社会科学文献出版社
SOCIAL SCIENCES ACADEMIC PRESS (CHINA)

图书在版编目（CIP）数据

理解城市：珠三角城市治理与创新调查报告选集.
2022 / 叶林主编. —— 北京：社会科学文献出版社，
2022.10
（青年中国说. 理解系列）
ISBN 978 - 7 - 5228 - 0547 - 4

Ⅰ.①理… Ⅱ.①叶… Ⅲ.①珠江三角洲 - 城市管理
- 调查研究 - 研究报告 - 2022 Ⅳ.①F299.276.5

中国版本图书馆 CIP 数据核字（2022）第 147655 号

青年中国说·理解系列
理解城市：珠三角城市治理与创新调查报告选集（2022）

主 编 / 叶 林

出 版 人 / 王利民
责任编辑 / 刘 荣
文稿编辑 / 周浩杰
责任印制 / 王京美

出 版 / 社会科学文献出版社（010）59367011
地址：北京市北三环中路甲 29 号院华龙大厦 邮编：100029
网址：www.ssap.com.cn
发 行 / 社会科学文献出版社（010）59367028
印 装 / 三河市尚艺印装有限公司

规 格 / 开 本：787mm × 1092mm 1/16
印 张：15.25 字 数：252 千字
版 次 / 2022 年 10 月第 1 版 2022 年 10 月第 1 次印刷
书 号 / ISBN 978 - 7 - 5228 - 0547 - 4
定 价 / 99.00 元

读者服务电话：4008918866

总　序

当今世界正经历百年未有之大变局。所谓"变局",固然意味着经济、政治、文化秩序的重大调整,但其深层意涵,则指向相关知识与观念体系的更迭重塑。

若问新知识、新观念从何而来,古今中外均有智识灵感之源。然而,触发此番时势鼎革的众多变量中,中国独特的治理道路及成就恰是关键之一。这一仍在展开中的宏大实践与自主探索,无论是其既成的经验,还是其开放的可能,都需要而且值得基于深入的调查研究予以呈现,以形成关于"中国之治"的深度理解和积极反思,进而提供新知构造的源泉。

理解实践与探求新知,在此相得益彰。大学与青年学生为求新知,自当面向实践,开展调查研究。职是之故,中山大学政治与公共事务管理学院谋划推出"青年中国说·理解系列"丛书,以推动青年学生在老师的指导下开展社会调查,撰写调研报告。我们期望通过这一方式,让青年学生丰富社会感知,操练研究方法,获取经验知识,理解公共事务,讲好中国故事,涵育家国情怀。

辨析一个复杂社会的纹理,探究一个超大国家的治理,无疑是一项充满吸引力的工作。好在,身处这个巨变的时代,我们无须再发"白头何处觅新知"的慨叹。一则,发生在我们身边或者我们身处其中的生动、斑驳的实践,就隐藏着解决困惑的部分答案,因此,欲觅新知,就在此处;二则,青年学生及时深入"中国之治"的田野和现场,理解国家和时代,所知超乎纸上所得,青春正好,不待白头。

新时代以来,关于大学回归立德树人之根本,呼声日隆,举措频出。中山大学政治与公共事务管理学院诸位同仁倾尽心力为学生调研和报告的

1

撰写提供专业指导；众多青年学子热心向学，关怀社会，投身专题调研，发出清雅之声。面对国家治理之诸多议题，师生同业共修，遂有此"青年中国说·理解系列"丛书。当此之时，乐学善教之风延绵不辍，立德树人之业花果满枝，是为所望。

中山大学政治与公共事务管理学院　谨识

2020 年 1 月

前　言

　　城市治理体系和城市治理能力现代化是我国国家治理体系和国家治理能力现代化的重要内容。一流的城市要有一流的治理。作为我国城镇化程度最高、城市发展最迅猛和复杂的地区之一，珠三角城市治理创新为理解我国新型城镇化的发展和城市治理的转型提供了良好的场景。城市管理是中山大学的传统学科，政治与公共事务管理学院的"城市管理学"课程被评为第一批国家级一流本科课程。在2020年春季学期的授课中，政治与公共事务管理学院2018级本科生围绕课程教学展开了城市治理的理论学习和实践调研，克服了种种困难，完成了高质量的项目调研，形成了丰富的教学和研究成果，其中的优秀作品成为本书的主要篇目。在此基础上，学院其他本科生、研究生也参与了城市治理领域的相关研究，撰写了调查报告，我们选取其中的优秀作品收入本书。最终收录进本书的共有13篇文章，围绕城市综合治理、城市管理转型、城市跨域协同三个主题对珠三角城市治理的理论和实践创新进行了探讨。

　　珠三角在快速城镇化的过程中形成了高度复杂化的城市空间和城乡交错，城中村成为城镇化发展的典型产物。通过对广州城市中心的猎德村和大学城区域的贝岗村的研究，城市综合治理主题的报告对城中村的改造和治理进行了深入的分析。报告还调研了广州涌现的城市历史街区"微改造"的典型——永庆坊项目，充分体现了城市发展的文化导向，突出了广州"老城市、新活力"的发展特点。这些研究，充分体现了"城市规划和建设要高度重视历史文化保护，不急功近利，不大拆大建，要突出地方特色，注重人居环境改善，更多采用微改造这种'绣花'功夫，注重文明传承、文化延续，让城市留下记忆，让人们记住乡愁"的宗旨。广州同时通过政府与社会协同，创新社区治理和生活垃圾分类等城市管理重点问题的解决方案，推动形成新老市民融合、共建共治共享的治理新局面。

我国的新型城镇化要求城市管理的现代化转型，建立健全城市现代化治理体系，全面提升城市现代化治理能力，是国家治理体系和治理能力建设的重要内容。一流城市要有一流治理，要注重在科学化、精细化、智能化上下功夫。城市管理转型主题的五篇调查报告对"厕所革命"、网格化管理、智能化治理中的信息孤岛、体育俱乐部市场监管等问题进行了探讨。城市管理职能的转变与优化推动了从管理到服务的理论和实践转变，从传统的城市管理到网格化管理，信息技术被广泛运用到现代超大城市治理中，由此引发了数字安全、隐私保护和信息孤岛等新问题，需要通过城市管理的创新进行解决。体育文化作为现代大都市发展的重要标志和服务内容，需要社会组织和俱乐部的参与来共同推动。《"健康中国2030"规划纲要》明确了推进健康中国建设，提高人民健康水平的总体目标，超大城市中体育俱乐部的市场监管能够推进体育公共服务的标准化，实现国民健康，推动体育强国的建设。

在现代城市发展的过程中，跨域治理已成为城市治理的热点问题。其中既包括城市内部空间的调整与协同，也包括城市间的合作与发展。城市跨域协同主题收录了广州越秀区和黄埔区行政区划调整的逻辑成因和居民认同的案例分析，以及粤港澳大湾区高校人才流动的问题研究。通过城市内部和跨城市之间的政策设计和协同发展，推动跨域治理体系的形成，提升城市治理现代化水平。

青年学生的学术研究成果难免在语义表达和观点陈述等方面存在欠缺，并不完美，却也表现了他们勇于探索城市、理解中国的憧憬和志向。希望此书能够展现当代青年对中国城市及其发展的理解，为推动城市治理创新贡献力量。

在本书的编撰过程中，杜联繁和郭宇轩同学提供了全面的协助。社会科学文献出版社刘荣老师的专业指导保证了本书的顺利出版。在此，谨向刘荣老师、周浩杰编辑等诸位出版社工作人员表示衷心的感谢。

叶　林

2022 年 4 月 12 日

目 录

城市综合治理

城市更新中的微改造模式及其文化导向

——基于永庆坊项目的案例分析

迟航德　熊杨睿超　马肇骏　史卫龙　徐　凯　乔必成*

摘　要： 2015 年广州市成立城市更新局，探索微改造的城市更新模式。随着传统历史文化越来越受到重视，城市更新局在城市更新过程中的地位也越来越重要，微改造的城市更新方式被越来越多地用于城市规划建设当中。永庆坊微改造是广州第一个历史文化街区微改造项目，其改造过程凸显了城市更新中的文化导向。本文通过梳理永庆坊的改造历程，从城市更新中的文化导向视角研究永庆坊微改造模式，总结永庆坊微改造的主要问题和可借鉴的经验。

关键词： 城市更新　文化导向　永庆坊　微改造　BOT 模式

一　导论

自古以来，城市更新便是一个城市生命历程中无法回避的议题，在当今现代化的背景下，城市更新则愈加受到人们重视。但在经济飞速发展的过去几十年内，人们对于城市更新持有一种纯粹的工具理性和功利主义视角，认为对一个城市进行更新仅仅是为了让这座城市能够跟上经济发展的步伐，能够满足现代人类生活的需要。城市中的非物质元素——文化，则一直被人们忽略。

城市是非农业人口集中并主要从事非农业生产活动的区域，是一定区域内文化、社会、经济活动的中心，是内外不同部门、不同要素有机结合

---

* 迟航德、熊杨睿超、马肇骏、史卫龙、徐凯、乔必成，中山大学政治与公共事务管理学院行政管理专业 2018 级本科。

的大系统（陈浩然，2019）。人的社会性在城市内得到了充分体现，因此，在城市诞生之初便产生了相应的城市文化。随着全球化进程的日益加快，全球化对人类社会的影响逐渐扩张到文化领域。在全球共享技术、人才、资金的大背景下，文化也成为一座城市的核心竞争力之一。

恩宁路作为老广州西关文化的代表性区域，拥有上千年的历史，片区内拥有大量的传统建筑。广州市于 2006 年决定对恩宁路地块实行旧城改造，其中涉及改造的建筑用地面积大约为 6000 平方米。同年 2 月，《恩宁路地块广州市危改房试点改革方案》颁布，恩宁路成为广州第一批危破房改造试点地区之一，以基本全拆、原地回迁的方式进行改造（张微，2019）。① 随后，荔湾区政府于 2007 年 5 月首次向公众公布了恩宁路危破房改造项目的拆迁范围，在这之前政府并没有完善的规划方案，而是采取直接拆迁的方式，这引起了当地居民的强烈反对，社会媒体也开始关注并报道。

随着越来越多人的关注，恩宁路基本全拆的改造模式逐步修正。2011年，广州市城市规划委员会全票表决通过了《恩宁路旧城更新规划》，恩宁路拆迁工程的控制性详细方案也在同年制订完成（谭敏倩、蔡晓辉，2018），更新规划最终以片区历史保护及人口抽疏为主题，对片区剩余建筑基本予以保留并在已拆建筑片区建设传统街区。2011 年至 2014 年，最终由于资金不足以支撑将恩宁路内居民全部动迁，恩宁路成为破败的"残局"（陈楚宇，2018）。直至 2015 年，广州城市更新局成立，并于2015 年出台《广州市城市更新办法》及配套文件，提出"微改造"更新方式。恩宁路更新工作重新提上议程，永庆坊项目成为广州微改造的第一个试点项目。2018 年 8 月，万科公开招投标获取永庆坊二期，该工程计划于 2021 年底前完成。恩宁路经历了十几年的拆迁改造，从开始的大拆大建到后来的微改造，呈现较为独特的更新模式，具有一定的研究价值。

在广州旧城更新的新阶段，文化导向、老城新生等概念被提及，城市的微空间修复展现出极大的前景。永庆坊项目是微改造办法出台以后的第一次尝试，恩宁路成为广州市第一个微改造的历史文化街区，体现了城市更新中的文化导向，在这个过程中，微改造是否真正与文化导向相结合？

---

① 恩宁路连片危破房改造项目作为广州首个"中调"的旧城改造项目启动。

采用了哪种文化导向的更新模式？同时，微改造的模式也有待进一步探究，以其为案例对城市更新的文化导向进行探讨有重要意义。

一个城市的历史文化是其区别于其他城市的特征，近几十年随着历史文化在城市竞争中的作用越来越重要，发挥着提高城市知名度、吸引投资、吸引人才等作用，以文化为导向的城市更新模式逐渐在全球范围内兴起。这一更新模式强调以文化作为城市更新的推动力与目标，追求在空间再生产的过程中让城市更具有文化底蕴，提升城市的文化内涵和综合能力（黄晴、王佃利，2018）。进入 21 世纪以来，尤其是近十年，文化导向的城市更新模式在我国逐渐发展起来。包括城市传统建筑的修缮保护、非物质文化遗产的传承、城市文化创意园区的打造，许多城市在更新过程中越来越重视城市文化内涵，并且不止于历史传统文化，还包括现代文化内涵，文化导向的城市更新模式获得了本土化发展。

二 文献综述

在城市更新过程中，许多城市出现了"千城一面"的状况，并且随着全球化的发展，除经济、科技等领域全球化程度逐渐加深，社会文化也因全球化，影响比之前更大。城市中的文化元素开始引起人们的重视。因此现在的城市更新面临一个难题——如何提升城市的文化内涵？

当代社会经济与文化相互交融，彼此交互，城市更新早已不是简单地为经济发展服务了，而是城市发展中兼顾经济与文化发展的一种手段。王佃利、王玉龙（2019）认为城市文化可以分成城市的物质环境和意识形态两部分，前者指的是城市的独特空间形态、总体布局和建筑形态，例如新疆伊犁特克斯城的八卦型城市道路布局和我国南方独有的徽派建筑；后者则是指城市内部的历史传统、社会风格等非物质的内容。把这些内容融入我国的城市更新进程中，以城市文化作为城市更新的推动力和目标，追求在空间再生产的过程中重塑城市的文化内涵（黄晴、王佃利，2018），便是当今时代所强调的"以文化为导向的城市更新"模式。

随着城市更新中的文化内涵逐渐受到重视，世界各地也涌现出了大量文化主导城市更新的相关实践（见表1）。其中既包括英国伯明翰中心区域的城市翻新、盖茨黑德的公共空间改造这样的基于文化设施修缮保护的区域更新模式，也有上海虹口港基于历史文化传承保护的更新模式（胡力骏，2013），以及西班牙巴塞罗那、英国苏格兰格拉斯哥促进创意产业发展的更新模式（易晓峰，2009）。现有研究对于文化主导城市更新的归纳有两个理论视角：空间的文化和文化的空间。这两个理论视角的侧重点不同，空间的文化强调文化对空间的依附，使用文化来赋予空间以文化内涵，如摆放雕塑、绘画等艺术品或修建音乐厅等，来提升某一特定区域的文化内涵。文化的空间则是强调把无形的文化具象化并赋予其空间形态，例如举办文化节、修建历史博物馆等。这可以给我们提供解释分析现在大部分城市更新实践中的文化主导特点的研究视角，这两个视角也受到了当今我国城市管理学界的普遍认可。

表 1　文化导向城市更新的几种模式

模式	一般做法	适用条件	空间形态	典型案例
基于文化设施修缮保护的区域更新模式	政府通过城市形象的改善和再包装，提升投资者和市民信心，由此吸引投资	具有一定的文化基础设施	艺术馆、博物馆、音乐厅	英国伯明翰中心城、盖茨黑德
基于历史文化传承保护的更新模式	政府通过挖掘城市传统文化，以怀旧、爱国情结等吸引游客	具有保护较为完好的历史文化古迹	历史文化街区、古城	上海虹口港
促进创意产业发展的更新模式	政府在城市形象改善和再包装的同时，实施相应的促进相关产业的战略，促进创意相关产业发展	具有文化创新传统的地区	创意产业园、艺术家聚落	西班牙巴塞罗那、英国苏格兰格拉斯哥

资料来源：黄晴、王佃利（2018），易晓峰（2009）。

除去文化主导城市更新的理论视角之外，其更新模式在学界也是一个广泛讨论的主题。关于文化主导城市更新的模式，不同学者进行了不同的研究。郑憩等（2013）根据文化主导城市更新的目的总结出了改造的三种战略模式：旗舰型战略（以经济增长为目标）、创意阶层战略（发展文化创意产业）和改进型战略（以文化为手段促进社区发展）。黄晴、王佃利（2018）则基于城市文化的基本特性，将文化导向的城市更新模式划分为三种，即基于文化地域性的更新模式、基于文化社会阶层性的更新模式以及基于文化功能性的更新模式。这些模式试图对现今复杂的文化主导城市更新现象进行归纳和概括。

当今文化主导城市更新已经成为城市管理中值得思考的一个话题，但一些学者对文化主导城市更新的理解仍然停留在一个较浅的层次，对文化深层内涵的发掘依然不够。全国各地涌现的千篇一律的"古城"，反映出我国许多城市在城市更新时片面注重"文化"元素，过分强调文化主导产业先行，成为当今很多中小型城市在进行城市更新时的误区。改造者对于改造区域的文化体系的整体性缺乏认知，这导致改造者容易忽略或破坏当地文化的某个有机组成部分，从而使得当地整体性的文化环境受到扰乱而失去协调性。除此之外，城市的改造者对于当地文化的核心内容和文化延续的重要性认识也值得重视。对于某种当地特有的历史文化，其文化核心并不是所谓的物质化的表现，而是能够使这种历史文化保有不同于其他历史文化的传统技艺或技巧，并且要拥有将这种技巧传承下去的能力。

笔者认为，文化主导城市更新研究并不仅仅限于前文所提到的两个理论视角，而是要深入对静态文化的保护和对动态文化的传承层面。城市能有其特色正是因为城市自身独有的历史文化，历史文化之所以能成为历史文化，正是因为其有特殊的延续性。文化主导城市更新的另一种内涵，便是在保护和传承历史文化的基础上，结合当地历史文化进行旧城改造，达到经济与文化共赢共荣的目的。这也是当前我国大城市改造中所普遍遵循的逻辑。

本研究选取广州市恩宁路永庆坊的微改造项目作为案例进行分析，探讨其改造模式。通过收集整理永庆坊相关资料，探究其基本情况及其微改造基本进程，进而分析永庆坊的改造模式、微改造背景，以及永庆坊改造BOT模式，最后研究分析永庆坊微改造过程中的文化导向，形成对策建议。本研究主要采用案例分析法，以永庆坊项目为案例，着重分析永庆坊改造的微改造模式以及在永庆坊改造中体现的文化导向，最终得出结论和提出对策建议。通过查阅相关文献和报道获得充足的资料，对永庆坊微改造中的基本情况进行全面而有针对性的梳理，以期在接下来的案例分析中能够更加还原真实情况，增强研究的可信度。在城市更新过程中，如何保持当地历史风韵、保护传承当地历史文化是一个无法绕开的问题，本研究对永庆坊项目新尝试的改造模式分析将以独特的案例充实丰富城市更新的理论研究，在实践层面上，可以为未来以文化为导向的城市更新提供宝贵的经验借鉴和模式参考。

三　案例描述

（一）广州城市更新模式的历史沿革

广州是一座具有两千多年历史的城市，拥有众多形式各样、文化内涵丰富的历史建筑。但随着时间推移，往日繁荣的老城已日趋破败，居住条件恶劣、社会结构下移、人口老龄化等问题日益突出（刘垚等，2015）。因此，广州的旧城改造项目应运而生。历史和现代的双重属性决定了对广州进行城市更新研究的重要性。同时，改革开放 40 多年来，广州城市化发展迅速，工业化的推进、产业结构的转型升级、城市化和再城市化的过程交织、人地矛盾的持续紧张、市民要求提高生活品质等从经济、社会、政治等诸多方面共同推动着广州城市更新的开展，在这一过程中积累了众多的城市更新案例。

20 世纪 90 年代，广州开始结合地铁修建、道路开拓进行小规模的旧城改造。由于当时改造理念以利益回报为主，改造中出现了复建安置标准低、建设强度不断突破、新建住宅破坏老城肌理等问题（刘宣，2009）。1999 年，广州市政府不再允许开发商介入旧城改造，放弃了房地产推动型①改造模式。然而，开发商不再介入旧城改造，意味着市场资金的抽离，众多新项目无法启动（李筠筠，2019）。2000 年至 2006 年，由于外拓型城市发展战略的提出，广州城市发展重心从旧城区转移到中心区及其周边，广州的旧城改造进程缓慢，趋于"停滞"。

2004 年亚运会的成功申办，使广州旧城更新迎来了新的契机，广州开始了政府主导的"大事件推动型"旧城改造（史明立，2017）。2006 年，广州城市改造重心转为对存量土地的再开发。2008 年，受 2007 年美国次贷危机影响，世界性金融危机爆发，影响我国经济的发展，城市改造资金紧缺，政府主导下的改造项目效率低，收益甚微。大多数项目投入大量资金，收入却相对较少，政府开始意识到社会资本的重要性。2009～2012年，广州出台若干"三旧"政策，更新重点从危旧房改造开始转向"三旧"改造。2015 年 2 月，广州市城市更新局成立。2015 年 12 月，广州市政府颁布了《广州市城市更新办法》及配套文件，提出全面改造及微改造

---

① 随着房地产产业的发展，政府引入开发商进行"三旧"改造。

并存的更新方式。截至 2018 年 9 月，广州市老旧小区微改造项目已推动 696 个，占比 89%。随着时代的变化，广州的旧城改造一直在发展之中（万玲，2019）。

学术界关于广州城市更新演进的著作颇丰。不少学者认为，广州的城市更新模式有着阶段性的特征，但是关于阶段的划分有着不同的观点。陈楚宇（2018）在对永庆坊微改造模式的研究中将广州城市更新按照不同的阶段目标划分为三个时期：20 世纪八九十年代为追求经济高速发展时期，为了服务经济发展的需要，广州对原有街道、基础设施、楼宇进行了大规模的拆除和新建，对城市的历史街区和建筑造成了不可逆的破坏；21 世纪的前十几年为探索时期，城市更新依照"南拓、北优、东进、西联"以及而后的"中调"战略，城市改造的重点由旧城区转向城市中心，历史文化保护也被纳入城市更新的理念之中；2015 年之后为追求公共利益时期，微改造模式为旧城改造中的文化保护提供了方案，民众和旧城的关系开始得到重视。

叶林（2013）在研究中将广州城市更新划分为四个时期：20 世纪 80 年代的改造完全由政府规划，此时房地产资本尚处于形成阶段；20 世纪 90 年代开始进入政府主导、市场参与的时期，市场机制被引入城市更新的过程中，其间，2000 年至 2006 年，开发商被禁止参与到城市更新项目中，2006 年后这一政策松动；2009 年进入政府搭台、市场主导的"三旧"改造时期，开发商通过非正式渠道进入改造项目的关键环节，而政府扮演的角色则是政策制定者和监督者；2012 年广州进入"后'三旧'改造"时期，城市改造政策被重新收紧，相对宽松的审批制度不复存在。

虽然学者们对广州城市更新阶段有着不同的划分依据和结果，但是总结学者的研究成果并结合广州城市更新的现实状况，可以得出以下结论：（1）广州城市更新模式受到以政策、经济为主的多方面因素影响，并没有产生一套具有可操作性的政策文本来规范改造模式，不同的改造项目各具特征；（2）城市更新理念具有进步的趋势，由完全追逐经济效益转变为开始考量当事民众诉求、保护城市历史文化，但后一阶段并没有完全改正和弥补前一阶段的错误和不足，只是对其中一部分做出回应；（3）政府在城市更新中是绝对强势的主体，无论改造的主体如何变动，政府部门出台的政策都是各方必须遵守的底线，政府的表态和意见也往往有一锤定音的效果。

（二）永庆坊微改造发展历程

2006 年，恩宁路永庆坊片区开启了旧城改造。张微（2019）认为，永庆坊的改造过程可以分为三个阶段：2006 年至 2010 年为"大拆大建"模式阶段；2011 年至 2014 年为"减量规划"模式阶段；2015 年至 2016 年为"微改造"模式阶段（见表 2）。在"大拆大建"模式阶段，由政府主导，主要是对老旧危房进行改造。荔湾区作为广州的老城区之一，存在许多人居环境差、年老失修的老旧房屋。恩宁路地块辖区也因此成为荔湾区政府旧城改造的试点地区。2006 年《恩宁路地块广州市危改房试点改革方案》提出了"拆旧建新、原地回迁"的改造模式，但引起居民的强烈不满。2009 年《恩宁路历史文化街区保护开发规划方案》颁布，政府开始注重对传统建筑的保护，"大拆大建"模式到此基本结束。2011 年 1 月，恩宁路拆迁重新启动。2009 年至 2011 年，荔湾区政府重新委托华南理工大学建筑设计研究院对恩宁路地块进行规划设计，确立了"减量规划"的改造模式（周强、荆淮侨，2019）。2015 年，广州城市更新局成立，同年 12 月出台《广州市城市更新办法》和配套文件，首次提出微改造的更新模式，将其和全面改造放在同等重要的位置，并明确城市更新资金和资源将优先投放在微改造项目中（梁启基，2017）。

表 2　永庆坊改造模式发展历程

时间	改造模式	改造理念	参与主体
2006 ~ 2010 年	大拆大建	拆旧建新、原地回迁	政府主导
2011 ~ 2014 年	减量规划	文化更新	政府主导、居民自我改造
2015 ~ 2016 年	微改造	修旧如旧、新旧融合	政府主导、企业承办、居民参与

资料来源：张微（2019）。

四　案例分析

（一）永庆坊微改造模式分析

1. 微改造背景分析

（1）机构支撑——广州市城市更新局的设立。社会利益的多元化意着政府在城市更新工作中面临综合统筹各方利益的压力。城市更新的微改造模式并不意味着改造任务的简单化，反而要求更为细致地做好保持待改造区域的原始风貌、征询居民意见、预测改造风险因素等工作。由"大拆大建"到微改造实际上意味着行政任务的复杂化、精细化。广州市城市更新局的职能包含原"三旧"改造办公室的职能，是全国第一个以城市更新为主要职能的常设行政机构，这意味着广州市以"三旧"改造作为战略抓手的城市更新工作将进一步常态化、长期化、专业化。城市更新局的设立为微改造模式提供了实践的契机，城市更新作为一项专业职能被纳入政府的任务目录中。

（2）政策支撑——关于城市更新指导文件的出台。2015 年，荔湾区政府审议通过了《关于开展永庆片区微改造的请示》，停滞多年的永庆坊改造项目重新进入政府的规划之中（薛杨、刘康宁，2019），该文件还敲定了以微改造作为改造原则。2015 年末，广州市人民政府颁布《广州市城市更新办法》及其配套文件《广州市旧村庄更新实施办法》《广州市旧厂房更新实施办法》《广州市旧城镇更新实施办法》（谢小娜，2017），其中《广州市旧村庄更新实施办法》第三条明确规定旧村庄更新改造包括全面改造和微改造两种方式。微改造这种更新方式的目的是传承历史文化、保护生态环境，是一种促进旧城和谐发展的改造方法，包含整治修缮和局部改造。上述请示和办法回答了永庆坊改造"是否改"以及"怎样改"的问题，城市改造的社会效益在官方层面得到进一步认可。

2. BOT 模式分析

永庆坊微改造采用 BOT 模式进行，2015 年 8 月微改造试验区开放招标，2016 年万科中标永庆坊一期项目并进行改造修缮。下面从各主体的行为、责任和互动的描述分析 BOT 模式下永庆坊的微改造过程。

（1）实现政府的风险转移。在 20 世纪 80 年代，城市改造工作之所以推进极慢，很大一部分原因是私有资本在城市改造之中的缺位，政府的全权负责给财政带来了极大的压力，而城市更新却没有给政府提供对等的收入，造成政府支出和收入的不匹配。政府和私有资本共同参与城市更新项目可以使政府减少财政支出，在永庆坊项目中，万科以承担改造工作为条件获得对永庆坊 15 年的经营权（见图 1），政府仅以"搭台者"的角色为其提供政策支持和改造权威，政府风险由此转移到市场。改造中万科承担起政府的部分职能，分担开发过程中的部分风险。

虽然恩宁路永庆坊的改造历时长，改造模式几经变动，但由于区域内

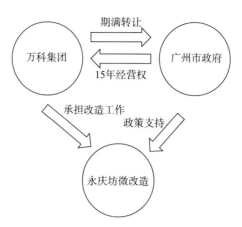

图1　永庆坊改造中 BOT 模式的运营

大部分居民已经迁出，空置出来的土地资源相当可观，而且政府已经收回了大部分的土地产权，这也为企业在后来的改造中节省了与居民谈判的成本。微改造的前期需要大量资金，建设运营周期长，资金回笼慢，建成后还要进行良好的运营，否则投资将难获收益，对于政府来说具有一定风险。万科作为自有资金、善经营的企业加入改造中，对政府来说能分担这方面的风险，由此也体现了"政府主导、企业承办、居民参与"的改造模式。政府在这一过程中监督企业的改造工作，确保改造过程中居民权益不受损害，同时兼顾社会效益，平衡各方利益，通过制定政策、相关法规为企业提供政策支持，维护居民权益。

（2）充分发挥政府与市场两者的优势。一方面，市场资本具有逐利性，因此企业在投入时会极其谨慎，市场机制的引入会使得城市更新项目以更加专业化、理性化的策略开展，在付出相对较少资金的前提下获得更优质的成果。另一方面，市场不具备政府的权威，承担大规模的改造项目将付出高昂的成本。永庆坊改造通过将市场理性和政府权威两种优势结合，加快了改造进程、提高了改造质量、实现了趋利避害。

（3）过度商业化的困局。BOT 模式中，企业通过与政府签订协议，在规定期限内拥有特许权全权负责项目的建设与经营，政府对项目的控制力下降，同时政府进行监督的难度上升。永庆坊的改造由于由企业承担，产生了诸多的市场化问题。万科为了实现经营利润的最大化，在永庆坊营造了浓厚的商业氛围，商铺的数量变多，街区文化被物化为"文化产业"。微改造完成后，在永庆坊各功能分区中，商业区所占面积比重最大。过度的商业化也给当地居民的生活带来了噪声污染、环境污染、治安环境复杂等方面的诸多困扰。

(二) 永庆坊微改造中文化导向模式分析

永庆坊微改造既采用了基于"传统历史"的空间生产的文化地域性更新模式，又采用了基于"消费导向"的空间生产的文化功能性更新模式。

1. 基于文化地域性的更新模式：城市空间的"传统文化"

永庆坊的改造体现了基于文化地域性的思考逻辑，将历史传统文化作为推动发展的动力来源。2015 年 8 月，恩宁路永庆坊微改造试验区招标，2016 年万科中标永庆坊一期项目，并于同年 10 月开业运营。在实施过程中，按照"老城市，新活力"的总体要求注入新时代的城市生活方式，在注重传承传统文化的基础上和当代都市生活相融合（刘怀宇，2018）。永庆坊改造过程中摒弃了"推倒重建"的传统模式，秉承"修旧如旧，新旧融合"的微改造理念（郭军，2020），反对大拆大建，在改造中保持原有建筑的外轮廓基本不变，守护片区传统建筑风貌，保留了西关社区原有的历史风貌。在原有的街坊里弄的城市肌理上，修复西关骑楼、荔枝湾涌、粤剧艺术博物馆、銮舆堂等城市乡愁记忆符号（林昊，2020），修复文物资源，打造民居与商业共存的建筑风格与迎合游客文化审美及消费心态的具有当地文化特色的街景，优化当地居民居住空间，守护片区居民的生活与情感。保留代表本地文化的手工艺人店铺，保护广绣、广彩等非物质文化遗产，从而发扬本地优秀传统文化、讲述地方故事；通过举办展览、节庆营销方式，达到刺激消费和吸引外地游客的效果。

2. 基于文化功能性的更新模式：消费性的文化空间

在经济利益的驱动下，基于文化功能性的城市更新模式被全球广泛采用。这种更新模式以吸引游客、促进消费为主要目的，具体的实践途径包括视觉享受与售卖、城市生活方式打造等（黄晴、王佃利，2018）。永庆坊改造一期项目中，可经营面积达 6008.9 平方米的永庆大街通过产业重构的方式导入新锐文创产业，打造历史文化商业街区。在整体消费升级的大环境下，零售、批发、个体商家、手工作坊等老旧的传统产业已逐渐失去对年轻一代的吸引力。为促进消费，永庆坊在改造过程中，通过复合文创产业导入，全面提升老城区活力指数，破解老城区空心化问题。基于文化功能性的更新模式在永庆坊改造中体现在围绕着发展城市旅游业、打造特色旅游产品来吸引游客、促进消费方面。除此之外，永庆社区积极探索举办"年轻活动"，2018 年国庆期间同新媒体平台"年粤日"联手打造"粤语流行音乐馆"，用歌词墙、经典 CD 展、装置艺术展等形式，与粤语歌爱好者一起重温往日美好，引起年轻一代强烈共鸣，并为园区导入了可观的客流。通过文创产业的注入以及举办"年轻活动"，打造与年轻游客互动的平台，进而重燃社区人气。

以消费为导向的文化更新模式，可能会产生过度商业化的后果。在全国各地兴建的古城中，过度商业化的现象可见一斑，而永庆坊的定位并不是过度商业化的复古一条街。永庆坊片区内有一家以中华民族"四大发明"之一活字印刷术为主题的活版印刷体验馆，既是这门古老技术的展示窗口，也是亲身体验印刷术、促进消费者交流的互动空间，为园区注入了浓郁的文化氛围，凸显了园区的老城活化使命；"又见·观照"是集珠宝首饰零售、烘焙工坊、咖啡馆于一体的"上工下店"特色展贸业态的店铺，实现了企业办公、展销、与目标受众深度交流的利益诉求；集餐饮、时尚零售、社交于一体的 She Inn 为年轻消费者提供了多元的时间性消费体验，其时尚气质强烈的立面设计、业态构成与产品特色，让老建筑获得了崭新的表达，开业至今已成园区内最受瞩目的"网红店"。

五　结论与建议

广州永庆坊改造项目是以 BOT 模式为框架，以当地历史文化为导向，集聚政府、资本和社会三方力量共同完成的一个旧城改造的典范。虽然永庆坊的改造项目是由万科集团来负责并具体实施，但在这其中，资本与文化交融共生的模式可以成为业界学习的典范。永庆坊的改造依托当地独特的地域文化和建筑（岭南文化和名人故居等）发展文化创意产业和特色旅游产业，达到经济效益和文化传承的共赢。放眼全国，与广州永庆坊改造项目模式类似的有上海新天地改造项目。二者均以当地文化作为旧城更新的主导元素，使用"微改造""绣花针"的手法，杜绝大拆大建，用现代商业元素和建筑风格来融合当地历史建筑，创造出现代化城市中的独特风景，从而让旧城能够适应现代城市的需要，焕发出新的生机。

在永庆坊改造项目中，文化永远是一个无法回避的元素，即使万科集团的改造让现在的永庆坊多了些现代化气息，但散落在永庆坊的老房子仍然能让游客们感受到在这里延续了数百年的岭南文化。在城市肌理、街道格局和建筑元素上，万科集团都保持了对其本源的尊重和保护，仅仅对某些细节进行了微调，而大体的广式建筑风格则被沿用下来并加以利用。同时，街区内的商户以生产经营小吃、民宿或手工艺品为主，让街区整体的商业气息不至于过于浓厚，使永庆坊仍然处于一个偏市井生活的环境中。总结来说，历史文化在永庆坊的改造过程中扮演着极其重要的角色，主导着永庆坊的蜕变，使得在如今日渐商业化的城市中还能保有一块充满人文气息的文化净土。

如何保护传承当地历史文化是城市更新改造过程中必须解决的问题，尤其是在中国这样幅员辽阔、民族多元、文化多样的国家。从广义上来看，保证各民族各地域的独特文化能够长远流传下去是发扬和传承传统文化的重要一环；从狭义上来看，特有的历史文化作为一个城市软实力的重要组成部分，是一张独特的城市名片，让城市能够拥有区别于其他城市的独特之处。永庆坊的改造便坚持对广州传统岭南文化的回归引导，让广州传统的岭南文化走出了静态保护的死板误区，转向了结合现代元素的动态传承，实现了古老历史文化的现代价值回归。毫无疑问，永庆坊微改造的成功为广州打造了一张独特的城市文化名片，为各地城市更新提供了一种新的改造思路和模式，既在文化层面达到了承上启下、继往开来的效果，又促进了当地经济发展和居民生活水平提高，是当代城市更新议题中能够以文化为导向，实现经济与文化有机结合共同发展的优秀案例。

随着人们对历史文化价值的挖掘和认知的逐渐加深，未来的城市建设和更新中将会越来越重视文化要素，以文化为导向的城市更新项目将会逐渐增加。而永庆坊微改造案例，是一次功在当代利在千秋的大胆尝试，能够为未来的以文化为导向的城市更新提供宝贵的经验借鉴和模式参考。

参考文献

陈楚宇，2018，《广州恩宁路永庆坊微改造模式研究》，硕士学位论文，华南理工大学。

陈浩然，2019，《浅析城市规划与土地利用总体规划的协调》，《中外企业家》第 36 期，第 214 页。

郭军，2020，《广州永庆坊：微改造让历史文化街区"活起来"》，中国新闻网，https：//baijiahao. baidu. com/s？id = 1672373152869814729&wfr = spider&for = pc。

胡力骏，2013，《基于历史文化价值的城市更新研究——以上海虹口港城市更新为例》，

《上海城市规划》第 1 期，第 36 ~ 40 页。

黄晴、王佃利，2018，《城市更新的文化导向：理论内涵、实践模式及其经验启示》，《城市发展研究》第 10 期，第 68 ~ 74 页。

李筠筠，2019，《绣花功夫缝合历史文化街区的全流程规划》，载中国城市规划学会编《活力城乡 美好人居——2019 年中国城市规划学会会议论文集》，中国建筑工业出版社。

梁启基，2017，《恩宁路历史文化街区微改造研究》，硕士学位论文，广州大学。

林昊，2020，《一条街承载一段历史 广州永庆坊"更新"记》，《时代周报》，https://www.sohu.com/a/425861467_237556。

刘怀宇，2018，《不仅仅有永庆坊，广州历史建筑活化利用形成四大模式》，搜狐网，https://www.sohu.com/a/271298727_100116740。

刘宣，2009，《旧城更新中的规划制度设计与个体产权定义——新加坡牛车水与广州金花街改造对比研究》，《城市规划》第 8 期，第 18 ~ 25 页。

刘垚、田银生、周可斌，2015，《从一元决策到多元参与——广州恩宁路旧城更新案例研究》，《城市规划》第 8 期，第 101 ~ 111 页。

史明立，2017，《谁的博物馆？——博物馆与公众参与》，《博物院》第 5 期，第 12 ~ 17 页。

谭敏倩、蔡晓辉，2018，《城市更新的微改造模式研究——以广州市永庆坊微改造项目为例》，《房地产导刊》第 24 期，第 9 ~ 10 页。

万玲，2019，《广州市老旧小区可持续微改造的困境与路径探析》，《城市观察》第 2 期，第 65 ~ 71 页。

王佃利、王玉龙，2019，《从历史建构到城市营销：古城更新的空间生产策略与逻辑》，《东岳论丛》第 5 期，第 167 ~ 175 页。

谢小娜，2017，《城市更新背景下的社区重建——以荔湾区为例》，《黑河学刊》第 1 期，第 168 ~ 170 页。

薛杨、刘康宁，2019，《社区营造视角下的城市更新反思——以恩宁路永庆坊微改造为例》，《中国城市规划年会论文集》。

叶林，2013，《从增长联盟到权益共同体：中国城市改造的逻辑重构》，《中山大学学报》（社会科学版）第 5 期，第 129 ~ 135 页。

易晓峰，2009，《从地产导向到文化导向——1980 年代以来的英国城市更新方法》，《城市规划》第 6 期，第 66 ~ 72 页。

张微，2019，《广州永庆坊城市更新模式及其启示》，《探求》第 5 期，第 52 ~ 58 页。

郑憩、吕斌、谭肖红，2013，《国际旧城再生的文化模式及其启示》，《国际城市规划》第 1 期，第 63 ~ 68 页。

周强、荆淮侨，2019，《做一粒"益生菌"——广州永庆坊复兴记》，新华网，http://www.xinhuanet.com/politics/2019 – 05/16/c_1124503157.htm。

多元主体视角下的城中村治理模式探究

——以猎德村为例

高沁云　胡玉珊　柯悦仪　李斯雯　刘嘉琳

罗子璇　徐　帆　张馨艺*

摘　要：作为中国半城市化产物，城中村的治理模式各不相同，探究城中村不同发展阶段的适宜治理模式成为当务之急。本文归纳各治理主体的历史发展轨迹及特征，并使用案例分析法，通过分析猎德村改制初期的状况及近况，探究各治理主体的职权结构与互动机制，发现多元治理模式的合理之处与现存不足，为我国城中村治理提出对策建议。

关键词：城中村改制　多元治理　治理模式

一　导论

改革开放后，我国城市版图迅速扩张，在城市化浪潮中，城中村基层管理的薄弱环节暴露，在公共治安、卫生与消防等方面存在许多隐患。这些问题既影响居民生活质量，也阻碍我国的城市化进程，城中村改制因此成为必然。

对社区而言，治理是调解冲突、解决问题和增进整体利益的方式。要改善现有不足，需对城中村现存治理模式进行变革。广州城中村由于整体改制过程中的历史遗留问题，出现了较具代表性的"治理主体职权错位"问题，非良性互动机制导致部分主体治理缺乏合理性和法制保障，居民难以参与其中。总体而言，现有的城中村治理效率较为低下，需要进行规范

---

* 高沁云、胡玉珊、柯悦仪、李斯雯、刘嘉琳、罗子璇、徐帆、张馨艺，中山大学政治与公共事务管理学院行政管理专业 2018 级本科。

化管制与改善。

然而，评价城中村的治理模式必须结合实际发展情况。在城中村的不同发展阶段，各主体适合承担的职责各异。想要探讨适合本阶段发展的治理模式，既要了解城中村在本阶段的经济、法治与行政力量，也要辩证看待各主体行动的合理之处及不足。综上所述，是否、何时及如何推动城中村治理机制改革，都要结合实际加以分析。

猎德村作为广州城中村改制的典范，在改制过程中积累了较为丰富的经验，其治理主体互动机制的完善以及治理乱象的调节都值得借鉴。分析猎德村改制案例，对于理顺城中村治理现状与治理规范的对应关系具有重要意义，也能为广州其他城中村改善治理、建立适合自身的治理机制提供经验参考与对策建议，同时弥补现有研究在治理主体互动机制方面的不足。

二　文献综述

城中村是城市化急剧发展中，原农村人员、居住区域和社会关系等就地保留的社区。城中村不能有机参与城市经济的新分工与新布局，仍将土地与其附着物作为主要生活来源（谢志岿，2003）。在城市化过程中，一方面，"村建制"的沿用、土地供需矛盾和城乡经济社会的二元结构性矛盾使城中村出现；另一方面，政府出于公共利益而重新调整城市规划，使得村民从大幅升值的土地中收获巨大利益，加上农村户口享有的政策优惠，村民在一定程度上获得经济补贴以及社保等方面保障，导致其不轻易放弃既得利益，不愿变更农村户籍为城市户籍，因而形成了城中村。

推进城中村改造是解决现存问题的一种途径，核心理念在于构建城中村改造新模式，即在政府主导下，提升村民主体意识，使城中村原有的村集体经济引入市场机制，实现三方的多维互动与功能互补（张劲松、万金玲，2007）。然而，城中村改造作为一种治理形式，在多方主体参与中存在利益博弈，政府在其中如何"分配利益蛋糕"实现利益均衡与治理改善，仍存在问题（严雪雁、谢金晶，2019）。

由于三大主体自身权威和资源积累的不同，在城中村各项事务的管理中，出现了治理职权错位现象，这一乱象往往又因治理缺乏法定规范而难以消除。例如，经济联社因在村民中具有较大权威，对于本地区各项事务的治理与参与日益增多，法定职责的缺失并不妨碍经济联社在大部分城中村获得事实治理主体地位。同理，街道办由于经费缺乏等，难以承担处理基层事务的成本。作为居民自治机构的居委会，难以充分发挥基层治理作用，使改制后的城中村居民缺乏参与。三方利益博弈下，非良性的治理互动机制持续僵化，严重影响着城中村治理的推进。

治理主体包括但不限于政府的一系列社会公共机构与行为者。"多元共治模式"能够打破"一元治理僵局"，在城中村治理主体博弈中具备一定的合作基础。此外，也有学者提出，作为"新公共管理"运动最新发展成果的"多中心复合治理模式"（章平、唐娟，2015），既是理论，也是公共事务治理的实践机制。如孙岩、郑林宏（2020）强调，目前很多城中村的改造多聚焦外部景观，缺乏内部改造。基层治理应充分调动居民参与，发挥民主力量，促进政府的基层治理角色转型，推动多元共治的基层治理模式形成。

总体来看，基于当前的治理机制不够完善，我国政策对城中村改制提出许多阶段性的发展要求。然而，我国现有研究多聚焦于"城中村改制"这一宏观视角，对"如何完善治理主体互动机制"这一问题目前缺乏深入的辩证式分析与研究。本文将基于猎德村的改制案例，分析不同发展阶段下适合城中村的治理模式，为城中村治理提出对策建议。

三 案例相关主体介绍

本案例中包括街道办、村委会和村改制公司等主体。

（一）街道办

《中华人民共和国地方各级人民代表大会和地方各级人民政府组织法》明确指出，街道办事处（简称"街道办"）是政府和社会的结合点，它不仅作为政府权力的末端组织联结着政府，而且作为基层社会的关键主体联结着基层社会（任文君，2013；吴湘瀛，2015）。作为城市的末梢神经，街道办事处工作人员的工作重点则是深入社区、深入群众、入户调查研究（吴湘瀛，2015）。但是因处于我国行政机构的下游，并且职责范围并不明确，街道办的工作清单中涵盖各种各样的任务。街道办的工作呈现被动性、繁杂性和综合性的性质：街道办工作人员既需要承担相当一部分由上级指派的临时性任务，又需要处理人民群众的各种繁杂诉求，同时还要负责村居两委的管辖工作。

（二）村委会

村民委员会（简称"村委会"）是我国乡（镇）所辖的行政村的村民选举产生的基层群众性自治组织。《中华人民共和国村民委员会组织法》规定了村委会实行民主选举、民主决策，具有民主管理、民主监督的职能。村委会是由村民直接选举产生的，负责管理本村土地和其他财产，同时 20 世纪八九十年代以来乡镇企业的蓬勃发展，也在一定程度上强化了村委会的集体经济管理角色（王剑青，2008；吴莹，2014）。城中村虽然身处城市当中，但主要的管理主体仍是村委会，居委会在实际运作中发挥的作用有限。除了经济职能，村委会还需要负责本村的公共事务和公益事业等，同时要配合乡镇政府的工作。村委会一方面要履行对上级政府的行政义务，另一方面又要对村民负责（Wang & Yao，2007）。

（三）村改制公司

随着农村生产力的发展，农村集体经济组织迈上了企业化的道路，村改制公司则是在该改革过程中出现的重要表现形式。以广州市石牌村为例，村改制公司的具体运行模式首先强调"一组建"，即组建企业集团及其有限公司；其次，撤销村党总支和村委会（蓝宇蕴，2005）。但在实际的城中村改造中，村（居）委会、村改制公司与街道办职能的混淆和关系的模糊是较为普遍存在的问题。改制的目的是实现制度与体制上的城乡一体化，改革中通过集体经济的公司化，"剥离"村社原来承担的诸多社会行政职能，并移交给其他组织，产生了较好的效果。但这也产生了一个"非预期后果"——公司"办"社区的再现，即公司承担与履行了大量社区内的公共事务与职责（蓝宇蕴，2005）。然而，村改制公司也存在治理结构问题。第一，公司将集体经济折股量化到每个村民，股东人数众多，产生协调难题。第二，公司运作缺乏监督，表现为企业经营状况不明，导致集体经济收益权虚化。

四 案例分析

（一）村改制后至改造前阶段（2002 年至 2007 年）

猎德村撤村建居后，成立了村改制公司——广州市猎德经济发展有限公司（以下简称"猎德公司"）。猎德公司由此成为治理猎德村的主体。猎德公司不仅承担着村集体的经济职能，还承担着行政职能，提供教育、卫生、基础设施等公共服务。街道办将许多政府的公共事务移交给猎德公司，其实际上成为猎德村治理的主体。街道办和居委会是法定的社区治理机构，为何猎德公司却承担了大量的行政职能，成为治理的主体？本研究将基于交易费用理论展开分析。

1. 村民依赖性——基于交易费用理论

"交易费用"的概念最早由科斯（Coase，1960）提出，他用这个概念解释了有些生产由企业代替市场组织是因为"使用市场来组织生产是有费用的"。张五常（2015：750）认为，每一项制度的确立、运作与维护都需要付出费用，交易费用应该更一般化地称为"制度费用"。将制度具体化，它可以看作不同的合约条款，当以某种合约形式提供经济物品的交易费用比较低时，这种合约就会被选择（周燕、潘遥，2019）。

作为公共服务的需求方，村民对村原有关系依赖性较强，难以适应城市化带来的新市场环境。猎德公司在多方面为村民提供帮助，且推动公司股东与社区成员身份合一，有利于增进村民之间熟人的特殊信任。陈捷、呼和·那日松、卢春龙（2011）在社会信任与基层治理的因果机制研究中提到，一些西方学者认为社会信任的存在将有效促进居民之间的交流并达成较为公正的共识。由猎德公司提供公共服务，村民选择治理主体、达成共识、签订合约的费用都大大降低，村民也因此产生"路径依赖"，继续把猎德公司看作"当家人"。

2. 利益共同体

蓝宇蕴（2005）认为，村改制公司为社区提供公共服务与公司产权归属联系紧密，公司产权所有者也是社区成员，因此公司和社区的利益一致。猎德公司的股东由猎德村村民担任，猎德公司的利益与猎德村村民的利益是一致的。猎德公司为猎德村村民提供公共服务具有更加直接切实的效果，它既是"提供者"，其成员又是"受益人"。猎德村既是猎德公司运作的服务目标，也是它不断发展的动力。猎德公司为猎德村提供经济利益和公共服务有其天生的逻辑，与猎德村村民形成利益共同体是其承担行政职能的强大动力。

3. 经济优势

转制社区的村社型治理，主要依托的合理资源是集体经济，所依托的组织是集体转制公司（蓝宇蕴，2017）。猎德公司是猎德村的集体经济组织，属于营利性的组织，它的财力取决于公司的经营状况。居委会和街道办的财政收入来源于政府，财政预算和分配有限度。治理社区，为社区提供优质的公共服务需要强大的经济支持，猎德公司在多方主体中有着强大的经济优势，具备提供公共服务的财力。同时，又因公司股东和社区居民的一致性，村社与公司呈现利益共同体的特征，猎德公司也有提供公共服务、承担行政职能的意愿。

4. 治理合法性和权威性——基于熟人社会的秩序

首先，早期猎德村主要是由本地村民构成，其本质是一个有着宗族秩序的熟人社会。村改制后，猎德公司的领导也直接从村委会团队发展而来。猎德公司领导层是以往的宗族精英，有治理村集体的社会基础。

其次，原有的熟人社会的人情关系使得治理成本较小。陈柏峰（2011）提到人情取向的四种乡土逻辑。第一，情面原则：要求顾及人情面、讲究忍让。第二，不走极端原则：村庄生活有高度合作的需求，又缺乏制度化配备明确规范关系，因此大家需要讲人情。第三，歧视原则：相比熟人，对陌生人利益较为忽视。第四，乡情原则：人情关系的约束时常存在于熟人社会的场域，当人际关系网络发生变化时，人情机制仍然发挥作用。改制初期的猎德村本质上还是熟人社会，正式与非正式权力关系呈现模糊化状态。根据人情取向的乡土逻辑，乡村秩序主要由地方精英维系，传统的宗族权威有深厚的民间认同基础。猎德公司成为治理主体，能够尽可能地衔接改制前的熟人社会，让村民能够以较小的心理成本接受改制，也能够以更小的成本维持猎德村的秩序，从而更高效地治理猎德社区。

最后，虽然地方精英对乡土秩序有话语权，但他们也要受到非正式关系下人情规训机制的约束。他们受村民尊重，也需要帮助村民、维护村庄公共利益。因此，猎德公司会延续传统村庄的保护模式，为猎德村村民提供安全感。因此，猎德公司不仅为村民带来经济收益，而且为村民提供大量工作岗位及公共服务。

（二）城中村改造阶段（2007 年以后）

在城中村改造工程进行之前，猎德村的卫生状况很差，配套设施不完善，治安管理难度大，给居住在此的村民以及周边居民带来了极大的不便。为积极探索"城中村"改造的方法和出路，2007 年，在广州市委、市政府的统一部署安排下，猎德村整体改造工程正式启动。以政府、猎德村村委、村民和房地产开发商为代表的多元主体先后加入改造过程，各主体职责相对明确，多元共治局面逐渐形成。2010 年 9 月全面改造完成，村民顺利回迁，村集体年收入翻番，新猎德村现已成为珠江新城中心商务区的一部分，融合效果良好。事实证明，猎德村改造取得了显著效果，其改造模式成为城中村改造的"猎德模式"。但在实际的改造过程中，不同参与主体间利益诉求不同、信息不对称以及制度缺失等问题导致了部分矛盾激化。因此，猎德村改造过程中的多元主体参与治理方式值得进一步深入研究。

针对猎德村在这一阶段出现的问题，可以运用多元治理理论与信息不对称理论进行分析。曼瑟尔·奥尔森（2014：32）在《集体行动的逻辑》中指出，实现不同主体共同利益的难点在于，"除非一个集团中人数很少，或者除非存在强制或其他某些特殊手段以使个人按照他们的共同利益行事，有理性的、寻求自我利益的个人不会采取行动以实现他们共同的或集团的利益"。然而，埃莉诺·奥斯特罗姆（2000：50）认为，因为参与者的利益关系本就是多元化的，所以在公共领域中各种公共机构的利益冲突在所难免。她提出，好的治理模式应该是不同利益团体或者中心的竞争和制衡过程中自我演变出来的多元治理模式。在此基础上，学界提出了一种新治理模式——多中心治理，它在承认有限政府的基础上，在政府和市场这两个中心之外引入治理公共事务的第三个中心（迈克尔·麦金尼斯，2000：95）。

早期的经济学理论肯定了信息的完全充分性，但在 20 世纪 60 年代，赫伯特·西蒙和肯尼思·阿罗对此提出了质疑，他们认为，市场交易中的决策是不确定的，而信息不对称是这种不确定性的重要原因，加上利益驱动，将有可能导致私有信息的利益主体产生实施欺骗行为的动机（王欣，2012）。此外，信息不对称是一种难以消除的现象，它普遍存在于经济生活的各个领域（欧扬夏子，2014）。

在此阶段，猎德村改造正式开始。随着改造的不断深入推进，由于信息不对称和解决机制部分缺失情况的存在，参与主体的博弈过程变得日益复杂。在这个过程中，多元主体通过扮演不同的角色，在改造过程中基于自身的利益出发点开展互动，进而通过多种方式来维护切身利益，各主体在持续的互动过程中从利益冲突的矛盾局面逐渐走向合作共赢的多元共治。

在这之中，政府、村民、村委、开发商四大主体发挥着重要作用。根据不同主体的特点及作用，本文总结和分析了改造中四大主体的利益出发点及诉求（见表1）。

表1　猎德村改造中四大主体的利益出发点及诉求

	政府	村民	村委	开发商
角色	（1）领导者：总体把握猎德村改造工作，对项目进行统筹规划； （2）监督者：监督改造工作的推进落实	参与者：通过各种途径参与到改造过程中，并积极维护自己的利益	（1）宣传者：向村民说明改造的必要性和改造带来的好处以及法律政策要求； （2）实施者：作为城中村改造的实施主体，全面组织和实施"城中村"改造； （3）协调者：协调改造中各主体的利益； （4）管理者：管理村改制公司事务，保障村集体经济的发展和村民的收入来源； （5）服务者：帮助村民缴纳社保、养老保险等社会保障金	（1）开发者：富力地产、合景泰富地产、新鸿基地产三家公司参与到改造中来； （2）资金提供者：改造费用较高，村委通过对地产公司出让部分土地使用权的方式来筹措资金
利益出发点	（1）适应城市化进程，推动旧城改造； （2）低成本、高效益的公共财政目标取向	（1）保障旧有房屋的价值以及居住权； （2）改造推进过程中自身的合法权益不受侵犯	（1）村集体经济的经营状况； （2）村民的合法权益	（1）承包项目有一定的风险； （2）开发需要巨大的投入； （3）成本—效益的理性考量
诉求	（1）推动城市风貌的改变，进而推动城市化建设； （2）推动各主体之间达成共识，形成有效的改造方案	（1）改造家园，改善居住环境，真正融入城市； （2）提高生活质量，获取更好的福利条件	（1）保障村民的合法权益，推动改造贯彻落实； （2）推动村集体经济的长远发展，实现增收	（1）获取利润，得到商业地位和商业价值； （2）增加影响力，锻造品牌

这一阶段中，政府主要扮演着领导者和监督者两个角色：一方面总体把握改造工作，进行统筹规划；另一方面需要时刻监督改造工作的推进落实。

村民在此阶段是一个重要的参与者。他们通过股东代表大会、村民代表大会等正式制度途径，借助媒体等非正式制度渠道积极参与到改造中，为村改造工程提供意见、建议和反馈，并努力维护自身正当权益。

经 2002 年的村改制，猎德村委变为村集体经济组织，即"猎德经济发展有限公司"。由于村委是改造过程中的实施主体，因此村集体的角色相对多样，它在此阶段的作用主要体现在宣传、实施、协调、管理、服务这五大方面上。村委要负责宣传、谈判、签订协议、拆迁、复建等工作，作为枢纽搭建起沟通协商的桥梁，协调各主体之间的利益，推动改造得以持续稳定进行。

开发商这一主体的定位非常清晰，既是使城中村焕然一新的开发者，又是改造工程稳定的资金提供者。在猎德村改造过程中，开发商的负责项目既包括房地产建设，也包括安置村民的回迁建设。

尽管多元主体的职责相对明确，最终改造工作也圆满完成，但在共治过程中，存在主体间力量不均衡、村民被动参与等情况。以猎德村改造的核心环节——产权界定及再安排为例，村民与村委之间信息不对称，而多元主体之间问题导向协调机制的不完善使得部分问题的解决并没有回应村民的全部诉求。

总的来说，各主体利益诉求各不相同，必然出现基于自身利益考量的博弈行为，这导致城中村改造过程中的多元主体互动情况变得复杂。同时，博弈过程中各主体角色与职责的合理分配，也在一定程度上推动了整体改造力量的平衡，提供了一种值得借鉴的城中村改造经验，但仍有值得进一步完善的空间。

五　结论与建议

经历了城市化发展以及改制，由于改制不彻底、制度不完善等，大部分城中村仍存在许多治理问题，这也对城中村进一步改造提出了要求。治理问题外在表现为居住环境的问题、经济结构单一问题、村民对村原有关系的依赖性问题，其归根结底仍是内在治理失灵导致的。街道办、村改制公司、居委会几个主要的治理主体职权错位，并且几个主体之间缺乏良性的互动机制是治理失灵的根源，而建立在原有村民关系网络基础上的拟家族化社区治理难度很大。

针对以上问题，猎德村进行了一次多元主体共同参与的改造。从纵向的行政层级链条来看，猎德村改造成立了专门的领导小组，其中以市、区、街道为主导，以村为实施主体。猎德经济发展有限公司（原村委会）

成了实施者，负责改造工作的具体落实，并且负责资金筹措等；政府整体把握并且提供适当的优惠政策；开发商也首次参与到广州城中村的改造项目中来；村民在改造中扮演积极的参与者的角色，为改造工作提供意见和反馈。同时村民也代表了自身的利益，并为维护自身利益积极通过正式与非正式渠道表达诉求，与其他主体进行协商。媒体也参与其中帮助村民维权，增加了透明度。

在这次改造中，猎德村协调了几个重要的治理主体的利益，提供了多元治理主体参与改造的新思路。第一，以村集体经济组织为实施主体，城中村自行组织并筹措资金，具有雄厚经济实力以及实际话语权的村集体经济组织保障了改造的顺利完成；第二，作为利益相关者的村民也能够通过正式与非正式途径表达诉求，积极参与改造，村委会收集村民意见，便于在利益相关的细节上达成共识，减少改造阻力；第三，开发商作为第三方首次参与到广州城中村的改造项目中协助资金筹措，市场力量的引入提高了改造的效率。

然而，猎德村的改造也遗留了一些问题：其一，在鼓励村民积极参与的同时，没有形成完善的村民意见收集机制，部分反馈意见得不到回应；其二，由于改造成本问题，改造后回迁房容积率较高，且存在与整个城市景观不协调问题；其三，虽然一些外在的缺陷在改造中得到了改善，但困扰城中村治理的根源问题，即治理主体的职权错位以及关系模糊等问题并没有得到实际解决。

基于上述分析，本文提出以下对策建议。

第一，明确村改制公司、居委会、街道办职能。居委会、街道办与村改制公司职能混淆，居委会职能被弱化，制约着城中村城市化发展，因此，明确这三者的职能就尤为重要。重新划分与明确这三者的职能与关系，主动履行各自职责，例如居委会应承担社区事务管理、社会服务和文化教育宣传工作，其中有卫生、教育、帮扶、治安维护等，定期开展志愿活动，优化社区事务管理工作服务职能。

第二，加强宣传教育，成立具有咨询意见反馈调解职能的机构。加大力度开展对居民的宣传教育，提升城中村原居民市民化程度，重视撤村建居后治理时遇到的居民咨询、反馈和矛盾调解。当居民办事时遇到问题，可以提供咨询，了解应寻求哪个机构帮助，做到相应问题由对应机构解决。如果在撤村建居时或之后出现矛盾争议，则提供帮助来化解矛盾。

第三,加强部门间的协调,各部门定期召开联合会议。村改制后,各方需要时间来适应新的管理服务模式,随之可能出现更复杂的新问题,加之缺乏处理经验,更需各部门合作解决。如果没有协调合作条件,可能出现推诿扯皮现象,问题难以解决。因此,加强各部门协调合作显得十分重要。各部门可以定期召开联合会议讨论近期新问题,商议方案与协调方式,完善部门间协调、合作、沟通机制,还能借此来分享治理经验,相互学习,增进部门间感情。

第四,信息公开化、透明化、痕迹化。采用信息的公开化、透明化与痕迹化来应对信息不对称而引发的争论问题。信息透明化,公众可以看到各主体付出的努力,了解事情缘由,更重要的是了解资金的来源去向。痕迹化处理则是留下痕迹,能方便日后工作开展,让公众更好知晓并发挥监督作用,提升其参与积极性和支持度,使各主体相互信任,促进各主体之间形成良好关系。

参考文献

〔美〕埃莉诺·奥斯特罗姆,2000,《公共事物的治理之道——集体行动制度的演进》,余逊达、陈旭东译,上海三联书店。

陈柏峰,2011,《熟人社会:村庄秩序机制的理想型探究》,《社会》第1期,第223~241页。

陈捷、呼和·那日松、卢春龙,2011,《社会信任与基层社区治理效应的因果机制》,《社会》第6期,第22~40页。

蓝宇蕴,2005,《对改制公司"办"社区的思考 广州城中村撤村改制个案研究》,《社会》第2期,第78~92页。

蓝宇蕴,2017,《转制社区:"三重结构"及治理之困》,《中共福建省委党校学报》第5期,第61~71页。

〔美〕迈克尔·麦金尼斯,2000,《多中心体制与地方公共经济》,毛寿龙译,上海三联书店。

〔美〕曼瑟尔·奥尔森,2014,《集体行动的逻辑》,陈郁、郭宇峰、李崇新译,格致出版社。

欧扬夏子,2014,《基于信息不对称理论的研究生就业困境研究》,硕士学位论文,广西师范大学。

任文君,2013,《街道办事处的职能定位与改革研究》,硕士学位论文,南京理工大学。

孙岩、郑林宏，2020，《群体理论视角下的城中村基层治理——基于太原市 X 城中村的实地研究》，《石家庄铁道大学学报》（社会科学版）第 2 期，第 63 ~ 67 页。

王剑青，2008，《城市化进程中城中村的治理——以广州市登峰村为例》，博士学位论文，华东师范大学。

王欣，2012，《基于信息不对称理论的国家科技计划项目风险管理研究》，博士学位论文，北京交通大学。

吴湘瀛，2015，《县级市街道办事处管理体制存在的问题及对策研究——以麻城市鼓楼街道办事处为例》，硕士学位论文，中共湖北省委党校。

吴莹，2014，《村委会"变形记"：农村回迁社区的基层组织建设研究》，《社会发展研究》第 3 期，第 118 ~ 138、241 ~ 242 页。

谢志岿，2003，《化解城市化进程中的"城中村"问题》，《特区理论与实践》第 8 期，第 35 ~ 39 页。

严雪雁、谢金晶，2019，《"一核多元"：城中村改造协同治理中的政府角色研究》，《大连干部学刊》第 11 期，第 57 ~ 64 页。

张劲松、万金玲，2007，《城中村改造中的多元主体互动》，《安徽农业科学》第 4 期，第 1174 ~ 1176、1188 页。

张五常，2015，《经济解释》，中信出版社。

章平、唐娟，2015，《城中村城市化过程中的多中心复合治理模式构建——以深圳市宝安区城中村城市管理为例》，《生态经济》第 4 期，第 188 ~ 191 页。

赵过渡、郑慧华、吴立鸿、龚惠琴，2003，《"城中村"社区治理体制研究——以广州市白云区柯子岭村为个案》，《国家行政学院学报》第 3 期，第 93 ~ 97 页。

周燕、潘遥，2019，《财政补贴与税收减免——交易费用视角下的新能源汽车产业政策分析》，《管理世界》第 10 期，第 133 ~ 149 页。

Coase R. H. , 1960, "The Problem of Social Cost," *Journal of Law and Economics* 3 （10）.

Wang, S. , & Yao, Y. , 2007, "Grassroots Democracy and Local Governance: Evidence from Rural China," *World Development* 35 （10）: 1635 – 1649.

论城市社区新老市民融合中的政社合作

——以广州三元里模式为例

阿亚克孜·阿德尔别克　陈艾丹　陈燕吟　何家怡

黄　煌　吴碧瑕　吴　晴　植梦莹*

摘　要： 随着我国城市化水平的不断提高，城市新老市民群体的社区融合问题逐渐显现，促进新老市民的融合成为城市治理创新领域中的重要问题。本文选取广州市越秀区三元里街道的"五个一"融合社区模式作为案例，并以"城市治理创新中的政社合作"为切入点，着重分析政府与社会组织两个治理主体在三元里模式中的实际作用。结合资源依赖理论分析政府与社会组织之间的互动，全方位地分析三元里模式的形成、实际运行以及作用机制，为解决新老市民社区融合的问题提出了对策建议。研究发现，政社协同治理能发挥各自资源优势并相互配合，从而推进基层治理创新。

关键词： 三元里模式　新老市民融合　政社合作　资源依赖理论

一　导论

人口流动在当今中国是十分普遍的现象。国家统计局公布的《2019 年国民经济和社会发展统计公报》显示，截至 2019 年末，我国流动人口达 2.36 亿人。新市民的流入，为城市建设和发展注入了源源不断的动力，但由于其在户籍、语言、风俗等方面与老市民存在不同程度的差异，二者之间存在隔阂和冲突。因此，促进新老市民融合，提高新老市民的认同感、

---

* 阿亚克孜·阿德尔别克、陈艾丹、陈燕吟、何家怡、黄煌、吴碧瑕、吴晴、植梦莹，中山大学政治与公共事务管理学院行政管理专业 2018 级本科。

归属感，成为近年来城市治理的目标之一，其对维护社会、社区和谐稳定，促进城市发展有着重要意义。

基于上述背景，国家先后出台《国务院关于进一步做好为农民工服务工作的意见》《推动 1 亿非户籍人口在城市落户方案》，指导新老市民融合工作。广东省根据中央精神制定《广东省流动人口服务管理条例》，以优化流动人口管理，促进其在新社区的融合。2016 年，广州提出《广州市来穗人员融合行动计划（2016—2020 年）》，旨在用五年时间，在文化、经济、政治、生活等领域帮助流入人口更快更好地融入广州生活。

社区通常是新老市民饮食起居的所在地，是促进新老市民融合的重要场所。广州市白云区三元里街响应广州市政府政策，在社区环境下形成了独特的"五个一"融合社区模式（以下简称"'五个一'"模式），取得了较为显著的成果。在三元里社区融合治理实践中，由政府和社会组织共同形成的政社合作模式是其中一个亮点。本文观察三元里模式的形成，发现其与政府和社会组织（广州市法泽社会工作服务中心）之间的合作有着很大的联系，本研究将以此为例，探究分析新老市民社区融合的政社合作模式。

二 文献综述

新市民是本研究涉及的主要概念，该概念提出时间较短，当前学界并未就其定义达成高度一致。陈永泽（2007）着眼于居住时间和从事的职业两个方面，将新市民概括为居住在城市六个月以上、从事非农生产、在城镇化进程中新增的三类人员："失地农民"和拆迁安置居民；居住时间达半年以上的进城务工人员；以求学等其他方式转移至流入地的群体。本文研究的新市民即陈永泽概括的新市民群体。

社区融合是本研究的另一重要概念。与单向的"社会融入"相比，"社区融合"是一个双向的过程，更多体现流入地文化与流入者群体文化的相互适应与作用（张秀云，2014）。本研究将社区融合理解为居住在一定地区内的流入人口和本土人口对彼此生活行为、价值观等的接纳、认可和外化，是不同个体或群体间相互认可、适应及渗透的过程。本文重点关注政府与社会组织的合作治理对新老市民社区融合的作用。

（一）政府促进新老市民社区融合

政府是促进新老市民社区融合的责任主体，对城市流动居民的社区融合发挥主导作用。对于中国流动人口管理与服务中存在的制度性、政策性与操作性问题，政府亟须制定公共政策以完善健全体制（于学军，2005）。政府为新市民的培育创造体制、机制、环境等各方面的条件，加强新市民的引导、扶助、服务，从而促进新老市民融合（李颖，2010）。社区党组织通过党建工作创新带动社区治理转型，促进感知性、规范性、结构性、交流性、功能性社区融合（孙肖远，2010）。

目前，政府在户籍制度、公共供给政策等方面推动新老市民的融合，但是因为政府角色模糊、职能错位，财政体制失灵、各自为政、绩效考核指标权重失衡，政府政策创新能力仍有待提升，政府政策应适当向难以融入城市社会的新市民倾斜（陆仕祥，2012）。由政府单一管理模式，过渡到包括公民、社会组织、企业在内的多元主体基层社会管理创新协同治理（周定财，2017）。

（二）社会组织促进新老市民社区融合

社会组织也可以作为促进社区融合的主体，近年来国家也在大力推动"社工进社区"来完善社区建设。社会组织在流动人口的社区融合过程中扮演着公共空间提供者的角色（张江龙、章晓，2010）。一些社会组织能够基于自身的专业领域，通过流动儿童融合、成人教育等方式，从侧面推动新市民融入社区（谢艳园等，2019）。社会组织能够提供较高质量的硬件服务设施，在软件上也能引进专业的运营机构，为新市民提供更为优质的服务（朱仁显、彭丰民，2016）。同时专业的社会组织能够更好地向外争取、整合社会资源，并优化配置，提升社区融合的服务效能。在服务过程中，其"改良主义"的本质还能发挥社会倡导作用，表达对于弱势群体的人道主义关怀（任庭苇，2016）。

然而，社会组织在促进社区融合的过程中也会遇到相应的问题。一些社会组织缺乏全局意识，服务仅针对特定群体，反而导致新老市民之间产生新的隔阂（张江龙、章晓，2010）。另外，社会组织中的社工专业度存在参差不齐的情况，并且他们需要在政府、居委会、居民中扮演多重角色，容易出现与政府部门合作不佳的情况（任庭苇，2016）。

（三）社区融合治理模式创新

1. 三社联动

"三社联动"指社区、社会组织、社会工作者之间进行资源共享、优势互补的互联互动社会治理模式，是我国近几年来基层治理的实践创新模式。柳亦博、玛尔哈巴·肖开提（2018）提出，"三社联动"的目的是将分散的社区、社会组织和社会工作者三者联系起来，从而使得三者互动协调形成合力。"三社联动"的社区治理模式虽然有所创新，但也在一定程度上忽略了其目标达成的可能性，以及包括社区、社会资本在内的辅助力量的存在与有效利用问题，因此出现逐步脱节。

2. 五社联动

"五社联动"指社区、社会组织、社会工作者、社会资源、社区自治组织的联动。金志、戴琬莹（2018）认为，"五社联动"是将各个服务主体进行整合，通过社会组织将社会资源集中于社区这个平台，并借助资源再分配、志愿者共享等手段提高居民的生活质量。"五社联动"思维体现了共享的核心价值，通过多主体合作、制度耦合以及系统与环境的协同，进一步推动共享发展理念的实现。

通过对以往研究梳理发现，现有文献主要研究与评估不同主体在新老市民融合治理中的作用，且相较于双向融合，目前更加集中于新市民的单向融入过程，政府与社会组织在实际参与中各自存有不足。虽然社区融合多主体协同治理的模式取得一定成效，但较少文献将之应用到新老市民融合领域。本研究的创新点在于从政社合作治理的角度，结合二手资料与问卷调研数据，对三元里模式下新老市民融合的创新治理展开探讨，更加全面地分析政社主体合作与社区融合治理机制运作。

三 案例描述

针对新老市民社区融合问题，三元里街道创建了"五个一"融合社区模式，切实解决外来人员需求，为其提供一系列便民服务，并引入社会组织力量共同治理，全面提升外来人员社区融合的深度与广度。在该模式中，致力于社区融合研究和实践的广州市法泽社会工作服务中心发挥着重要作用。政府与社会组织的政社合作治理模式，使三元里社区进一步发展融合，形成了具有基层治理创新性的"三元里模式"。

（一）三元里"五个一"融合社区模式

广州市法泽社会工作服务中心在参与社区治理中逐渐探索出三元里融合社区政社合作的参与模式，建成全国首个外来人口融合社区，"五个一"工程的建设有效地推进了流动人员的社会治理工作，"五个一"分别为：一个由三元里街道党工委与螺山镇党委共同管理的来穗人员党支部，发挥基层党组织的凝聚作用，创新"以党建带社建、以外带外"的服务管理机制；一个融合社区工作服务站，紧扣民生福祉，关注外来人员融入社区最为迫切的需求，整合各项社区服务功能，提供居住证办理、法律援助渠道、劳动就业信息等便民服务，解决外来人员在处理事务时遇到的难题；一所融合学堂，以个性化定制课程的形式为外来人员提供丰富且长久的学习平台，最大限度地满足外来人员各方面的技能或兴趣学习需求，有效提升他们融入社区的能力；一个融合社区共治议事会，提供围绕社区全体居民利益的重大事情进行民主协商与决策的途径，持续激发多元主体的社区建设积极性，解决外来人员参与社区共建共治路径缺乏的现实问题，对完善基层民主协商机制具有里程碑意义；一支来穗人员志愿服务队，积极引导外来人员通过互助便民的方式反哺社区，提升外来人员在社区治理中的责任感与参与感，为社区营造干净整洁、平安有序的环境。

（二）政社合作模式在三元里社区的具体应用

三元里模式的"政府搭台，社会唱戏"充分展现了政社合作的特征。政府和社会组织是解决三元里社区新老市民融合问题的治理主体，政府引领统筹，提供所需支持；社会组织发挥智库作用，提升治理质量。两者立足于自身职责与定位发挥各自优势，相互协作，共同治理，推进融合。

1. 政府参与的工作

政府实施来穗人员融合行动计划，统筹社区融合工作。自《广州市来穗人员融合行动计划（2016—2020 年）》实施以来，广州市来穗人员服务管理局进一步创新社会治理机制，加强破解外来人口社区融入难题的力度。白云区的三元里街是该计划的试点社区之一，启动了"五个一"工程以推进来穗人员在身份认同、社区参与、思想文化等领域的全方位融合。

政府为项目落地提供资金支持，通过公益创投筹集资源，引导并鼓励社会公益力量积极联系群众，参与到社会治理当中。由政府主导的广州公益创投将福利彩票公益金用于资助在项目遴选中胜出的公益创投项目，并进一步吸收社会资金，以财政资金和社会组织配套资金6∶4的比例为处于初创期的公益组织提供发展资金。该公益创投为广州市法泽社会工作服务中心获得30万元的顶格资助，并入选广州市公益创投十佳品牌。

政府发挥示范引领作用，推动融合组织建设。三元里街与洪湖市两地政府共同建设融合社区，在2009年筹建成立三元里湖北洪湖市荆楚印刷工流动党支部。在三元里街道党工委统一领导下，纵向领导三元里实业有限公司党委、13个社区党组织、三元里街工商业联合党委等共81个党组织，横向联席18个党建联席会成员单位，确保党的领导纵向到底、横向到边"全覆盖"。两地政府根据新老市民融合情况，推动组织建设以更好地推进社区管理与服务。

2. 社会组织——广州市法泽社会工作服务中心参与的工作

广州市法泽社会工作服务中心以需求为导向，切实解决外来人员的社区融入难题。通过开展三元里外来人员需求及社区基线调查，基于居民需求设计治理方案并开展服务活动。广州市法泽社会工作服务中心建立了"三元里社区大学"，这是全国首个植根于城中村，为外来人员服务的社区学堂。该社区大学逐步开设了写作、演讲、商务英语等课程，并联合各大高校、区委党校、社会组织，开设公民素质教育、技能培训、青少年幼儿教育等主题的培训活动；以新市民的社区需求为出发点，并围绕融合社区"五个一"工程的创建工作开展各项活动，使大量外来人员参与到社区建设和社区治理的过程中。

广州市法泽社会工作服务中心协助共建三元里社区"五个一"工程，多次向各级政府建议成立社区共治议事会，并参与共治议事会的制度设计与代表培训工作，积极发挥民间智库的作用；推动三元里社区成立三元里共治议事会，引导社区居民直接参与到社区管理过程中；协助组建党员志愿服务队，运用自身的专业优势和人力资源，社会组织与基层党组织共同推进各项服务与活动，在充分发挥自身优势下，协助三元里社区形成效率高、覆盖面广的基层社区治理网络。

三元里模式中，政府重视且积极推动社区治理体系的创新建设，同时吸纳社会组织进入社区治理的建设中，凝聚政社合作的优势力量，实现社区治理的良性发展。该模式的治理探索帮助更多外来务工者融入城市，有效化解了融合矛盾，维护社会稳定。从"以外管外"，到骨干力量的培养，再到实现融合共治，三元里经验提供了外来人员集中地的基层治理格局演变的完整线索。

（三）三元里社区治理成效

三元里社区在政社合作治理下探索出了独特的三元里模式，让"外来人"变成"自家人"，与本地居民实现深度融合，极大地维护了社区的和谐稳定。据统计，三元里融合学堂已开设各类课程 900 多场，累计为 11.48 万人次的来穗人员提供服务；社区工作服务站已开展各类讲座 30 多场，累计办理 12 万项业务申请（张丹羊、肖桂来，2020）。

三元里的"五个一"融合社区模式，破解了大量外来人口进入城市带来的社会治理难题。通过多年的探索与坚持，政社合作下的社区融合模式给当地的党建、经济、文化、社会、环境等带来了良好成效，为高质量发展提供了更加有力的社会保障。

（四）"五个一"模式与"五社联动"

为更深入地了解"三元里模式"，在此将其与同为政社合作模式下我国基层社会治理创新重要实践探索的"五社联动"社区治理模式进行比较。二者的区别主要体现在以下三个方面。

一是治理过程中社区居民的主导性不同。"五社联动"模式对社区居民主导性的强调，主要体现在社会组织提供的服务须依据社区居民提高生活质量等实际需求，事实上社区居民参与到社区事务治理中的程度有限；三元里"五个一"模式在此基础上，还鼓励、引导社区居民通过共治议事会等形式直接参与社区管理工作，更能够让社区居民以主人翁的姿态参与到社区建设当中。

二是社会组织的引入方式不同。两种模式的治理主体都为社会组织和政府，但"五社联动"模式是基于社区居民的需求，通过政府购买服务将社会组织引入社区治理当中；三元里"五个一"模式则是广州市法泽社会工作服务中心因项目的创新性获得了政府公益创投的资助，项目落地后参与到社区治理工作当中。

三是基层党组织在治理过程中发挥的作用不同。"五社联动"模式主要强调通过社会组织集中社会资源进行社区治理，对于基层党员和党组织的领导和建设作用关注程度较低；来穗人员党支部是"五个一"架构的重要组成部分，三元里"五个一"模式的突出特点之一就是以党建带社建。

四　案例分析

资源依赖理论的两个核心概念是组织的外在限制和外部依赖。外在限制即组织为获得重要资源，会对外部其他组织的需求做出回应；外部依赖则是组织的管理人员会尽可能地管理组织对外在环境的依赖情况，让组织获得更多的自主性和自由度，以确保组织的存在和延续（虞维华，2005）。在三元里社区融合的治理过程中，面对新老市民多样且细致的需求，需要多种资源的相互配合才能更好地解决融合过程中的问题。三元里模式中的广州市法泽社会工作服务中心和政府各自掌握了彼此所缺乏的资源：广州市法泽社会工作服务中心需要政府的资源以开展公益项目提高知名度，促进组织的发展；政府同样需要借助广州市法泽社会工作服务中心的种种资源有效解决社会问题，创造政绩，因此两者之间是资源相互依赖的关系。但同时政府和广州市法泽社会工作服务中心作为两个组织，都会采取各自的策略以减少对于彼此的依赖，以保证组织正常发展。分析框架如图 1所示。

（一）新老市民的需求多样性

通过问卷调查，我们了解到广州市新老市民对融合的看法和期待。三元里是广州的组成部分，广州市民对新老市民融合的看法也在一定程度上代表三元里市民的看法。因此，2020 年 5 月至 6 月，本小组通过线上问卷调查的形式，以广州市新老市民群体为样本，收集了 116 份关于新老市民融合的数据，考察对比新老市民的需求。

数据显示，受访者认为新老市民融合语言不通、社会公共服务（如教育、医疗等）资源竞争、习俗矛盾是较为集中的问题，也有超过 1/3 的人认为存在排外心理、社区组织管理、协调不当、就业竞争等阻碍（见表1）。新市民认为需要在社区融合中继续推进并完善的事项中，社区基层事务参与等七项均是过半新市民关注的对象（见表 2）。对于老市民而言，社区基层事务参与等四项均是过半老市民所希望推进并完善的（见表 3）。

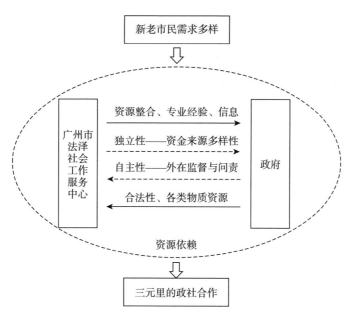

图 1　基于资源依赖理论的分析框架

表 1　新老市民融合中存在的问题（多选）

单位：人，%

	人数	比例
语言不通	69	59.48
社会公共服务（如教育、医疗等）资源竞争	55	47.41
习俗矛盾	52	44.83
排外心理	41	35.34
就业竞争	40	34.48
社区组织管理、协调不当	39	33.62
社区治理的参与渠道少	32	27.59
福利待遇落差	24	20.69
总计	116	100.00

表 2　新市民认为社区融合中需要完善的事项（多选）

单位：人，%

	人数	比例
社区基层事务参与	44	67.69
社会融入保障（如就业指引）	44	67.69

续表

	人数	比例
随迁子女教育及生活文化问题	43	66.15
语言差异	43	66.15
住房保障	39	60.00
社区组织服务质量	37	56.92
文化习俗的交流与融合	36	55.38
总计	65	100.00

表3　老市民认为社区融合中需要继续完善的事项（多选）

单位：人，%

	人数	比例
社区基层事务参与	19	76
社区增加新老市民沟通渠道	18	72
社区公共服务平等供给	15	60
志愿者或社区工作人员的更多帮助	14	56
总计	25	100

不难发现，新老市民关注和期待解决的问题涉及的范围较广，包括文化习俗、心理、社区管理、社会保障、社区参与等方面，其需求具有多样性。满足这些多样的需求需要调动多样的资源，单靠一方力量难以完全满足。多元治理、多主体参与能够动员多方力量，发挥各自优势，更加精准地针对新老市民多样细致的需求，解决融合中的问题。

（二）社会组织在政社合作治理中的资源优势

近年来，社会结构不断被变化的经济结构重塑，社会矛盾冲突、群体性事件增多，政社合作的理念逐渐引入社区治理中，很多社区以"建立现代社区治理体系，打造良好社区生态"为目标，社会组织成为构建多元共治社区治理体系中的一维（陈平，2019）。从前文的信息整理来看，社会组织——广州市法泽社会工作服务中心在三元里治理过程中做了许多工作，扮演着极为重要的角色，解决了三元里新老市民融合中产生的许多难题。接下来将基于资源依赖理论，从分析广州市法泽社会工作服务中心资源优势出发，讨论社会组织如何在政社合作中发挥作用。

1. 社会组织具有资源整合优势

在市场经济和政府转型的背景下，政府整合、支配资源的能力相比计划经济时期遭到削弱，社会各种资源流动性非常强，如何集中社会资源办大事成为治理的关键突破口。社会组织在公民社会中具有较高的灵活性，同时与政府保持着紧密联系，能够充分调动和整合政府、企业乃至个人等广泛资源。

广州市法泽社会工作服务中心整合政府、企业和个人等资源具体表现在如下三个方面。第一，政府资源支持。广州市法泽社会工作服务中心项目得到政府重视与支持，其中"外来工社区融入项目"连续三年被评为社会组织示范项目，并获得中央财政的支持；广州市社工委、白云区社工委以及三元里街道提供了各 10 万元配套资金；广州市来穗人员管理局、三元里街道办等组织人员配合。第二，企业资源合作。截至目前，广州市法泽社会工作服务中心同企业和公益伙伴合作交流达 169 次，得到了 47 家爱心伙伴的支持。通过与企业合作，广州市法泽社会工作服务中心服务效率大大提高。第三，志愿者和专家资源进入。广州市法泽社会工作服务中心招募并调动大学生志愿者参与到三元里治理的工作中，例如"融合学堂"的教育服务；邀请中国社科院专家来三元里调研，举办"三元里社区建设学术研讨会"，听取专家学者关于三元里社区建设的经验总结和理论指导。

整合政府、企业和个人等资源是广州市法泽社会工作服务中心的独特组织优势，政府则依赖广州市法泽社会工作服务中心整合社会资源投入三元里治理中，更好地集中力量办大事。

2. 社会组织具有专业的技术和经验资源

社会组织在成立之初便设定了与组织目标相契合的标准，并据此吸纳组织成员，由此形成专业水平较高的组织队伍；同时由于组织长期在特定专业领域活动，在专业技术和经验方面有较为丰富的积累，往往对该领域有着深刻的理解（张勤、钱洁，2010）。

广州市法泽社会工作服务中心自 2013 年成立就致力于流动人口及其社区的赋能和发展，探索异地务工人员"落脚社区"建设新模式，先后执行了 257 个公益项目，其中 2014 年的城中村外来工幸福活力社区是广州第一个为外来工子女提供公益早教的社区，2015 年建立的"三元里社区大学"是全国首个面对城中村外来务工人员的社区大学。通过前期的不断探索，广州市法泽社会工作服务中心积累了相关的经验，为后续的项目建设奠定了基础。2016 年，广州市法泽社会工作服务中心参与创建三元里融合社区"五个一"工程，成为流动人口社会融合的典型成功案例。广州市法泽社会工作服务中心的创立时间、目标和组织成员等，都说明其有较为专业的知识。此外，在构建三元里治理模式前期，广州市法泽社会工作服务中心已经积攒了丰富的经验，为成功解决三元里治理难题打下基础。在专业技术、丰富经验的支撑下，社会组织对问题的认识比较深刻、清楚，解决问题的手段更加成熟。因此在治理三元里过程中，政府对广州市法泽社会工作服务中心专业的技术和经验产生依赖，实际上是希望以更科学、更高效的方式解决新老市民社区融合问题。

3. 社会组织信息充足准确

充足、准确的信息是治理的关键。社会组织在治理上有获取信息的优势，尤其体现在对居民个人信息的获取上。从在启动社区大学服务项目之前的准备工作看，广州市法泽社会工作服务中心对社区进行了充分的前期调研，包括组织召开四场座谈会、收集 233 份调查问卷、对 20 多名本地居民和外来人员代表进行深度访谈。通过座谈会、问卷调查、深度访谈等多种方式，可尽可能地获取人们的需求信息，广州市法泽社会工作服务中心借助收集的信息制定计划，更具有方向性，一定程度地避免"做而无用"，提高了服务工作效率。广州市法泽社会工作服务中心目前完成了广州市异地务工人员服务组织体系建设调查项目、三元里来穗人员需求调查、城中村社会治理——大源村调查、来穗大学生生存状态调查等等。此类信息对于解决三元里治理问题有着十分关键的作用，但需要深入基层一线进行调研，搜集信息工作烦琐。由于角色、定位不同，相比政府，社会组织可以更直接与居民对话，有丰富的人力、物力资源针对性地投入这类调查中。社会组织在收集个人信息资源上更具优势，所以政府在这部分治理工作中更倾向于依赖社会组织。

4. 社会组织资金来源多样化

Knapp 等人（1990）认为，如果非政府组织过度依赖政府的经费投入，在介入政府公共服务业务的过程中很可能受制于政治力量，从而沦为政策执行机构，独立性、自主性受损，甚至有可能背离组织的使命，无法满足其服务对象的需求。社会组织往往由于资金问题受到其他力量的控制而失去独立性、违背公益宗旨。根据资源依赖理论，社会组织在外在环境、因素的牵制下，会尽可能减少对外部的依赖，保证其独立性。社会组织资金来源多样化，一定程度可以避免其他力量的过度干涉。

在三元里治理过程中，广州市法泽社会工作服务中心的项目资金主要来自政府拨款，社会筹款也是重要来源。2016 年广州市法泽社会工作服务中心参加"66 公益节"，进行大额社会筹款，两天半时间内动员 7000 多人，共筹得 60 万元公益项目资金。除网络筹款以外，广州市法泽社会工作服务中心还通过与千禾社区公益基金会、山海源慈善基金会等慈善机构合作，获得资金支持。

广州市法泽社会工作服务中心多渠道筹集资金，摆脱单一资金来源的限制，使组织行动上更加灵活、自主。此外，2018 年，广州市法泽社会工作服务中心和北京益创乡村妇女公益事业发展中心联合成立广州法泽社区公益基金会，以期实现资金独立，减少对政府的依赖。

（三）政府在政社合作中的资源优势

随着社会发展和经济体制的转型，原来由政府包揽全局的做法已难以解决现实社会的复杂问题，于是出现了政社合作治理的尝试。但政社合作不意味着政府退出，更多是转变角色，从"大政府"变成"小而强的政府"（王名等，2014），但其依然在治理中发挥着不可替代的作用。本研究选取的"新老市民社区融合的政社合作"案例中，同样可以发现政府作为政社合作的主体之一发挥着独特的作用，不可或缺。

1. 政府参与为合作治理提供合法性

首先，在目的上，社会组织与政府目标一致为社会组织参与治理赋予合法性。随着经济发展，广州市每年涌入的外来人口不断增加，而三元里村又是一个典型的城中村，这里除了有 4.6 万常住户籍人口以外，约有5.8 万的外来流动人口，其融入问题日益严重，逐渐受到当地政府关注。中共广州市委十一届五次全会报告中提出，要开展镇（街）管理体制改革，推进社会治理专项改革创新试点，广东省各级政府也陆续出台了推动新市民融入的各项政策，在 2016 年政府工作报告中也明确提出要"加强来穗人员动态服务管理，开展重点地区和出租屋专项整治，创建来穗人员服务管理示范区"。通过"多元共治"实现新老市民社区融合已然成为政府的新目标。在此背景下，广州市民政局分别于 2014 年和 2015 年开展了两届公益创投活动，扶持社会组织开展社会服务。广州市法泽社会工作服务中心在两届创投活动中分别申报了"三元里幸福活力社区中心"和"三元里社区大学：外来工亲子教育项目"，两个项目都顺利入围并获得了政府的资助，为日后的"五个一"工程打下了基础。

其次，在行动上，广州市法泽社会工作服务中心的治理项目获得过广州市委的肯定和批示，有多家官方媒体都报道宣传了三元里的"五个一"工程，并将其归纳为"三元里经验"。这表达了政府对社会组织行动的肯定，为社会组织赋予了行动的合法性。

如果脱离与政府的互动，社会组织本身不可能获得公益活动的合法性资源，必然会使该项目在后续实施中寸步难行。向外的资源获取让该项目得到了合法性，同时也让广大群众相信社会组织所开展的项目是可靠的，从而更积极地参与。

2. 政府参与保证物质资源充足

在本案例中，政府所提供的物质资源主要体现在三个方面：资金、场地、行政资源。

首先，在资金方面，广州民政局开启的两届公益创投活动就为广州市法泽社会工作服务中心提供了60万元的资金；后期项目实施过程中，广州市法泽社会工作服务中心又获得了广州市社工委、白云区社工委以及三元里街道各提供的10万元配套资金。通过查阅广州市法泽社会工作服务中心的年度审计报告可以发现，除政府资助外，其资金主要来源于提供服务的收入和商品销售收入，资金来源十分有限，而其资金收入中政府资助占有较大比重。通过政府资金补助，该社会组织才得以正常启动和开展三元里项目。

其次，场地也是重要的资源之一。三元里项目中的社区大学必须要有实体落地空间，但广州市法泽社会工作服务中心作为公益组织，难以支付高昂的租金，得不到物业公司的支持，最终还是需要三元里街道办和居委会出面协调，以较低的租金获得场地资源，使得项目正常开展。

最后，政府的参与提供了丰富的行政资源。三元里项目是一个综合性的公益项目，涉及多领域，需要多部门的配合，如广州市来穗人员管理局、广州市社会工作委员会、三元里街道办等，同时融合过程中举行的各种活动如"垃圾不落地"等，又会与各个职能部门产生联系，仅凭社会组织的力量难以协调多部门共同参与和协同推进。但只要该项目有政府作为主体参与，后续动员其他职能部门和下级单位都会变得十分方便，也能够更好地促进该项目的后续推动。

3. 政府作为监督主体保证自主性

问责不足是多元治理一直以来受到的质疑，多主体的参与容易出现一些意外的后果，但却往往缺乏稳定的问责主体。因此，随着治理理论的发展，学者们提出了政府可以以监督的方式参与治理，同时承担问责的责任（Stoker，1998）。从资源依赖理论的视角出发，组织除了需要从外界获取资源以求发展以外，也需要尽可能减少对于外界的依赖以维持其自主性，从该角度也能够为政府作为多元治理中的监督和问责主体提供解释。以往研究指出，政府和社会组织的相互依赖往往是一种"非对称性的依赖"（徐宇珊，2008）。政府作为社会治理的主体，相较于社会组织必然需要拥有更多的自主权，以免过度依赖社会组织的资源优势。因此政府在治理中以监督和问责主体的姿态出现，为多元治理设定一个大致的规则框架，防止在治理中多元主体追求各自的利益而损害公共利益，同时在出现不良后果时及时纠偏和追责，保证政府在多元治理中有相当的自主性。在本案例中，政府确实也通过监督和问责保证了自己的主体地位不受外在资源的牵制，例如依照 2014 年颁布的《广州市社会组织管理办法》对广州市法泽社会工作服务中心进行管理，规范其资金来源；在项目运行中多次派相关部门人员前往视察和监督，同时还有领导进行批示，为其未来的发展提供指导。一系列的举措既保证了政府能充分利用社会组织的资源，又让政府以新的姿态参与了治理，保证了主导地位和自主性，降低公共利益受损的风险。

五　结论与建议

在现代化、城市化的背景之下，城乡、区域之间的人口流动性不断增强，新老市民融合问题日益成为城市治理的重要议题。政社合作治理作为现代社会治理创新的有效手段，在广州市白云区三元里街道解决新老市民社区融合问题的过程中发挥着关键作用。通过梳理现有相关研究，包括三社联动、五社联动、三元里模式等促进新老市民融合的治理模式的研究，发现这一领域研究呈现相对碎片化的特征和存在缺乏整体思考的研究短板。因此本研究以二手资料整理为主、问卷调查为辅，利用资源依赖理论的分析框架对三元里模式进行剖析，解析政社合作治理的形成机制、实际运用及其背后成因、治理效果，丰富三元里案例研究的视角。

调研发现，新老市民社区融合过程中出现了新市民归属感弱以及参与社区治理渠道少、新老市民之间存在福利待遇差距和社会资源竞争的矛盾冲突等问题。通过分析三元里模式中的政社合作，从社会组织和政府两个主体的角度出发，本研究得出三元里新老市民社区融合问题的解决途径有：社会组织开展社会调查，基于居民需求做出反应，利用自身资源和优势协助建立治理网络，参与创建三元里融合社区"五个一"工程；政府统筹规划来穗人员融合计划，为治理项目提供资金支持，推动融合组织建设，发挥领导示范作用。政府搭台，社会唱戏，政府和社会组织相互协作、学习与交流，发挥各自优势进行治理。

政社合作治理在该案例中主要体现为广州市政府及其相关部门和社会组织——广州市法泽社会工作服务中心的协同治理。基于资源依赖理论视角，本研究重点分析了政府和社会组织各自的资源优势，既分析两者如何相互依赖、实现资源整合，又分析两者如何在协同治理中保持组织独立性和自主性。在新老市民需求多样化、多层次要求治理主体有充足的资源的前提下，政府拥有合法性、各类物质资源，社会组织也就是广州市法泽社会工作服务中心拥有专业技术经验、信息资源和社会资源整合优势，两者彼此依赖对方提供的资源，同时政府通过监督和问责保持自主性，广州市法泽社会工作服务中心通过多渠道筹集资金的方式避免过度依赖，最终形成三元里模式。

目前，新老市民社区融合问题，在现代化进程加快的实践背景下，在珠三角地区乃至全国广大地区都具有普遍性，尤其是在作为人口流入地的发达城市，比如北京、广州、深圳、上海等地，促进新老市民社区融合成为基层治理的重要任务。其中，政府和社会组织在基层治理的实践中均发挥了重要作用，但可能面临政府没有能力全面履责，而社会组织势力弱小、亟须发展的处境，单凭其中一个主体的力量无法达到良治的效果。在实践中，广州三元里模式证明了政社协同治理是实现有效基层治理的重要途径，以基层政府和社会组织为主体的协同治理模式应纳入城市治理创新的体系中。以三元里模式为参考，基层政府和社会组织应当发挥各自的优势，相互配合，将资源优势的效能最大化。

基于三元里社区治理的经验，我们对于未来新老市民社区融合的工作给出以下建议。一是重视发挥新治理主体的作用，在推动社区融合治理的过程中调动各方因素参与到治理当中，加强各个主体间的合作，取长补短，发挥各自的优势。二是注重发挥社会机构的作用，政府提供资金、场地等，支持引进社会智库，集社会之智推动社区融合治理，发挥社会机构的专业性优势。三是加强政府在推动社区融合治理中的统筹地位，制定纲要计划，凝聚各方共识，积极协调治理主体之间的行动，发挥领导示范和监督作用。四是在活动开展前要立足新老市民的需求，充分了解民意，认真调研，了解新老市民在融合上的问题和需求，有针对性地开展活动。

对于新老市民社区融合工作，未来社区应在深化党建引领下，提升社区整体的政务管理效益。其一，进一步创新社区管理和服务模式，整合基本公共服务资源，扩大基本公共服务覆盖面，实现服务新老市民的社会效益和经济效益相统一。其二，积极拓宽融资渠道，以创新性的方式吸引更多社会资本、社会资金的多主体、多渠道流入。此外，基层社区治理中应注重提升工作人员专业性，并引入督导机制，及时发现治理中的问题，尽早解决。融合工作总体上向智慧化、精细化方向全面发展，使社区融合达到社区善治的目标。

参考文献

陈平，2019，《"吸纳型治理"：社会组织融入城市社区治理的路径选择》，《理论导刊》第 2 期，第 47～53 页。

陈永泽，2007，《新市民融合中的城市政府作用研究——以张家港市为例》，硕士学位论文，同济大学。

金志、戴琬莹，2018，《共享发展视阈下"五社联动"的逻辑思维与实现路径》，《厦门特区党校学报》第 4 期，第 58～62 页。

李颖，2010，《新市民培育路径研究》，《重庆三峡学院学报》第 6 期，第 133～138 页。

柳亦博、玛尔哈巴·肖开提，2018，《论行动主义治理——一种新的集体行动进路》，《中国行政管理》第 1 期，第 81～91 页。

陆仕祥，2012，《城市化进程中新市民融合的政府作用研究》，硕士学位论文，广西民族大学。

任庭葶，2016，《专业社会工作参与社区治理的个案研究——以重庆市 S 社区为个案》，硕士学位论文，重庆大学。

孙肖远，2010，《社区党建创新：走向社区融合的现实路径》，《社会主义研究》第 2 期，第 54～57 页。

王名、蔡志鸿、王春婷，2014，《社会共治：多元主体共同治理的实践探索与制度创新》，《中国行政管理》第 12 期，第 16～19 页。

谢艳园、欧阳宏松、刘希、叶玲、郭青青，2019，《社区融合视角下的流动儿童社会工作服务探索——以长沙市 M 社区“益成长”流动儿童社区融入服务项目为例》，《长沙民政职业技术学院学报》第 4 期，第 25～27 页。

徐宇珊，2008，《非对称性依赖：中国基金会与政府关系研究》，《公共管理学报》第 1 期，第 33～40、121 页。

于学军，2005，《中国流动人口的特征、需求和公共政策思考》，《开放导报》第 6 期，第 4 页。

虞维华，2005，《非政府组织与政府的关系——资源相互依赖理论的视角》，《公共管理学报》第 2 期，第 32～39、93～94 页。

张丹羊、肖桂来，2020，《一张桌议事 他乡变故乡》，《广州日报》，https：//baijiahao. baidu. com/s？ id = 1654691200652422603&wfr = spider&for = pc。

张江龙、章晓，2010，《流动人口聚居区社区融合的主体选择》，《管理学刊》第 5 期，第 72～74 页。

张勤、钱洁，2010，《促进社会组织参与公共危机治理的路径探析》，《中国行政管理》第 6 期，第 88～92 页。

张秀云，2014，《“村改居”社区新老居民融合研究——以济南市 Q 社区为例》，硕士学位论文，山东大学。

周定财，2017，《基层社会管理创新中的协同治理研究》，博士学位论文，苏州大学。

朱仁显、彭丰民，2016，《公益型社会组织孵化的厦门模式——基于对“新厦门人社会组织孵化基地”的研究》，《国家行政学院学报》第 4 期，第 41～46 页。

Knapp, M., Robertson, E. & Thomason, C., 1990, *Public Money*, *Voluntary Action*：*Whose Welfare*, Vol. 21, Walter de Gruyter.

Stoker, G., 1998, "Governance as Theory：Five Propositions," *International Social Science Journal* 50（155）：17－28.

以学生为主体的城中村商业发展机制研究

——以广州大学城贝岗村为例

蒋玉婷　黄晨馨　邓逸茹　加那尔·艾兰江　余君豪

钟梓煜　甄添铖　裴　宁*

摘　要：本文以广州大学城贝岗村为例，立足于利益驱动机制，通过梳理贝岗村的商业发展历程与针对学生的问卷调查，分析大学生的入住对贝岗村商业发展的影响及其作用机制，并尝试提出有针对性的发展建议。研究发现：大学生群体的涌入使贝岗村的商业逐步发展壮大，学生的消费需求推动着商业规模的扩大和商业空间的变化，成为当地商业业态发展变化的最大引导力；贝岗村商业发展出于增加经济收入以及寻求自身价值两方面的原因不断迎合着学生的消费需求，但也面临滞后于这一群体消费需求变化的一系列发展瓶颈以及潜在的冲突，仍需进一步转型发展。

关键词：城市更新　城中村　学生化　商业发展

一　导论

"城中村"产生于城市化进程之中，传统乡村无法跟上城市规模急速扩张的脚步，无力阻挡城市化的浪潮，也无法抛弃自身的经济文化特性，完全的隔绝与融入似乎都不可能实现，接受改造成为必然。城中村改造也早已不是城市更新领域中的全新话题，尽管讨论已久但热度居高不下，只因随着改造工作的逐步推进，新的问题与新的现象不断涌现，"学生化"现象就是其中之一。

---

*　蒋玉婷、黄晨馨、邓逸茹、加那尔·艾兰江、余君豪、钟梓煜、甄添铖、裴宁，中山大学政治与公共事务管理学院行政管理专业2018级本科。

"学生化"主要是指发生在大学城及其周边社区的一种现象，附近大学的学生（以本科生为主）会逐渐代替原本的社区居民，成为城中村的主要居民，也是影响城中村更新发展的重要主体。学生群体的入住为城中村注入新的活力，形成独特的社群文化。在城市更新尤为强调文化导向的当下，学生群体将会对其聚居地区的发展产生巨大影响。广州大学城贝岗村就是"学生化"现象突出的典型案例，从最初的农业村庄到现在的大学城商业中心，学生社群文化的影响不可忽视。

贝岗村是广东省广州市番禺区小谷围街下辖村，与之相邻的是广州大学城中山大学、广东外语外贸大学。广州大学城兴建前，当地村民主要通过务农获得收入。大学城建成后，除了部分仍然留在原地居住的村民，其他受拆迁影响的村民大多集中安置在谷围新村。现该村面积约1.2平方公里，户籍人口2700多人，流动人口近2000人。集体经济收入来源主要是村属土地发包，旧村闲置土地、村属商铺出租等。

大学城建成后，一系列针对贝岗村商业发展的政策与措施陆续推行。2007年，面对商业的无序发展和环境恶化，政府和村委会开始积极介入，对贝岗村进行统一规划治理。2008年12月，成立广州大学城管委会，对城中村的商业空间及城中村内部的整治起到一定作用。2011年，基于贝岗村商业的发展优势和业态不足，村委会决定与开发商合作，在村内西部集体用地上建设两座大型商场，村委会和开发商都持有经营权，形成丰富业态的同时保证集体利益的增长。2015年，为有效规范广州大学城流动商贩的经营行为，切实保障食品安全，改善市容环境，小谷围街成立规范管理食品摊贩工作领导小组，下设街食品摊贩规范管理办公室，开展专项整治工作，取得显著成效（小谷围街道办事处，2016a）。2016年，市综治委印发《广州大学城环境综合治理工作方案》，小谷围街据此全面加大环境整治力度，为有效整治六乱现象，在贝岗村设立首个小谷围街食品摊贩贝岗村经营区，在美化环境的同时保障了师生群众的食品安全（小谷围街道办事处，2016b）。2019年，小谷围街制定"2+6"乡村振兴战略工作实施方案，其中包括改善农村生产生活条件方案等，还集中财力为城中村统筹提供300万元左右开展3~5个人居环境整治和升级项目，如市场周边整治等（《大学城四条村将进行环境整治》，2019）。以上措施对贝岗村商业发展起到了规范与推动作用。

大学城的建设和大学生的不断涌入，使贝岗村在短短几年内形成了比较稳定合适的经济发展模式，其经济模式相对有生机及活力，商品经济有了比较大的发展。贝岗村从原来自给自足的农村经济发展模式转变为现在的以市场带动经济的商贸业及配套服务业模式，其转型在政府、村集体及开发商的共同努力下比较成功。因此，对于同处转型中的有类似条件的城中村来说，贝岗村的发展模式很有借鉴意义。

为了全面了解贝岗村如何在大学生的影响下完成改造，以及学生文化如何影响贝岗村商业发展，本文在基本掌握"学生化"理论的基础上，梳理广州大学城贝岗村的商业发展历史，并通过线上问卷调查的形式对贝岗村附近的大学生进行调查，探究如何实现学生化导向的城中村改造，尝试对贝岗村未来进一步更新改造提出建议。

二 文献综述

（一）城中村商业发展

随着我国城市化的发展，城中村改造作为城市更新工作中的重要部分受到各界广泛关注，地理位置、本土文化、居民结构等因素使其成为城乡二元体制下的"另类社区"，具备独特的商业价值，其商业运转主要包括自转与公转两种模式，既满足了城中村内部消费，也与村外进行着交易互动与资源流通（苏颖，2007）。

目前，学者们通过对多个典型城中村的个案调查与对比研究，发现城中村商业发展呈现一些较为明显的共性特征。首先是物业出租产业发达。城中村密集的自建房为租房市场提供了大量的廉价房屋（宋海宏、李平，2017），成为城中村支柱性的经济形式。这样的低价房屋吸引了大量的外来人口，他们既是城中村商业的消费人群，也是重要经营者，其收入水平决定了城中村"低成本生活区"的定位（苏颖，2007），在这样的地区商业经营成本也相对较低。经营者和消费人群身份的本土化使得当地商业直接面对租客需求，加上城中村监管相对宽松，其商业发展具有极强的市场自发性（胡乃彦，2011）。这一背景造就了城中村齐全的商业业态（包括住宿、医疗服务、休闲娱乐、零售和餐饮等），但是呈现规模普遍较小的特征（苏颖，2007）。城中村内商业在空间分布上也表现出一定特性，主要沿城市道路和对外巷道集中线性分布（王懿宁，2017）。

城中村商业发展的高度自发性的确在一定程度上增强了城市活力，但也不可避免地带来了一些问题，如商铺零散化，业态丰富多变但混乱无序，难以针对消费人群形成稳定的经营结构，经营点扎堆也导致部分商业街道负荷过重，片区环境质量大幅下降（宋海宏、李平，2017）。另外，城中村商业发展管理混乱也屡遭诟病，政策与规划缺乏，管理中的公共意识薄弱，违规占道、食品安全问题等经营乱象频现（王懿宁，2017），小成本的商业经营也引发了大量的违法用地、违法建设问题，存在居民擅自出租耕地或违法搭建房屋进行商业经营的现象，破坏原本的城中村空间结构，易与周边空间发展发生冲突（陈锋，2012）。

据此，学者们提出了有针对性的建议。首先要优化出租模式，根据消费人群的收入水平、消费习惯等，结合当地文化，打造规模化、档次化的商业态势（宋海宏、李平，2017）。同时，城中村的生存与发展需增强其核心竞争力。内部商业设施的个性化与多样化，能够提供日常必需服务和优质的非必需服务，保持城中村商业的活力（周敏，2019）。此外，在鼓励商业组织和社区组织参与管理的同时，呼吁政府重塑在城中村管理中的主导地位，把握城中村商业发展方向，规范经营行为（苏颖，2007）。

城中村的改造方式本身具有多样性，在我国，主要存在"全盘重建型、局部调整型和重点控制型三种模式"（陈锋，2012）。对于城中村商业发展方向，大多数学者认为应当尊重城中村原有的资源与社会文化特征，进行自我调整式的更新发展。但也存在一些不同的声音，认为应将打造高端商业区视为城中村商业发展的目标（林清语，2009）。

（二）"学生化"概念

随着高等教育规模的扩大，校外聚居的学生日渐增多，并引起城市空间、人口、社会、文化、环境和经济等内容产生变化。在此背景下，英国地理学者Smith（2002）首次提出了"学生化"的概念来描述这种由于学生聚居而产生的社会现象。之后，Smith（2005）对学生化概念进行了系统的阐释与分析：学生化是大学生群体大规模聚居于高等教育机构附近社区，直接或间接地取代当地原有居民成为社区的主要居民，促使当地资本重新投入需求结构变化的住房市场，引起社会环境和物质景观改变，导致地方经济、社会、物质景观和文化转变的过程。

学生化会对原社区的社会文化结构产生巨大影响。首先，大量学生的进入会抬升社区租金和社会服务的价格。迫于租金压力，许多原来居住在此的居民搬离社区。令人意外的是，一些中产阶级居民也在学生化浪潮中搬走。究其原因，一方面是由于一部分中产阶级将自身居住的房屋出售以从快速发展的学生房屋市场中获利；另一方面，由于学生的进入，社区的文化与消费氛围显著改变，这也促使一部分中产家庭搬离原居住区。其次，实证经验表明，学生化往往会对原有社区居民的日常生活产生直接的影响。

除此之外，学生化过程有着更深远的社会影响，体现在它的文化性上。作为对一些文化与娱乐设施有着特殊偏好的群体，学生通过特有的消费行为形塑了其独特的文化身份与生活方式。这些在学生时代积累的文化资本在后学生时代会发挥作用，而文化资本积累过程中形成的生活方式，与未来中产阶级对于城市生活与居住方式的解读有着密切的关系（何深静等，2011）。

从城中村商业发展与"学生化"理论的相关研究中可以发现，一方面，目前学者们已经对城中村的商业发展模式进行了一定的归纳。消费者、经营者这两种商业活动主要参与者的身份特征以及监管环境等区域特性，造就了城中村商业规模较小、业态齐全、市场自主性较强等共性特征。同时，现有研究还对城中村商业发展中出现的问题进行了深入探究，并有针对性地提出建议。另一方面，对"学生化"概念的阐释与分析不断深入。现有研究提出，学生化不仅对城市空间与社区的社会文化结构产生直接影响，而且与城市居民的未来生活方式形成有一定联系。总的来说，目前学界对城中村商业发展与"学生化"这两个领域已有较为深刻的认知，但是对"大学城"这类特殊的城中村关注较少。事实上，大学城学生化的典型表现为推动周边地区的发展变化。高校周边地区的种种商业发展现象表明，作为一个特殊的服务消费群体，学生的大量聚居对城中村的商业发展起着重构作用，直接推动甚至引导了该地区的产业转型，大学生的消费追求、文化理念等因素间接影响城中村经济、文化、物质景观形态的建设。因此，本研究试图以具体案例为抓手，探究学生化对城中村商业发展模式的影响，为我国城中村商业发展或转型提供思路借鉴。

三 案例描述

多元主体在城中村改造中扮演着不容忽视的角色，当地主要居民的意见尤其值得重视。不同主体的参与便于在建设中协调平衡各方利益，吸引更多的社会资本，并在"协商"这一过程中引导资本投往当地居民的偏好与需求所向。因此，研究城中村的更新改造需要着重关注当地最主要的居民群体，他们的生活习惯和社群文化将大大影响城中村的发展方向，而对于坐落于广州大学城的贝岗村来说，凭借地处中心地带和交通便捷的优势，和周边高校的联系更加密切，大学生成为重要群体，学生化影响了贝岗村的商业发展。

（一）贝岗村商业发展历程

从学生化影响的角度分析贝岗村商业空间的产生和发展建设，需要以大学城的建设发展为参考依据，因此将其分为四个阶段：一是大学城建设之前（2003 年以前），二是大学城建设前期（2003～2006 年），三是大学城建设中期（2007～2010 年），四是大学城建设后期（2010 年至今）（方小山、秦雅楠，2018）。

2003 年大学城建设之前，贝岗村并未受到学生化影响。贝岗村原有人口约为 2600 人，人口流动性差；村民主要依靠农林、养殖业获取物质资料，维持生计，村庄呈现自然村落的形象，环境优美；村内的商业空间以服务村内居民的菜市场为主，仅有一两座广州特色茶楼。

大学城建设前期，高校陆续入驻，2004 年约有 4.2 万名师生住进大学城，学生与贝岗村的互动变得密切，商业迅速发展。大学城建成后，贝岗村由于居民搬迁或外出择业等，仅留存原人口约 800 人，而在内租住的学生和外来人口近 1500 人，人口结构完全改变，贝岗村也逐渐变成一个城中村。村民开始自发经营出租房和各类服务于学生群体的商业店铺，成为村内经济发展的重要力量，但其自发性导致大排档私搭乱建、抢占空地，垃圾成堆、废水沟渠堵塞等一系列物质空间环境问题。同时由于缺乏社会管理，商业恶性发展，商业店铺的经营通宵达旦，噪声扰民的同时也带来严重的社会治安问题。

2007 年大学城设施逐渐完备，在校学生不断增多，加之校外考研学生、旅游学生及毕业后"蚁族"群体的增多，对贝岗村内租住空间和商业服务的需求有增无减。同时，以低品质生活服务类为主的非正规经济活动已成为村民及村集体的重要收入来源。面对商业空间的无序发展和环境恶化，政府和村委会开始积极介入，通过一系列规定对贝岗村进行统一规划治理。村委会组织和出资牵头带动环境整治和基础设施完善工作，规划建设"美食广场"，整治大排档私搭乱建现象，集中经营管理。广州大学城管委会于 2008 年 12 月成立，对城中村的商业空间规划及城中村内部的整治也起到一定作用。

2010 年，经过一轮整治，贝岗村又迎来新的发展契机。大学城原来规划建设的商业空间，由于服务定位、配套设施、交通条件等各方面因素，人气不旺。贝岗村位于中环路边，因地理位置优越、交通便利、商业服务品类丰富等，一直保持繁荣的发展态势。大学城内有大量的学生选择经常在贝岗村消费，虽然贝岗村是大学城内学生就餐的首选地点，但学生普遍更倾向于在广大商业中心购买鞋帽服饰。基于贝岗村商业的发展优势和业态不足，2011 年，大学城贝岗村村委会决定与广州开发商合作，征用村内西部集体用地，计划建设购物中心 GOGO 新天地和美食街。贝岗村凭其地理优势，附近的流动摊位和商铺渐渐增多，在形成多样业态的同时保证了集体利益的增长。GOGO 新天地商场建成后，一系列影城、品牌服饰等高品质业态得到补充，GOGO 新天地也成为大学城内重要的商业中心，贝岗村商业影响力进一步扩大，商业经营已是村民及村集体的主要收入来源。如今，GOGO 新天地二期建成，大学生群体拥有巨大的消费潜力，商业规模渐趋扩大，业态种类也更加丰富，GOGO 新天地也发展成了集饮食、娱乐、购物、休闲、学习于一体的大型购物中心，商业氛围浓厚。

（二）从调查数据看贝岗村商业发展现状

通过线上对大学城贝岗村附近的大学生群体发布问卷，共收集到 102 份有效问卷。

在大学生在贝岗村内外消费次数的问题上，通过对每个选项进行加权计算得出，大学城内学生每月人均在贝岗村消费的次数是 8.31 次，在拥有 18 万大学生的广州大学城内，这无疑代表着巨大的消费潜力。大学城建成的十余年来，庞大消费大军的不断涌入，为贝岗村商业快速发展提供强大动力。同样经过加权，得出大学生平均每月离村消费（包括网购）的次数是 6.35 次。通过对比大学生每月村内外消费次数，不难看出贝岗村的商业经过多年的发展，如今已能满足大学生群体的大部分消费需求。进一步的问卷分析发现，68.63% 的大学生认为贝岗村能满足大部分消费需求，这也充分印证了先前的分析：学生化的不断发展赋予了特定区域发展的强大动力；随着城市发展的不断加快，学生的多样化生活消费需求也逐渐得到全方位的满足，包括低端、中端和稍高端消费。学生与贝岗村在多年的交融之中，已然形成了互利共赢、不可分割的密切关系。大学城贝岗村在更新与改造过程中，商业活力已被激发，商业发展取得了较为显著的成绩，其改造经验可为其他城中村改造提供参考。

一个地区商业的良好发展，离不开供给与需求的有效匹配。问卷数据显示，有 71.95% 的大学生认为贝岗村商品质量难以得到保证。大学生在贝岗村消费的原因（前四位）为：出行便利、商品种类齐全、社交需要、价格便宜。出乎意料的是，常被定位为中低端商品消费群体的大学生，却在调查中体现出较低的价格敏感度。这在一定程度上反映了大学生消费升级，随着时代发展，大学生更加追求商品的质量和效用，相应地，对价格的重视程度相对降低。另外，数据显示大学生的消费类型由高到低依次为餐饮、生活用品、学习用具、服饰、娱乐器具，以必需性消费支出为主，体现了生存型消费所占比例较高，而发展型消费所占比例较低，享受型消费比例更低，这显然与现今大学生消费升级的需求顺序不匹配。经过了小组成员们日常的实地考察发现，当大学生群体在考虑商品和服务的质量与实用性时，贝岗村的商业发展仍停留在中低端商品供给的阶段，商业类型布局以餐饮行业为主，服装类商品质量较差，尤其是在 GOGO 新天地一、二楼层的服装店大多以售卖价格较低的盗版服饰为主，鲜有消费者进店选购，部分二楼的服装店甚至关门歇业，总体而言较为冷清。另外，娱乐类等新型消费模式也无法满足大学生群体旺盛的精神娱乐需求。

本研究认为，供求发展的不对等，是贝岗村在大学城建成后期商业发展面临瓶颈的主要原因。在学生化情境下的城市发展步伐中，本地居民与学生群体打交道的过程是由物质资料对接到文化共融的动态发展过程。如今的贝岗村商业尚未完成转型发展，创新、时尚、活力的大学文化与青年文化也仍未融入发展规划中，自然无法满足大学生日益增长的物质与精神需要。

最后，问卷数据也显示了贝岗村发展所面临的一些问题：有 85.37% 的大学生认为贝岗村街道杂乱，影响大学城形象。在城市发展的过程中，自发性、逐利性的自利行为往往会造成整体的无序性发展，产生较大的负外部性。因此在未来的管理和完善工作中，环境卫生问题不容忽视。贝岗村的商业发展是村民、学生、政府多主体共同参与的结果，在集合多元主体的力量时，掌舵、监管是政府引导贝岗村村民有序经营、维护大学城整体环境形象的重要一环。

四 案例分析

本文以利益驱动机制为主要分析框架，从消费与生产两个环节具体分析学生化导向对贝岗村商业发展的影响。利益驱动机制是以利益作为驱动力的一种相互作用的过程或体制，在一定条件下，社会主体的需要会转化为具体的社会和个人利益，客体通过追求利益的途径来满足其主观需要，这也表明利益是人对客观价值的主观肯定。马克思主义认为，为了获得生存和发展的物质生活条件，人们从事各种活动的行为会以物质利益为原动力，创造历史并发展历史都必须建立在满足物质利益需求的基础上，由此物质利益成为生产发展的前提和动力，进一步成为生产力的形成前提和发展原动力。

与利益驱动紧密相关的克鲁格曼空间经济模型、正反馈效应理论，可被用于具体解释在消费与生产两个环节中学生化对贝岗村商业发展的影响机制。在解释小尺度工业区位和集聚时，克鲁格曼空间经济模型认为，"消费者之间的需求存在差异，全球式的大规模生产模式将取代适用于当地市场的小规模生产模式"，强调了外部规模经济的重要性，并对企业、消费者等微观主体间如何相互作用形成产业集聚区做出了解释，消费偏好与出行方式、消费者数量与支付能力等将影响当地的商业集聚（乔家君等，2009）。正反馈效应理论认为，做一件符合他人价值观的事并获得夸赞，会正向刺激做事人将该事情做得更好（赵民、赵蔚，2004），其本质仍是一种由利益驱动的行为。

贝岗村的商业发展符合由经济利益驱动形成的生产力提升模式，并且贝岗村的商业发展也呈现惊人的高速发展态势。利益驱动机制表现为消费环节所产生的利益与生产环节之间的驱动与回应，具体体现为学生消费需求对贝岗村商业规模及商业业态发展变化的影响，以及贝岗村商业发展对学生消费需求的回应。本文将采取利益驱动机制去解释贝岗村商业规模扩大、商业业态多样化的原因，并解释正反馈效应对贝岗村商业生产的刺激作用。

（一）消费环节

（1）学生消费需求对商业规模的影响。从前期规划及后期动态发展来看，学生消费需求都对商业规模的扩大起着推动作用。

一方面，广州市市区的人口承载能力有限，需要将新需求引至贝岗村所在的大学城郊区。为了满足城市人才需求，广州市必然要规划土地，建设更多高等教育设施。选择在小谷围街这种城郊地方建设大学城，重要的原因之一是广州市市区的人口承载能力有限，并不能再吸纳新引进来的学生人口（付诗韵、刘晖，2019）。为了保障高校师生的基本生活需求，规划部门也规划了相应的一定规模的商业配套服务设施。

另一方面，增强当地承载能力的需要促使贝岗村扩展经济功能。贝岗村的商业规模发展是动态的演进过程，随着社会变迁和大学城的建设，贝岗村承载了外来的学生群体，当地居民则进行搬迁，贝岗村的人口结构相应发生了改变。学生化则扩大了当地的消费需求，极大地刺激了贝岗村的商业发展，从无到有，从小到大，推动商业规模的不断扩张。同时，急剧扩大的大学生消费需求促使村委会决定与开发商合作建设大型商场，充分开发贝岗村商业因学生化而衍生出的发展潜能，扩大其规模。具体来说，大学城建设之前，贝岗村是广州市里的一个贫困村，以农耕和渔业等第一产业为主，商业空间仅有菜市场和一两座广州特色茶楼。大学城建设前期，大学生开始入住，需求量开始提高，贝岗村原有的经济社会活动空间受到冲击，商业规模开始慢慢扩大，发展出小卖部、小餐馆等与学生生活相关的商业形态。大学城建设中期，学生对商业服务的需求逐渐增多，贝岗农贸市场建成，经济结构则逐渐以第三产业为主，商业规模迅速扩大。大学城建设后期至今，商业经营规范化，建成 GOGO 新天地商场，周边的商业活动和产品种类更为丰富，商业规模进一步扩大。

（2）学生需求对商业业态的影响。在地理位置上来讲，学生化促进了当地商业集聚现象的产生。在大学城建成以前以及大学城建成初期，贝岗村拥有很多可用于开发商业的空间，发展商业无须迁移，只需就地选取就好。学生化引起当地经济增长，经济增长提高承载能力，承载能力提升吸引更多商业种类入驻，这种良性循环优化了当地的商业结构，使得商业业态多样化。例如，打印复印店、论文制作服务店、书店、精品店等这些客源较为单一的店铺在受学生化影响深远的社区会建立起来并拥有稳定的收入维持经营（何深静等，2011）。对于贝岗村来说，要在尚未接受征地开发的时代建起这些商业店铺是相当困难的。由此可见，学生化对社区的影响体现为不仅提升了第三产业的比重，而且丰富了第三产业的种类。

商业集聚使得产业转型成为可能。作为处在大学城生活区地带的城中村，大学生消费需求对其的影响具体表现为商业集聚引起的当地经济结构的快速转型。其中，第三产业发展速度极快（何深静等，2011），成为当地最受关注、地位最高的产业，大学生在城中村寻求生活服务供给，促进形成了以廉租房和餐饮为主的商业经营空间。目前在贝岗村随处可见的公寓和奶茶店、快餐店等都是基于师生的消费需求产生的。在餐饮方面，为了在美化环境、保障师生与居民的食品安全的同时充分满足大学生特色化的消费需求，小谷围街道办设立了首个食品摊贩贝岗村经营区，创造性地实现了贝岗村商业业态的丰富化。"状元食坊"、美食街等餐饮业的兴旺就是当地第三产业蓬勃兴盛的证明；在租房业方面，学生对租房的需求推动了村内出租行业的发展，贝岗村村民则通过出租自己的房屋获得收入。

（二）生产环节

贝岗村商业发展迎合学生消费需求主要出于两方面原因：一是物质利益层面，贝岗村村民为提高经济收入而迎合学生消费需求；二是非物质利益层面，贝岗村村民从学生消费中获得正反馈，从价值、意识层面推动商业发展。

从物质利益层面来看，一方面，大学城建设导致村落原有耕地被征用，村民的经济收入来源被切断，亟须寻求新的生计来源；另一方面，学生群体在保留村内的租住和生活类消费需求对村民而言，是提供经济收入的正向刺激。学生的涌入使得村民手中的宅基地成为重要的寻租资源，房屋出租带来稳定的、相对较高的收益带动了当地村民的投资热情，他们开始投资建设大量的房屋满足学生的需求（何深静等，2012），且学生对餐饮、生活用品等的需求都给村民带来了资本增值的希望。学生化影响下，因保留村土地使用权属，商业空间的改变是由村民自由选择的结果，物质利益的增长则为其提供激励。

从非物质利益层面来看，贝岗村村民受到了学生消费需求的正反馈推动，这在商业的发展变化中得以体现。学生不断扩大的消费需求依赖于贝岗村村民提供的商业、服务业的支撑，衣食住行等日常生活相关的基本需求等都能从贝岗村商业区得到满足，便利的消费环境、丰富的商品种类等使其受到了大多数学生的喜爱、鼓励和支持。受正反馈效应的作用，贝岗村村民会进一步推动商业发展。

综上，从消费环节看，前期大学城规划带来的新需求及学生需求的逐渐扩大与多样化，促进了贝岗村商业规模及商业业态的发展。从生产环节来看，贝岗村村民出于经济与价值、情感因素考虑，主动迎合学生消费需求。因此，以利益驱动为链条，在学生化影响下贝岗村商业发展的消费与生产环节相互促进、相辅相成，在动态进程中形成了贝岗村的商业发展现状。

五 结论与建议

本研究以广州大学城贝岗村的商业发展为例，充分结合学生化概念，立足于利益驱动理论，探索总结了学生化导向的贝岗村改造过程中商业发展的历程与现状。研究发现，尽管"学生化"是国外为研究当地现实情况率先提出的概念，不能直接照搬应用到中国本土的实践上，但就结果而言，大学生入住同样颠覆了当地的发展模式，并产生了类似的现象。

随着大学生群体的涌入，贝岗村发生了巨大的变化，商业逐步发展壮大，体现出学生化的特征。一方面，学生的消费需求推动着商业规模的扩大，引起商业空间的变化、功能置换型商业空间拓展和非正规经济商业空间的出现，成为当地商业业态发展变化的最大引导力；另一方面，贝岗村商业发展出于提高经济收入以及寻求城中村未来进一步发展，不断迎合着学生的消费需求。然而，通过问卷调查获得的一手数据，本研究也发现贝岗村的商业发展虽然满足了大学生群体的基本生活需求，但也面临滞后于这一群体消费需求不断变化的一系列发展瓶颈，同时也滋生着诸多潜在的冲突。为更好地发挥学生化导向对城中村商业发展的积极作用，进一步挖掘贝岗村商业发展潜力，推动其发展模式转型升级，同时为其他城中村改造提供一定的借鉴，本研究提出以下两方面的建议。

首先，城中村在改造的过程中应当立足于当地人群的特征以培育新兴的商业发展潜力，在学生化导向的城中村商业发展过程中，满足学生群体的需求是商业发展的最大驱动力，迎合学生群体的利益需求不仅有利于提高该群体的生活便捷程度和满意度，而且是提高当地经济发展水平、推动产业升级的良好契机。因此，学生化导向的城中村在更新改造的过程中应适当将规划的土地用于发展商业，并积极引导当地与外来商户从事商业活动，适应学生不断变化的多方面需求及不断提升的消费层次，不断改善服务类型和经营方式，提高商品和服务的质量，如针对大学生群体的文化性需求，可开设不同类型的书咖、俱乐部，建设文艺性娱乐设施等来取代渐遭淘汰的中低端服装店。

其次，为更好地促进城中村商业发展与学生日常学习、生活的相互融合，营造良好的商业环境，当地村委会、街道办等部门应提高管理能力，以解决学生化导向的城中村改造和商业发展过程中可能出现的新问题。一方面，要加强对辖区内治安和环境卫生的治理，营造出适合大学生学习生活的整洁、安宁、有序的环境和氛围；另一方面，各相关部门应当协同治理，对辖区内商品质量进行监督和检测，淘汰低质和劣质商品商铺、提高质量检测标准，除必要的惩罚措施以外，也可适当采取奖励的方式激励商户建设洁净宜人的经营环境，并引入竞争机制，通过环境的美化来促进消费质量的升级，从而满足大学生更高层次的消费需求，提高贝岗村的商业发展质量。学生化导向的城中村商业发展虽然有着相对的有利条件，但也是一项长期的任务，需要与时俱进，不断完善，也需要政府、当地居民和学生三方的共同努力，积极促进贝岗村的商业发展，一同营造良好的生活、工作和学习环境。

参考文献

陈锋，2012，《城中村改造模式探讨——广州市猎德村商业改造项目》，硕士学位论文，华南理工大学。

《大学城四条村将进行环境整治》，2019，广州市人民政府网，http://www.gz.gov.cn/zfjgzy/gzsnyncj/ggfw/sndt/content/mpost_2994350.html。

方小山、秦雅楠，2018，《学生化影响下大学城保留村商业空间发展策略研究——以广州大学城贝岗村为例》，《现代城市研究》第 8 期，第 109～114 页。

付诗韵、刘晖，2019，《广州大学城保留村社会空间演进研究》，载中国城市规划学会编《活力城乡 美好人居——2019 中国城市规划年会论文集》，中国建筑工业出版社，第 127～132 页。

何深静、钱俊希、吴敏华，2011，《"学生化"的城中村社区——基于广州下渡村的实证分析》，《地理研究》第 8 期，第 1508～1519 页。

何深静、钱俊希、徐雨璇、刘斌，2012，《快速城市化背景下乡村绅士化的时空演变特征》，《地理学报》第 8 期，第 1044 ~ 1056 页。

胡乃彦，2011，《对低生活成本住区街道的空间句法解析》，载中国城市规划学会编《转型与重构——2011 中国城市规划年会论文集》，东南大学出版社，第 7065 ~ 7072 页。

林清语，2009，《高精优打造发展平台 做大做强街道经济——厦门市思明区嘉莲街道改造城中村发展高端商业的实践与启示》，《厦门科技》第 4 期，第 28 ~ 32 页。

乔家君、许家伟、李小建，2009，《近高校新区型村域商业活动时空演化——以河南大学金明校区为例》，《地理研究》第 6 期，第 1537 ~ 1549 页。

宋海宏、李平，2017，《深圳市城中村商业发展存在的问题与策略研究》，《现代城市研究》第 1 期，第 119 ~ 124 页。

苏颖，2007，《特色社区商业：城中村发展路径新探讨——基于两个典型城中村的个案调查》，《商场现代化》第 22 期，第 54 ~ 55 页。

王懿宁，2017，《城中村自发商业发展现状与规划设计研究——以天津市小白楼"城中村"为例》，载中国城市科学研究会编《2017 城市发展与规划论文集》，第 1831 ~ 1835 页。

小谷围街道办事处，2016a，《广州大学城多措举推进流动商贩整治》，广州市人民政府网，http://www. gz. gov. cn/qxzy/fzqrmzf/zfxxgkml/zwdt/zjxx/content/mpost_2947502. html。

小谷围街道办事处，2016b，《广州大学城重拳开展综合环境整治》，广州市人民政府网，http://www. gz. gov. cn/qxzy/fzqrmzf/zfxxgkml/zwdt/zjxx/content/mpost_2947815. html。

赵民、赵蔚，2004，《城市社区发展规划导论》，载中国城市规划学会秘书处编《城市规划决策民主化研讨会论文集》，第 17 ~ 23 页。

周敏，2019，《城中村沿街商业特征及影响因素研究——以深圳市上下沙村为例》，载中国城市规划学会编《活力城乡 美好人居——2019 中国城市规划年会论文集》，中国建筑工业出版社，第 667 ~ 678 页。

Allen，P. M.，1997，*Cities and Region as Self-Organizing Systems Models of Complexity*，Gorden and Breach Science Pulishers.

Smith D. P.，2002，"Patterns and Processes of 'Studentification' in Leeds," *Regional Reviews* 11，17 – 19.

Smith，D. P.，2005，"Studentification：The Gentrification Factory?," in R. Atkinson & G. Bridge（eds.）*Gentrification in a Global Context*，Routledge，72 – 89.

城市生活垃圾分类政策执行模式变迁

——以广州市 D 小区为例

杜联繁　郭怡武　郭宇轩*

摘　要：2017 年以来，以住建部为代表的中央政府部门逐步加大对城市生活垃圾分类的规范力度，要求进行生活垃圾强制分类。作为试点城市之一的广州市积极响应中央号召，通过宣传引导以及配套的激励手段，引导居民进行生活垃圾分类。《广州市生活垃圾分类管理条例》出台后，广州市的垃圾分类执行模式从引导转为强制，并在政策实践中不断强化政府的行政主导作用。通过追踪调查试点小区，本研究发现生活垃圾强制分类对居民的认知与行为产生积极作用，而政策执行模式变迁的关键要素在于政府与居民的互动性和平等对话性。为了巩固生活垃圾强制分类的成效，政策执行者要注重培育多元化的参与主体，正确处理政府与市场的关系，在垃圾分类具体运作上做细做实，做到垃圾收运与处理过程的透明公开化，实现垃圾分类领域的精细化治理。

关键词：垃圾分类　垃圾管理　社会治理

一　导论

随着经济社会的发展，我国城市生活垃圾量与日俱增，与原有的垃圾处理能力形成尖锐矛盾。中国城市环境卫生协会统计显示，已有六成以上的城市面临"垃圾围城"的问题（杨飞，2019）。如图 1 所示，生活垃圾处理量反映出广州市生活垃圾产生量整体处于增长态势，2018 年的生活垃

＊　杜联繁，中山大学政治与公共事务管理学院行政管理专业 2016 级本科；郭怡武，中山大学政治与公共事务管理学院行政管理专业 2016 级本科；郭宇轩，中山大学政治与公共事务管理学院政治学与行政学专业 2015 级本科。

圾处理量已是 1980 年的 12 倍，且该年实际生活垃圾产生量（745.3 万吨）位列全国第三，仅次于上海（984.3 万吨）和北京（929.4 万吨）（中华人民共和国生态环境部，2018）。

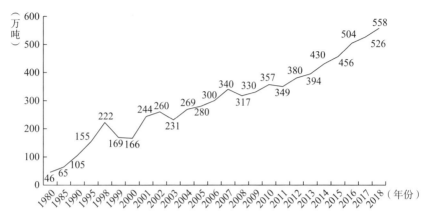

图 1　1980～2018 年广州市城镇生活垃圾处理量

资料来源：2000 年至 2018 年广州统计年鉴。

在我国，与生活垃圾产生相对应，卫生填埋和焚烧是主要的垃圾处理方式。2018 年我国无害化垃圾处理量为 22565.4 万吨，其中卫生填埋垃圾 11706 万吨，占无害化处理量的 51.9%；焚烧垃圾 10184.9 万吨，占无害化处理量的 45.1%（国家统计局，2019）。在垃圾处理前端分类意识不足的情况下，这两种主要的后端垃圾处置方式就会存在诸多问题。对于卫生填埋而言，垃圾填埋不仅占用了日益稀缺的土地资源，而且面临垃圾降解周期长、高昂的生态恢复成本以及垃圾渗漏威胁地下水资源等挑战，由此产生了日益巨大的负外部性。对于焚烧而言，由于源头分类不当，在垃圾焚烧中产生的"二噁英"气体使得民众大为不满，垃圾焚烧厂的选址更是引发了强烈的环保抗争事件，各地都在上演着不同程度的邻避冲突事件。为了减少生活垃圾处理对环境和民众健康带来的危害，同时降低垃圾后续处理的工作难度和技术要求，垃圾源头分类就显得尤为重要。

2016 年 6 月，国家发展改革委办公厅、住房和城乡建设部办公厅印发了《关于垃圾强制分类制度方案（征求意见稿）》，该方案中首次提出实行"垃圾强制分类"（国家发展改革委办公厅、住房和城乡建设部办公厅，2016）。2017 年 3 月，《生活垃圾分类制度实施方案》正式颁布，明确提出垃圾治理的主要目标是"到 2020 年底，基本建立垃圾分类相关法律法规和标准体系，形成可复制、可推广的生活垃圾分类模式"（国家发展改革委、住房城乡建设部，2017），由此正式开启了生活垃圾强制分类的时代。党的十九大报告也再次明确提出"加强固体废弃物和垃圾处置"（习近平，2017）。2019年6月，习近平总书记对垃圾分类工作作出重要指示，强调"培养垃圾分类的好习惯，为改善生活环境作努力，为绿色可持续发展作贡献"（《习近平对垃圾分类工作作出重要指示》，2019）。

作为试点城市，广州自2011年设立"生活垃圾分类贡献奖"，激励积极推动垃圾分类工作的市民，并制定积分制度引导居民提高垃圾分类率，又于2018年开始实施《广州市生活垃圾分类管理条例》，使垃圾分类从奖励引导迈入"强制时代"。从地方实践来看，生活垃圾强制分类作为垃圾处理的前端，成为垃圾处置工作的重要环节和对现实情况的必然回应，其会使居民的认知与行为产生怎样的转变？该转变在致力于提升垃圾分类成效的同时，又会暴露出哪些问题？垃圾分类政策执行模式得以转变的关键是什么？本文基于广州市垃圾分类模式的历史变迁，对比垃圾强制分类前后的政策受众表现，在国家推动治理能力和治理体系现代化的战略要求下，探索政策变迁的影响因素，促进政策执行的有效开展。

二　文献综述

随着城镇化进程的加快以及绿色生态环境建设、资源循环利用的迫切需求，垃圾围城问题始终困扰着治理者与居民，其不仅是城市管理问题，更成为社会治理问题。可以看到，居民生活垃圾分类作为垃圾管理工作的重要一环，关乎城市环境保护与社会可持续运转，展现出跨时代的现实意义。

垃圾管理工作总的来说包括源头管理、收运管理、处置和资源化管理、垃圾收费等内容。实施垃圾分类政策在我国已经有二十余年的时间，但是学术界对于垃圾分类政策的研究明显滞后。早期研究侧重于分析垃圾的终端处置状况，总结出堆肥、焚烧以及填埋处理等三种方式，并从技术性手段论证如何选择处理方式更能实现生活垃圾"三化"处理的目标（荣波等，2004；杜吴鹏等，2006；张英民等，2011）。

随着中央层面的倡导及政策出台数量不断增多，学者们逐步走上推动垃圾分类政策实施的探讨之路。不少学者从宏观上介绍中国台湾地区（徐礼来等，2011；杜倩倩等，2014）、日本（吕维霞、杜娟，2016；孙文君，2019）、美国（刘梅，2011）等地的成功经验，对比我国大陆地区垃圾分类实施现状，并提出解决思路。同时，也有学者提出从"摇篮到摇篮"的技术路线，将设计理念融入垃圾分类的实践中（Liu et al.，2016）。Rajamanikam 等（2014）还发现非政府组织促进垃圾分类意识增强，同时利用垃圾作为生产原材料，也为居民创造了更多的就业机会。

回归到中国场域，学者们对于垃圾分类的宣传引导与强制执行进行了多方面的探讨。从心理学角度来说，通过政策执行者或社区指导员的宣教，居民参与垃圾分类的积极性得到调动，同时也带动所在社交网络的居民加入进来。其中，许多试点城市认为物质奖励是一种低成本而有效的激励方式，应将其应用于垃圾分类的推广活动中（陈绍军等，2015），如北京的"绿色积分卡"制度、上海的"绿色账户机制"等，提升了居民参与度。

垃圾强制分类本质上体现了政府的行政主导角色，是一种强制度化，采取监督和相应处罚措施以规范居民行为的方式，从而建构生活垃圾分类秩序。当市场、社会无法自发提供某种合理的秩序时，有效的、基于法制和公共利益的强制模式不仅是合理的，还是十分必要的。有的学者强调，政府发挥的行政主导作用能够结束混乱、无序的状态，有效地推动垃圾分类的进程，促使垃圾分类从制度化迈向法制化（孟小燕等，2019）。吴晓林、邓聪慧（2017）在对来自台北市的案例研究中发现，就居民对垃圾分类认知和参与度较低的情况而言，需采用不同强度的干预方式推动垃圾分类驱动机制的变化，形成居民主动参与垃圾分类的行动逻辑。

但同时，也有学者提出质疑，认为垃圾分类不可能完全靠政府强制推行，也很难完全依靠自下而上的力量自发推动。强制模式也会致使垃圾分类在开展过程中缺乏足够的社会支持，民众参与垃圾分类的积极性不高（杜春林、黄涛珍，2019）。张郁和徐彬（2020）发现，在良好的社区氛围中，居民了解到垃圾分类带来的物质收益和环保效益后，也会表现出积极的垃圾分类行为。其中，处于政府与居民之间的居委会扮演着中间人的角色。完善垃圾处理流程，保障分类垃圾桶的设置以及分发分类垃圾袋等基础工作，均要由作为上接政策执行者、下达政策受众的居委会来完成（刘建军、李小雨，2019）。社会主体与市场主体被纳入进来，形成主体多元化的垃圾分类治理格局，从而减少行政成本，持续有效地推进垃圾分类

（杜春林、黄涛珍，2019）。

综上所述，既有文献通过实证研究探讨垃圾分类政策执行模式延伸出来的因果关系，此类分析大同小异，且不同变量的相关性因不同项目的特殊性会出现较大的差异。在中央不断出台关于垃圾强制分类的政策背景下，垃圾分类已经从末端处理走向源头治理，从奖励引导转为刚性约束。然而，学者们却聚焦于"应然论述"，将垃圾分类政策执行模式的转变作为推动居民垃圾分类的对策，而缺乏垃圾分类政策从奖励引导到强制执行的对比分析。同时，在多元治理成为学界和实践界主流观点的时候，要求"定时定点、垃圾分类、违规罚款"的强制性措施却带有浓厚的行政主导色彩。已有研究更多地关注居民本身的垃圾分类行为，忽视了其本身具备的主观能动性，依然缺乏长期且深度的实地调研，没有探究政策变化前后居民的表现。这种强制性垃圾分类政策与强调现代化治理体系所形成的现实反差值得深入观察，本研究将梳理关于垃圾分类既有的执行实践，从居民认知与行为的角度出发，探究垃圾分类政策执行模式转变原因及其带来的变化。

三　案例描述

（一）研究方法与案例选取

由于从公共管理视角探究垃圾强制分类政策的研究并不成熟，理论解读亦不清晰，本研究将综合使用定性与定量两种研究方法，解读城市生活垃圾分类政策执行模式变迁过程中的居民个体认知与行为。在概述垃圾分类政策执行模式变迁的基础上，本研究对广州市垃圾分类政府工作人员和居民进行深度访谈，并对调研小区的居民进行问卷跟踪调查，描述垃圾分类政策变化前后样板小区居民的认知与行为，为定性调查得到的信息提供更有力的数据支撑，进行定性与定量结果的相互印证。

本研究将对广州市生活垃圾强制分类政策进行个案分析，从而对研究问题产生全面、深刻的理解。选取该案例的原因主要有以下几点。其一，广州市是我国最早进行生活垃圾分类试点的城市之一，多次率先出台与之相关的政策，多年的探索和推广为中国全方位开展垃圾分类工作提供参照，以其为切入点可达到管中窥豹的目的。其二，广州市生活垃圾分类实践历经二十余年，时间上的纵深性可见其政策发展的阶段性特点，可清晰观察其政策执行模式的变迁。其三，容易获得一手资料和二手资料，具备很强的可行性。一方面，由于地理优势，选取广州市便于进行实证调研，通过社会关系接触到相关群体开展深度访谈；另一方面，广州市生活垃圾分类政策一直受到社会各界的关注，并以新闻报道、视频、智库报告等各种形式进行概述，为本研究提供丰富的案例素材。

本研究为提高案例的信度与效度，在搜集资料的过程中将利用"三角互证法"，对多方数据材料进行相互核实与检验。首先，本研究将通过查找期刊书籍、新闻报道、广州市城市管理和综合执法局（以下简称"广州市城管局"）官网信息公开中的政策文件等二手资料，整理垃圾分类政策执行模式变迁的佐证材料，同时对该领域已有的研究成果及相关理论进行查阅和总结，了解垃圾强制分类政策研究现状与推行概况，为实证调研做好准备。

其次，案例分析的一手资料将通过深度访谈法、问卷调查法与参与式观察法获得。一方面，本研究将采用半结构性访谈的方式，针对广州市垃圾强制分类政策对相关群体进行深度访谈，从访谈中获取大量信息，根据研究所需进行筛选，为案例分析提供丰富的信息依据。本研究的访谈对象包括广州市城管局分类管理处、区城管局、街道城管科工作人员以及小区居民，从多元主体的视角深入了解垃圾强制分类政策执行概况，梳理政策发展历程。另一方面，本研究在垃圾强制分类政策前后，面向同一小区居民发放问卷，保证分析对象的一致性，进而得到小样本数据，对比分析小区居民对垃圾分类的了解程度、分类意愿与行为的变化。此外，为更好地融入居民这个被观察对象的群体，了解政策推行的实际情况，本研究对广州市试点小区的实际垃圾分类状况进行长时间的蹲点观察，了解小区整体风貌、社区氛围，以及居民的个人特征、对垃圾分类的态度与行为，从而形成观察笔记。通过接触和直接融入居民群体，更加准确反映居民面对垃圾分类形式的选择，从而论证该政策执行模式产生的逻辑链条。

（二）广州垃圾分类政策变迁

中国的垃圾分类实践最早可以追溯到新中国成立初，但是受限于回收后的处理技术，供销系统的回收处只主管循环利用价值较高的垃圾。因此，垃圾分类也较为简单，居民只是将有经济价值的垃圾作为可回收物拿到废品收购点兑换些许零钱，其余垃圾则被丢弃。改革开放以来，受利益驱动，拾荒者对于废弃物的初步分类发挥了重要的作用，个体经营的废品回收行业蓬勃发展，经济价值较高的垃圾成为可回收物，但大部分垃圾还是处于直接进入终端进行单一化处理的状态，未能得到资源化利用。20世纪90年代以来，环境问题日益凸显，垃圾的综合处理及循环利用得到重视，垃圾分类从经济驱动型转向环保驱动型，并正式进入国家层面的政策视野，逐步成为垃圾全过程综合治理的重要一环。广州市作为中央垃圾分类意见和指示的政策执行者，积极探索可行路径，体现了渐进式的政策执行特点（陈海银，2018），着手小范围的倡导、宣传和试点工作，逐步提升居民对垃圾分类的认可度和推动其积极完成小区的工作任务。

住建部在2000年指定了8个垃圾问题较为严重的城市开展初步的试点工作（建设部城市建设司，2000），要求北京、广州等城市先行先试，为全国垃圾分类工作积累经验和技术，从而正式启动生活垃圾分类工作。由于将近十年的垃圾分类试点并没有达到理想效果，面对"垃圾围城"困境，2010年以来国家更加重视垃圾分类试点工作，强调废弃物的无害化处理和资源再生，以推动循环经济的发展。广州根据国家政策导向先后在2000年和2010年正式启动垃圾分类工作；同时启动餐厨垃圾回收利用项目，基本建成餐厨垃圾处理循环体系。2011年，广州市制定了国内首个地方法规，相关规定及配套措施为四类生活垃圾的分类提供了依据（见图2），并实施普法和宣教行动（见图3）。

此后，广州市开展垃圾分类进入公共机构（如学校、社区、家庭）等一系列活动，完善规范投放、收运和回收等涉及垃圾分类的重要流程，并为各类群体提供垃圾分类的专业性指导，为实践开展提供建设性依据。广州市还实施社会动员方案，从标准化建设、文化传播、教育培训、市场促进和保障体系着手设立动员路径，分阶段开展垃圾减量和分类活动。同时，广州市政府利用民主协商机制，通过"广州市城市固体废弃物处理公众咨询监督委员会"这一机构，为民众提出对广州生活垃圾分类工作流程的建议以及为监督提供便利化的平台，提升垃圾分类工作的透明度和可信度，以获得居民的认可。

2014年，广州市逐步完善积分激励制度和优化投放模式，并且突破政府大包大揽的完全主导模式，改变政府作为单一主体在垃圾处理项目中全流程的封闭管理，同时引入私人企业以推动垃圾分类收运工作的市场化，并且将第三方作为重要参与主体纳入垃圾分类成效的评估中。如越秀区采

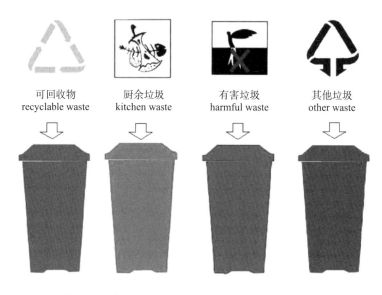

可回收物
recyclable waste

厨余垃圾
kitchen waste

有害垃圾
harmful waste

其他垃圾
other waste

可回收物收集容器　厨余垃圾收集容器　有害垃圾收集容器　其他垃圾收集容器
　　蓝色　　　　　　　绿色　　　　　　　红色　　　　　　　灰色

图 2　广州市 2011 年生活垃圾分类标准

资料来源：《居民家庭生活垃圾分类指引》（2012）。

取市场主导模式，与广州市分类得环境管理有限公司合作，借助企业的力量面向居民开展多元化的垃圾分类知识宣传活动，促进可回收物的循环利用。同年，当时的广州市城管委专门创建"广州市垃圾分类"公众号，定期更新相关的工作动态，为垃圾分类知识普及和行动指引提供多样化的宣传渠道。2015 年 6 月 20 日，《广州市城市生活垃圾分类管理规定》发布，为垃圾分类提供正式的规章依据（广州市人民政府，2015）。但实际上，广州市动员居民参与垃圾分类的行政资源有限，政策执行者推行垃圾分类政策的动力不强；居民亦因为投放设施缺乏以及前端分类、后端混收混运等因素抵触垃圾分类，造成"有意愿无行动"的困境，从而导致垃圾分类并没有实质性的突破。

　　由此可知，从全国范围的两轮试点来看，居民生活垃圾分类的效果并不显著。国务院在 2017 年释放"强制分类"的政策信号后，强制推行的政策导向表明（新华社，2017），国家一改过去"鼓励""推广"的柔性做法，将垃圾分类提升到立法高度，提升执行的刚性。2018 年 3 月，《广州市生活垃圾分类管理条例》由广东省十三届人民代表大会常务委员会第二次会议批准（《广州市生活垃圾分类管理条例》，2018），将生活垃圾分

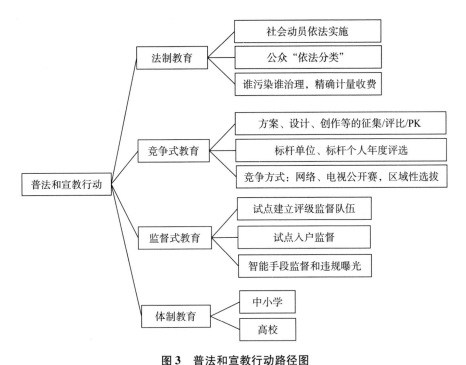

图3　普法和宣教行动路径图

资料来源:《问计社会智力机构,垃圾分类处理揭开社会动员大幕》(2014)。

类上升到地方性法规的高度,为政策推行者提供执法依据。该年也组织开展了大型"城管开放体验日"系列活动(李波,2019),为增加居民互动提供新型的交流方式,完善生活垃圾分类工作机制体系以及加强居民对政府推行垃圾分类工作的了解和认可建设。值得关注的是,2020年7月,广州市人大还对该条例进行修订,罚款上限从200元上调至500元,加大对个人违法的处罚力度。

同时,广州市城市管理和综合执法局陆续发布详细的居民生活垃圾分类指南,确定了各类责任人的职责及其具体工作[《广州市居民家庭生活垃圾分类投放指南(2019年版)》,2019],要求形成600个生活垃圾分类样板居住小区,继续巩固"定时定点"模式(新华社,2019),加强培训宣传活动,引导社会资本、非政府组织以及社区居民主动参与。

此外,广州市城管局2020年着手开展从各区的考核排名到垃圾分类责任人的分档排名工作,形成市考核区、区考核镇街、镇街考核社区的四级考核架构,每个区对辖区内的镇街做一个季度的考核分档,分为优 + 、优、良、中、差五个档。城管局定期通报问题小区及要求限期整改,考核结果直接影响到是否为样板小区、所辖行政区的垃圾分类财政经费分配以及干部的工作绩效表现，同时还会受到媒体的监督和曝光，从而在小区的垃圾分类工作中发挥高度的督促和调动作用（广州市生活垃圾分类管理联席会议办公室，2020）。在同年9月开发的广州市生活垃圾分类信息化管理系统则将垃圾分类纳入智慧城市建设的一部分，可动态观察垃圾分类执行者的管理工作和居民的投放情况，为强制分类提供强大的技术支持（贺军，2020）。

综上，相较于立法前，广州市垃圾分类政策执行模式在强制程度方面产生较大变化。通过制定执法依据、设计考核体系以及管理人员和技术上的监督，垃圾分类的政策执行不断强化地方政府的行政主导作用，为推动居民参与垃圾分类提供约束机制。

（三）垃圾强制分类前后的变化：基于居民认知与行为的分析

居民是生活垃圾产生和处理的关键，居民对垃圾分类政策的知晓度直接影响着居民生活垃圾分类参与的积极性，而垃圾分类行为又是垃圾分类回收处理的前提。在垃圾分类政策从引导转为强制后，居民的认知与行为又会发生怎样的转变？本研究以广州市D小区为例，于2017年7月至8月通过与小区居民一对一问卷调查和通过问卷星系统发放问卷，对居民进行数据收集，回收有效纸质版问卷和电子问卷共计139份；以及在2020年2月通过问卷星系统继续对该小区居民进行跟踪式的问卷调查，回收有效电子问卷81份。两次问卷的受访对象主要为20~40岁的青壮年，且受教育程度以大学本科和大专为主，保证数据的可对比性。通过调查居民对垃圾分类的了解程度、看法，居民的分类习惯以及对小区分类效果的评价，本研究意在对比强制分类实施前后居民对垃圾分类的知晓度、认可度和参与度的变化，探究居民的认知与行为对垃圾分类政策执行模式变迁的影响。

1. 知晓度

居民对垃圾分类的了解程度是分类行为产生的基础，通过多元化的宣传教育，居民对垃圾分类知识了解越多，他们的分类意愿就越强，从而更容易产生分类行为（孟小燕，2019）。陈绍军等（2015）也发现小区开展宣传垃圾分类知识的活动会提高和巩固居民垃圾分类的意愿和行为。与2017年相比，2020年该小区居民对广州市垃圾分类具体标准的知晓程度提升，有所了解的占69.14%（见图4）。居民的学历也与垃圾分类了解的专业度有显著的正相关关系，受到更高水平教育的居民在垃圾分类治理中表现出对环境更高的关切度。

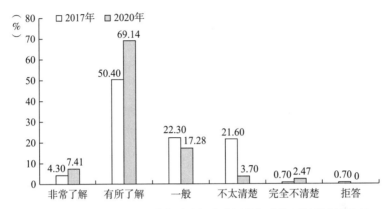

图4　2017年和2020年受访者对垃圾分类具体标准的了解程度和情况

此外，本研究设置两道有关垃圾分类的具体问题，意在从侧面分析居民对垃圾分类知识的掌握情况。据统计，2017年该小区受访者对有害垃圾和可回收垃圾的了解情况并不理想。从整体上看，受访者认为烟蒂是有害垃圾的占44.6%，其中又有54.8%的居民对垃圾分类标准了解程度为非常了解和有所了解。18.0%的受访者认为纸巾是可回收垃圾，其中72.0%的居民对垃圾分类标准了解程度为非常了解和有所了解。由此可见，整体上来看，2017年受访者对垃圾分类标准的了解存在偏差。与2017年相比，2020年该小区受访者对这两道题的答题正确率明显提高，可见他们对垃圾分类的具体标准更加熟悉。

随着政策的立法化，生活垃圾分类步入强制轨道，并伴随着更大力度的垃圾分类知识宣传。除居民个人环保意识提升之外，党员督导"站桶"、强有力的惩罚措施等外部约束条件都促使居民对垃圾分类具体标准的掌握程度提高。

诚如某街道城管科的管理人员所言："现在的宣传力度相比以前更大，通过样板小区做榜样，带动普通小区，每月要安排全民行动日和入户宣传，其他社区也结合实际在每个物业小区开展全民宣传和入户宣传，大大提高了全民知晓度。另一种就是视频宣传，很多小区都在电梯里面多次重复放宣传片，也达到宣传效果。还有就是在每个小区设置垃圾分类宣传栏。我们也会开展垃圾分类进学校活动，从小抓起，宣传效果也是很好的。"①

居民也认为："大家了解的途径比较多，比如说精细的小区宣传、定时做的板报、互联网上面的知识等。就连小孩子他们在学校里面也会学习垃圾分类的知识。"②

2. 认可度

居民对垃圾分类工作的认可度越高，他们克服时间等困难的能力就越强，分类意识也更强烈（尹昕等，2017）。此外，居民的环保意识和责任意识也和参与分类的意愿存在相关性（宋金波等，2012；赵群等，2015）。通过分析数据可知，2020年该小区居民对垃圾分类工作的认可度大幅提升，非常支持和比较支持的占88.89%，改变了以往以中立为主要态度的状况。他们认为应该从每一个人做起，自觉主动配合小区生活垃圾强制分类的工作。

一方面，垃圾分类是一个历时长久的工作，虽然说广州垃圾分类工作开展时间很长，但居民的意识还是处于转变的阶段，以党员为主要的督导群体进社区，通过改善硬件设施，为居民垃圾分类提供了良好的投放环境，其站岗监督也为居民提供操作层面的专业化指引。另一方面，随着经济社会的快速发展，"垃圾围城"现象是各大城市直面的现实问题，垃圾填埋场散发的恶臭和垃圾焚烧后产生的"二噁英"都使居民切身感受到垃圾未分类所带来的危害。在经济和环保成本二者的衡量中，越来越多的居民认识到垃圾分类的必然性和紧迫性，也更加支持生活垃圾分类。

3. 参与度

居民的参与情况主要通过处理生活垃圾的习惯来反映。整体来看，相较于2017年，2020年居民参与垃圾强制分类工作的主动性明显增强。究其原因，对于经常性或每天进行垃圾分类的居民来讲，习惯成自然。他们一直认为垃圾分类有利于环境保护，并且可以减少环卫工人的工作量。此外，实施生活垃圾强制分类之后，小区积极宣传动员，也带动大部分居民进行生活垃圾分类。

在环境保护和垃圾分类知识的普及过程中，人们对环境的认知不断深化，环境保护责任感不断增强，最终落实在垃圾分类的行为上面。然而，

---

① 2020年2月28日对某街道城管科管理人员的访谈。
② 2020年2月19日对居民J的访谈。

被调查小区仍然有一部分居民不支持生活垃圾分类。在生活垃圾分类之前，居民不支持垃圾分类的原因以主观认知不足为主，其中认为"分类太麻烦"和"分类不重要"的受访者占比高。在实行生活垃圾强制分类之后，"分类不重要"比重有所减少，但居民开始认为"即使分类，垃圾还是会混收混运"是其参与垃圾分类的重要制约因素，这也从侧面体现出居民在参与垃圾分类工作中环境保护责任意识的增强。

两次问卷调查的结果表明，经过近两年的努力，广州市的垃圾强制分类工作已经取得一定的成效。如某街道城管科垃圾分类专员介绍："目前已顺利完成了垃圾分类工作任务，垃圾分类体系初步得到完善。历经五个月持续性的宣传引导，居民逐步养成分类的生活习惯。我们16个社区都配有分类垃圾桶，也与区环卫中心建立联系，均可进行餐厨垃圾的专车专线收运，餐厨垃圾每日收集量达到区城管综合执法局下达的指标。"①

通过借助线上线下等平台开展群众喜闻乐见的多元化宣传活动，利用公共场合宣传区、小区宣传栏、入门讲解等形式，以及立足学校、新闻媒体等平台营造良好的分类氛围，居民和政府在垃圾分类问题上的政策共识程度增加，居住小区在撤桶、垃圾回收等方面的配合度不断提升，从而提升垃圾分类的规范性。

四 案例分析

对比垃圾强制分类前后居民认知与行为的变化后，本研究需要回答的问题是：为何会产生垃圾分类政策执行模式的转变？实际上，本研究团队成员在 2017 年 11 月至 12 月以及 2018 年 4 月至 5 月对 D 小区实施积分奖励试点活动，在试点的具体实践过程中，每天定时蹲点监督和进行垃圾分类计量的数据采集，同时开始派发垃圾分类积分卡，每次垃圾分类投放后，志愿者都会为居民的积分卡盖章。阶段结束后，居民可以按积分的多少领取相应的生活用品奖励。这种物质激励的操作核心在于满足居民的物质利益，使居民的个人利益与垃圾分类行为有所挂钩。通过实践发现，这种制度取得了非常突出的效果。大量居民因想要获得积分兑换的实物而积极进行垃圾分类，许多居民扔垃圾后的第一反应就是找督导盖章，连小区

---

① 2022 年 3 月 2 日对某街道城管科垃圾分类专员的访谈。

内的小朋友也踊跃参与。到了奖励兑现的时候，兑换摊位都会聚集不少领取生活用品的居民。特别积极的居民的积分卡通常都能盖满甚至超出积分上限。

然而，在试点实施的积分卡制度出现过大小不同的问题，每一个问题都会导致居民产生情绪化行为，严重抑制居民的垃圾分类积极性。章是否每次盖齐，是否能够及时兑换，都会影响居民的垃圾分类行为。曾经有一个居民当着督导的面，把积分卡扔进了垃圾桶，并气愤地离开。她的理由是"这些积分是没有用的，那么久了都没有奖励"。不管督导如何劝说，都无法说服该居民。后来督导如期进行奖励之后，该居民才重新开始进行垃圾分类，并且态度积极。由此发现，奖励引导的症结在于，制度激励一旦停止，就会出现极大的反作用。当激励缺乏制度化和延续性时，垃圾分类率就会下降。只有当激励制度重新开始时，才会回到原来水平。如图 5 所示，在 2017 年 11 月至 12 月以及 2018 年 4 月至 5 月进行督导称重和积分奖励期间，小区垃圾分类率处于较高水平；在 2018 年 1 月至 3 月停止督导、激励期间，小区垃圾分类率明显下降，直到 2018 年 4 月激励重新开始后才慢慢回升。

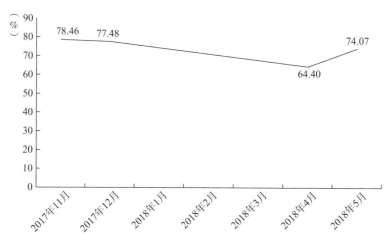

图 5　D 小区 2017 年 11 月至 2018 年 5 月垃圾分类率

同时，垃圾强制分类前以蹲点监督为主的执行模式并未得到居民的认可。在试点过程中，研究团队成员每天都会在规定的垃圾分类投放时间派督导员到试点小区的分类垃圾投放点值守，监督居民的垃圾分类情况，并记录每户居民投放垃圾的分类情况和房号。督导在监督的过程中，发现居民对于这种强制性的监督行为会有怨言，包括觉得太麻烦，扔垃圾成为一种负担。甚至有居民提到，"你们每天这样守着蹲着，让我反而没那么积极，太别扭"。事实上，在这种监督下，出现了大量的不配合监督以及不分类的情况。数据显示，不配合记录，扔完垃圾扭头就走的人数一直都占记录总人数的30%左右，且这些不配合的人里面，其垃圾分类率一直都低于30%，远远低于总体的分类率，是不分类人群的主体。

由于监督的高强度和相对强制性，有抵触心理的居民在不能公然违抗规定的情况下，会采取策略性行为来规避监督。在试点过程中，试点督导汇报每天都会有居民出现此类规避行为，包括把未分类的垃圾扔到小区外面的监督区域外的垃圾桶里，将大量的垃圾分作两袋，假装已经进行垃圾分类等。另外，也有居民以及小区负责人反映，许多居民会特意趁督导不在的时间段扔垃圾。无疑，此类策略性行为表达的是居民对强制监督的规避和软抵触。当这种策略性行为大量出现，不仅使垃圾分类效果大大下降，而且显然增加了管理难度。

那么问题在于，垃圾强制分类以后同样进行行政监督，甚至采取更具有强制性的处罚措施，为何居民垃圾分类的水平反而有所提升？在垃圾强制分类以前的试点进程中，本研究团队成员曾经不以强制监督的方式来进行督导，而是更多地注重与居民的互动。具体表现为：研究团队加换了新的一批督导员后，强调要和居民多进行沟通交流，不再只是机械地值守、记录，而是以一种参与者的姿态来弱化自身的监督特征。督导会和居民谈论垃圾分类做得不好的地方，会主动帮助居民进行分类，也不再特别督促或教育或公示做得不够好的居民情况。同时，督导的时间也有所放松，更有弹性。在这样的情况下，我们发现，居民开始慢慢不把我们当作监督者，而是与其平等的参与个体，居民会更积极地反映问题，进行垃圾分类。

本研究亦发现，在推行垃圾强制分类后，广州市政府也更加尊重居民的主体性，注重居民参与垃圾分类的执行过程。在垃圾分类收运及处理体系处于起步阶段之时，广州市并没有马上采取强制性手段要求居民参与，而是先从温和的引导形式着手，提升居民的分类意识，让居民认识到生活垃圾分类与环境治理、可持续发展之间的关联。直至垃圾分类中后端较为完善，广州市才逐步着手将垃圾分类上升为居民的法定义务，加快垃圾分类政策的执行进程。正如分类管理处负责人所言：

如果我们自己都没有做好（中后端分类处理），又怎么能要求居民去做源头的垃圾分类呢？这样他们也觉得分和不分没有区别，不会认真配合我们的工作的。[①]

我们会进行分类率的检查，但是不会作为特别的重点。以目前这个阶段来说，能够真正做到准确投放，事实上还是比较难的。目前这个阶段实事求是地讲，如果你必须要以投放准确率来惩罚大家的话就是一刀切。因此我们考核各区的时候也会检查分类率，但占的分就没有那么高。[②]

受访居民也认为：

以前多为倡导，并没有太多强制性要求；这一年多来才开始陆续出台垃圾分类相关的强制性政策文件。我所在的小区从 2019 年 10 月开始倡导垃圾分类，11 月起开始每层楼撤垃圾桶，设投放点。我觉得垃圾分类政策是一个好趋势，中国是到了要垃圾分类的节点了。[③]

在垃圾分类政策真正在小区落地时，居民对于垃圾强制分类的政策设计有了更多的话语权。如在垃圾分类桶的设置问题上，如果能做到平衡不同的利益诉求，就会消除居民起初因楼道撤桶带来不便而产生的抵触心理。居民 W 和 S 说：

原先我们小区是在地面上设桶，离得又远，大家都意见挺大的。后来物业听取了大家的意见，组织居民代表进行讨论。现在垃圾分类桶改到了地下停车场，虽然多多少少也有不方便的地方，但是已经比原来好多了，环境也更加整洁。大家都挺满意，反对意见没有以前那么大，所以就一直延续到现在。[④]

我们小区的定时定点桶设置曾引起小区业主的集体抗议，后来征求集体意见后，设置得比较合理。每天固定时间有专门的人在垃圾桶

---

① 2020 年 2 月 27 日对广州市城管局分类管理处负责人的访谈。
② 2020 年 9 月 11 日对广州市城管局分类管理处负责人的访谈。
③ 2020 年 1 月 17 日对居民 S 的访谈。
④ 2020 年 2 月 22 日对居民 W 的访谈。

边守着，同时还配备剪刀等破袋工具，还专门接引了水龙头，配备了洗洁精等用品，方便业主倒完垃圾后洗手、洗垃圾桶。[①]

此外，通过督导或党员站桶传达垃圾分类压力的同时，对于居民的激励机制依旧存在。在对督导的访谈中，我们了解到，督导主要由街道办工作人员与社会上的志愿组织组成，在垃圾投放点实时掌握居民分类投放情况。每个投放站都安装有摄像头，如果发现随意投放，督导就会上门劝说，情节严重者进行罚款。督导的现场监督与监控技术监督相结合，起到了负强化的作用，从而提高垃圾分类投放的准确率。同时，现有的样板小区会制定垃圾分类奖励制度，每个月排出并公布小区垃圾分类积极分子前20户的"光荣榜"，街道领导到小区为住户颁发奖励，提升居民垃圾分类的荣誉感和社区意识，起到正强化的作用。因此，通过监督与各种激励机制的强化作用，产生与群体保持一致的外在压力，从而影响居民垃圾分类的意愿。长期的点对点的宣传教育已经在小区居民之中形成了有关生活垃圾分类的强烈的价值倾向以及社会规范，几乎每一个居民都充分认可生活垃圾分类行为并采取相应的行动。

这就在行为态度和主观规范上促进了社会心理因素对生活垃圾分类意愿的正向作用。更重要的是，居委会以及志愿者队伍在小区内部营造了有利于提高生活垃圾分类便捷性、进行生活垃圾分类处理以及评比等环节的客观环境，对认真参与垃圾分类的居民提供及时正向的反馈。

综上所述，生活垃圾分类政策执行模式转变过程中由于加入了政民互动的要素，并未使政府与居民形成支配与被支配的关系。垃圾强制分类通过强调与居民的平等对话，关注居民垃圾分类中的需求，从而赢得社会的理解、认可、支持与配合，在降低行政成本的同时，提高垃圾分类政策的执行效率。

五 结论与建议

生活垃圾分类是一项极具正外部性的民生工程，是解决我国目前"垃圾围城"和环境破坏问题的重要举措，有利于实现节约资源和保护环境。

---

① 2020 年 1 月 17 日对居民 S 的访谈。

本研究通过回顾广州市生活垃圾分类政策的历史，深入调查和分析广州市生活垃圾分类政策执行模式变迁对居民认知与行为的影响，进而讨论广州市生活垃圾分类工作存在的问题，分析政策执行模式得以转变的关键要素。本研究不仅可以反映广州市生活垃圾分类工作的现况，而且可以从更加专业的角度解读生活垃圾分类模式转变，帮助政府和民众更加客观地认识生活垃圾强制分类工作，增进城市治理政策的互动与理解。通过实证调查和分析，本研究发现广州市的生活垃圾分类从引导走向强制，不断出台严格的法律法规和政策措施，居民对垃圾分类政策及实践的认知不断提升，从更深层次认知到城市治理与可持续发展之间的重大关联，这一政策执行模式转变的关键在于政民互动性的增强。

为了推动垃圾分类往纵深方向发展，要以精细化治理为主线提高垃圾分类的精准率。首先，政策执行者应当意识到，生活垃圾强制分类政策的执行最终落脚点在基层社区。因此要充分发挥基层党组织和居委会的作用，整合各方主体的力量进而形成合力，提升基层治理能力。提升工作人员的专业素质，既要增强他们对垃圾强制分类政策的认同和理解，也要增加和提高他们在具体实践中的专业知识和监督能力。

其次，充足的财政经费是生活垃圾分类工作高效开展的保障。实行垃圾分类处理，要将生活垃圾分类工作经费列入财政预算，加大对基础设施、人员经费的投入和补贴。同时，在正确处理政府和市场关系的基础上，要积极探索市场化运作机制。所谓垃圾，就是放错地方的资源，具有一定的盈利基础。政府应通过政策扶持和税收优惠等方式，积极鼓励和支持相关环保企业加入垃圾分类事业中，提升其推动生活垃圾分类的执行效率。

最后，生活垃圾分类工作作为一项系统性工程，在政策制定时既要统筹考虑垃圾处理不同环节的衔接，也要考虑单一环节的具体情况。垃圾处理的关键是源头分类，需要作为政策受众和具备高度主体性的居民参与其中。因此政府需要深度考量设施的便利性。在垃圾投放阶段，针对垃圾桶的摆放位置、垃圾的投放时间等应充分考虑居民的意见。在垃圾中端运输环节，应当针对不同垃圾的收运量进行差异化设计。在生活中，居民产生的垃圾以可回收垃圾和厨余垃圾为主，因此应增加其清运次数。针对不同类型的垃圾实行不同桶数或装载容量以及清运频次的设计，避免"一刀切"的情况发生，也体现垃圾分类的精细化管理，回应居民对垃圾分类的服务需求。在垃圾处理末端，政府也应当实时公开垃圾的流向信息，解答居民对垃圾分类结果的疑惑，真正调动居民垃圾分类的积极性。

参考文献

陈海银，2018，《住建部力推 46 城垃圾分类行动计划　广州"两网融合"力破垃圾围城》，21 财经网，https://m. 21jingji. com/article/20180104/112d908d0068284af8bd98f598e49db8. html。

陈绍军、李如春、马永斌，2015，《意愿与行为的悖离：城市居民生活垃圾分类机制研究》，《中国人口·资源与环境》第 9 期，第 168 ~ 176 页。

杜春林、黄涛珍，2019，《从政府主导到多元共治：城市生活垃圾分类的治理困境与创新路径》，《行政论坛》第 4 期，第 116 ~ 121 页。

杜倩倩、宋国君、马本、韩冬梅，2014，《台北市生活垃圾管理经验及启示》，《环境污染与防治》第 12 期，第 83 ~ 90 页。

杜吴鹏、高庆先、张恩琛、缪启龙、吴建国，2006，《中国城市生活垃圾处理及趋势分析》，《环境科学研究》第 6 期，第 115 ~ 120 页。

《广州市居民家庭生活垃圾分类投放指南（2019 年版）》，2019，广州市城市管理和综合执法局网站，http://cg. gz. gov. cn/ztzl/ljflcz/content/post_2801364. html。

广州市人民政府，2015，《广州市生活垃圾分类管理规定》，广州市人民政府门户网站，http://www. gz. gov. cn/zwgk/fggw/zfgz/content/post_4756917. html。

广州市生活垃圾分类管理联席会议办公室，2020，《广州市生活垃圾分类处理工作考核暂行办法》，广州市城市管理和综合执法局网站，http://cg. gz. gov. cn/gkmlpt/content/5/5759/post_5759803. html#792。

《广州市生活垃圾分类管理条例》，2018，广州市城市管理和综合执法局网站，http://cg. gz. gov. cn/gkmlpt/content/2/2801/post_2801410. html#792。

国家发展改革委、住房城乡建设部，2017，《生活垃圾分类制度实施方案》，中华人民共和国中央人民政府网站，http://www. gov. cn/zhengce/content/2017 – 03/30/content_5182124. htm。

国家发展改革委办公厅、住房和城乡建设部办公厅，2016，《关于征求对〈垃圾强制分类制度方案（征求意见稿）〉意见的函》，中华人民共和国中央人民政府网站，http://www. gov. cn/hudong/2016 – 06/20/content_5083862. htm。

国家统计局，2019，《中国统计年鉴 2019》，国家统计局网站，http://www. stats. gov. cn/tjsj/ndsj/2019/indexch. htm。

贺军，2020，《广州市生活垃圾分类信息化管理系统上线试用》，广州市城市管理和综合执法局网站，http://cg. gz. gov. cn/ztzl/ljflcz/content/post_6531423. html。

建设部城市建设司，2000，《关于公布生活垃圾分类收集试点城市的通知》，住房和城乡建设部网站，https://www. mohurd. gov. cn/gongkai/fdzdgknr/tzgg/200011/20001128 _ 156932. html。

《居民家庭生活垃圾分类指引》，2012，广州市城市管理和综合执法局网站，http://cg. gz. gov. cn/ztzl/ljflcz/content/post_2801437. html。

李波，2019，《广州推进垃圾分类"有一套"》，《广州日报》，https://baijiahao. baidu. com/s? id = 1638341296654853261&wfr = spider&for = pc。

刘建军、李小雨，2019，《城市的风度：城市生活垃圾分类治理与社区善治——以上海市爱建居民区为例》，《河南社会科学》第 1 期，第 94 ～ 102 页。

刘梅，2011，《发达国家垃圾分类经验及其对中国的启示》，《西南民族大学学报》（人文社会科学版）第 10 期，第 98 ～ 101 页。

吕维霞、杜娟，2016，《日本垃圾分类管理经验及其对中国的启示》，《华中师范大学学报》（人文社会科学版）第 1 期，第 39 ～ 53 页。

孟小燕，2019，《基于结构方程的居民生活垃圾分类行为研究》，《资源科学》第 6 期，第 1111 ～ 1119 页。

孟小燕、王毅、苏利阳、程多威、郝亮，2019，《我国普遍推行垃圾分类制度面临的问题与对策分析》，《生态经济》第 5 期，第 184 ～ 188 页。

荣波、卫潘明、李彦富、李玉春，2004，《北京市生活垃圾成分分析及对应处理方式对策研究》，《环境保护》第 10 期，第 30 ～ 33 页。

宋金波、宋丹荣、孙岩，2012，《垃圾焚烧发电 BOT 项目的关键风险：多案例研究》，《管理评论》第 9 期，第 40 ～ 48 页。

孙文君，2019，《日本生活垃圾源头减量的政策经验及启示》，《海南大学学报》（人文社会科学版）第 5 期，第 85 ～ 92 页。

《问计社会智力机构，垃圾分类处理揭开社会动员大幕》，2014，广州市城市管理和综合执法局网站，http://cg. gz. gov. cn/ztzl/ljflcz/content/post_2801448. html。

吴晓林、邓聪慧，2017，《城市垃圾分类何以成功？——来自台北市的案例研究》，《中国地质大学学报》（社会科学版）第 6 期，第 117 ～ 126 页。

习近平，2017，《习近平在中国共产党第十九次全国代表大会上的报告》，人民网，http://cpc. people. com. cn/n1/2017/1028/c64094 – 29613660. html。

《习近平对垃圾分类工作作出重要指示》，2019，新华网，http://www. xinhuanet. com/politics/2019 – 06/03/c_1124576805. htm。

新华社，2017，《国务院办公厅转发〈生活垃圾分类制度实施方案〉》，新华网，http://www. xinhuanet. com//2017 – 03/30/c_1120726806. htm。

新华社，2019，《广州今年要创建 600 个生活垃圾分类样板小区》，新华网，http://

m. xinhuanet. com/gd/2019 – 07/08/c_1124721298. htm。

徐礼来、崔胜辉、吝涛、肖黎姗、闫祯，2011，《台湾地区生活垃圾管理体系及其对大陆的启示》，《中国人口·资源与环境》第 S2 期，第 443 ~ 446 页。

杨飞，2019，《破解垃圾围城：强制垃圾分类带来新的投资机会》，上林院，https://baijiahao. baidu. com/s? id = 1637908388603405093&wfr = spider&for = pc。

尹昕、王玉、车越、杨凯，2017，《居民生活垃圾分类行为意向影响因素研究——基于计划行为理论》，《环境卫生工程》第 2 期，第 10 ~ 14 页。

张英民、尚晓博、李开明、张朝升、张可方、荣宏伟，2011，《城市生活垃圾处理技术现状与管理对策》，《生态环境学报》第 2 期，第 389 ~ 396 页。

张郁、徐彬，2020，《基于嵌入性社会结构理论的城市居民垃圾分类参与研究》，《干旱区资源与环境》第 10 期，第 64 ~ 70 页。

赵群、曹丽丽、严强，2015，《城市居民的环境态度对其环保行为影响的实证研究》，《生态经济》第 8 期，第 159 ~ 162 页。

中华人民共和国生态环境部，2018，《2018 年全国大、中城市固体废物污染环境防治年报》，生态环境部网站，https://www. mee. gov. cn/hjzl/sthjzk/gtfwwrfz/。

Liu, W. , Liu, S. , & Huang, G. , 2016, "Research on the Sorting Reclaim System of Municipal Solid Waste Based on the Concept of 'Cradle to Cradle' ," *Procedia Environmental Sciences* 31：482 – 490.

Rajamanikam, R. , Poyyamoli, G. , Kumar, S. , & Lekshmi, R. , 2014, "The Role of Nongovernmental Organizations in Residential Solid Waste Management：A Case Study of Puducherry, a Coastal City of India," *Waste Management & Research the Journal of the International Solid Wastes & Public Cleansing Association Iswa* 32（9）：867 – 881.

城市管理转型

从管理到服务：城市管理职能的转变与优化

——以广州市天河区"厕所革命"为例

孔楚利　徐思琦　丘颖欣　邓雨彤　甘　泉*

摘　要： 随着时代发展，服务型管理理念在城市管理中的重要性愈发凸显，我国的城市管理日渐呈现由政府主导的管控型模式向多元参与的服务型模式转变的趋势。本文选取广州市天河区"厕所革命"案例，通过访谈法及问卷调查法，深入了解其管理现状、具体落实情况以及服务效果，发现政府既加强了对公厕的监管，又在有限的财政支持下为公众提供了尽可能多的公厕资源，展现出政府在"厕所革命"中管理性与服务性相结合的履职特点，可以为其他城市政府在实际转型中如何平衡管理性与服务性的关系提供对策建议和方向。

关键词： 城市管理　厕所革命　政府职能

一　导论

我国城市化建设"起步晚，发展快"，政府一直在探索与完善城市管理模式。在新公共管理理论与治理理论的指导下，我国城市管理思维由"管控主导"向"服务先行"转变。作为解决政府科层制僵化问题的公共行政新探索，新公共管理理论在强调公共服务效率的同时，亦重视解决公共问题，注重增强在满足公民需求上的有效性和回应力，以进一步提升政府在社会民生方面的着力程度与便民水平；治理理论则强调政府、市场和社会间的关系，推动多元主体的共同参与，促进治理能力的进一步提升。

---

* 孔楚利、徐思琦、丘颖欣、邓雨彤、甘泉，中山大学政治与公共事务管理学院行政管理专业 2018 级本科。

2018 年，习近平总书记在上海考察时强调："城市治理是国家治理体系和治理能力现代化的重要内容……要注重在科学化、精细化、智能化上下功夫。"（新华社，2018）随着服务型管理理念重要性的日渐凸显，城市管理部门职能重点发生相应的转变。如今，我国的城市管理模式已然呈现由政府主导的管控型模式向多元参与的服务型模式转变的趋势，逐渐向便民利民、高效治理、多元参与发展。

"厕所革命"作为城市管理的重要举措，旨在提高居民健康卫生水平与生活质量，促进基础设施和环境卫生改善，是城市管理职能转变下便民化、科学化的重要体现。同时，"厕所革命"的启动及其后续的发展，能够较好地展现政府城市管理模式转变、完善的过程，以及在城市治理过程中政府如何加强对公民需求的回应、如何促进政府与公民间的协商合作。

政府为"厕所革命"做出了诸多努力，已取得明显成效。新中国成立初期，农村厕所简陋破旧、粪水暴露，寄生虫病高发，极大地威胁农村地区居民的健康安全，在随后的几十年中，国家高度重视卫生健康问题，先后推进了"爱国卫生运动""两管五改"等活动，解决厕所"数量少，环境差"的问题。截至 2015 年 9 月底，全国所有省份及新疆生产建设兵团均制定了厕所建设三年行动计划，积极开展符合当地环境的卫生厕所建设活动。各省对公共厕所的建设、改造与管理措施在一定程度上解决了我国的厕所难题，提高了全国的卫生健康水平。

2018 年初，《广州市"厕所革命"三年行动计划》由广州市政府常务会审议通过，该行动计划指出，"到 2020 年底，完成 2240 座公厕建设任务，将'厕所革命'作为重大民生问题全域推进，使之与广州国家中心城市地位相匹配"（李波、全杰，2019）。其中，在城市市政公厕的建设与改造方面，广州市政府出台了《广州市公共厕所建设与管理规范》、《广州市公厕日常管理经费预算指标》和《广州市"厕所革命"评价办法》等规范性文件，广州市城市管理和综合执法局联合其他相关部门开始推进各区的公共厕所建设与改造工程。截至 2019 年，广州市已有 1540 座公厕"上岗"，便民完成率达到 69%，"厕所革命"取得较大成效。其中，市政公厕作为城市街道内的基础设施，与居民生活联系最为紧密，呈现覆盖范围广、数量多、使用频率高的特点，体现居民对于政府城市管理的服务性需求。

其中，天河区作为广州新城市中心区，在开展"厕所革命"过程中表现突出。《广州日报》报道显示，在推进天河区"厕所革命"过程中，天河区城市管理和综合执法局为获悉天河区公厕需求状况展开了专门的调研行动，了解区公厕缺口数量及其分布情况，并在公厕供不应求、需求紧张的区域增加公厕数量，对废弃的厕所进行重新整修使用，例如，在报道中提到"政府在用地紧张又急需公厕的街区投放装配式厕所 8 座，并成立了专门的监督队伍对已建成厕所进行监督与维护"（秦松，2020）。此外，天河区还专门为公厕分布状况制作了电子地图以满足群众的寻厕需求。以上的政策措施体现了天河区城市管理部门在工作过程中规划设计、监督管理以及为民服务的城市管理职能特点，符合 2008 年以来"大城管"体制下政府城市管理职能由管理向服务转变的趋势，同时也体现了管理性与服务性两种特性的结合。

本研究基于对广州市天河区"厕所革命"开展情况的调查，试图阐述"厕所革命"的具体落实情况以及服务效果，从中分析在政府职能转变的背景下，城市管理的管理性与服务性相结合的特质。在此基础上，通过对以"厕所革命"为例的城市管理现状及城市管理特质的分析，本研究期望为"厕所革命"的推进方向和政策落实提供建议，并丰富与城市治理转型相关的实证研究成果，为我国城市管理转型、城市治理现代化模式提供真实的研究案例和对策建议。

二 文献综述

当前学界对于我国城市管理问题的研究主要聚焦于城市管理体制变革、城市治理智能化转型、城市服务型职能转变等方面，并对城市管理的现状问题以及未来发展等作了理论探究。新中国成立以来，我国城市管理体制经过多次改革调整，叶林等学者（2018）将其划分为局限于交通秩序维护和市容环境保洁的城市管理制度化初期阶段（1949 年至 20 世纪 80 年代中期）、多行政部门权责交叉与多头执法阶段（20 世纪 80 年代中期至90 年代中期）、以管控理念为主的综合执法阶段（1997 年至 2008 年）、大部制改革背景下"大城管"阶段（2008 年至今），体现了我国不断变革的城市管理体制使城市管理重心与理念的转变，以及政府城市管理职能性质、范围、方式的变化。目前，我国现阶段城市管理呈现部门之间壁垒森严的状态被打破、城市管理职责进一步明晰的特点，未来城市管理逐渐向城市治理转型，服务型管理理念的重要性逐步凸显。

然而，城市管理实践历经多年的改革发展却显现出了诸多新的弊病，而要讨论此问题，重新定位政府职能是重中之重。学界诸多学者从目标、管理和监督三方面总结现有城市管理实践所存在的弊病缘由：在目标方面，城市管理突出经济增长的目标，致使城市管理中的决策定位狭隘；在管理方面，现有城市管理理念落后，导致城市管理实践中出现组织系统僵化、缺乏社会主体多元共同参与等问题；在监督方面，城市管理综合执法监察法治水平较低、社会监督渠道不畅与问责机制不完善，城市管理监督发展缓慢（罗海元、王伟，2019；王枫云，2008；陈天祥、李倩婷，2015）。由此可见，现有城市管理实践因目标、管理、监督三个维度存在的缺陷而衍生出一系列城市管理的具体问题。

在应对城市管理问题与未来城市管理发展上，学界大多数学者认为，侧重于服务型职能是城市管理未来的发展方向：从新公共管理角度分析，城市完全可以像企业一样，通过经营提供公共产品和服务（石瑛，2018）；更进一步，政府不应该再无限制地成为公共产品和服务的具体生产和提供方，而应该作为公共产品及服务数量和质量的控制者（陈迅、尤建新，2003）。从公共管理理论变革的视角出发，政府应当建立公民参与的、满足公民需求的、面向发展的服务型政府，强调城市管理职能的服务性（诸大建、刘冬华，2005）；李明超（2015）认为，现代公共治理模式应当以公众偏好或市民对公共服务的实际需求及满意程度为导向。此外，有研究者提出不同观点，从现实治理角度出发，强调城市管理职能指导性与服务性的结合，要求增强城市公共物品的公平性和均衡性，建立多元主体参与的服务型政府，以满足居民的需求（叶林，2011）。在意义方面，岳嵩（2019）从职责、治理、社会、协同四个向度指出，政府职能转变的现实意义在于政府的优化更加符合新时代的要求。由此，城市管理的变革发展需要政府打破指令式政府管理模式的僵局，加快政府职能重心从管理性向服务性转移，回归本源意义上的有限政府、法治政府、责任政府、透明政府和高效政府（竺乾威，2019）。

如上所述，城市管理职能从管理性到服务性的转变是城市管理领域的重要议题。为了提升新时代城市治理能力，首要的是深化和巩固机构改革，创造和利用有利条件以进一步完善城市管理制度机制，形成机构职能更加优化、权责更加协同、运行更加高效的城市治理体系。在城市管理正值转型改革时，习近平总书记就城市管理实践现状提出了具体理念要求："城市管理应该像绣花一样精细。城市精细化管理，必须适应城市发展。要持续用力、不断深化，提升社会治理能力，增强社会发展活力。"（马闯，2017）这一指示呼吁各地方政府积极深化城市管理职能的服务型理念、加快建设服务型政府、提高政府公共服务水平。然而，站在改革的风口浪尖，政府应当如何协调政府管理职能和服务职能的关系是解决现代城市管理弊病的关键。由此，探索政府实际行使职能时的城市管理模式具有重要研究意义。

此外，综观学界现有关于城市管理职能的研究，我们可以发现：从研究方法角度出发，目前城市管理职能研究多集中于理论探讨，实证研究偏少，且在此类实证研究中亦以案例分析为主；在研究内容上，现有研究多探究城市管理职能发展演变的历史进程或是城市管理职能转变的具体案例，对于政府的管理职能与服务职能应该如何协调互动则论述较少。因而，目前城市管理职能的转变与优化这一领域有待进一步探究。

因此，本文以广州市天河区"厕所革命"为例，分析城市管理思路转型的现实状况和服务效果，探究城市管理职能中管理性与服务性的职能转变与优化，为学界现有城市治理转型研究作贡献，同时也为未来城市管理向整体性治理、参与性治理与智慧型治理转型发展作理论铺垫。

三　案例描述

（一）研究方法

本研究采用访谈与问卷调查相结合的方法，对天河区"厕所革命"的整体状况以及城市管理职能的管理性与服务性特质进行探究。一方面，我们通过对天河区城市管理和综合执法局内部工作人员进行访谈，从政府视角切入，深入了解天河区政府在"厕所革命"进程中城市管理工作的开展情况。其中，访谈内容可大致分为三个部分："厕所革命"的具体措施与成果；"厕所革命"中政府职能管理性的体现；"厕所革命"中政府职能服务性的体现（具体访谈完整内容可见附录一）。另一方面，我们采用了问卷调查的方式，从群众视角对政府城市管理服务研究做出补充。研究小组人员在天河区随机发放调查问卷（问卷内容可见附录二），收集了受访者的基本信息、对"厕所革命"的认知以及厕所服务满意度这三方面内容，以期分析对"厕所革命"认知度、天河区公厕服务评价和广州市政府服务质量的评价。问卷调查开始于 2020 年 6 月，采用线上与线下相结合的方式，最终共回收 330 份有效问卷（受访者基本情况如表 1 所示），本研究将基于此数据样本进行量化分析。

表 1　问卷受访者基本情况

单位：人，%

类别		受访人数	百分比
总计		330	100
性别	男	159	48.2
	女	171	51.8
年龄	17 岁及以下	3	0.9
	18~30 岁	103	31.2
	31~50 岁	187	56.7
	51~65 岁	36	10.9
	66 岁及以上	1	0.3
职业	私营企业、个体户等	102	30.9
	公共部门工作人员	141	42.7
	学生	42	12.7
	离退休、失业无业人员	12	3.6
	其他	33	10.0
居住年限	短期停留的游客	30	9.1
	3 年	12	3.6
	3~6 年	26	7.9
	7~15 年	38	11.5
	15 年以上	224	67.9

（二）调查结果与政策现状

1. 总体情况

通过访谈，本研究了解到天河区政府在"厕所革命"中的规划过程、具体工作、内部职能分工、多方协调合作、监管机制等内容，并将访谈材料进行分类。

问卷主要通过感知和评价两方面收集群众对"厕所革命"的满意程

度。结果显示，感知层面，有32%的受访者表示，近一两年来感知到天河区公共厕所发生变化，且主要变化为公厕质量提升，例如整洁度提高、纸巾等物料充足、公厕维护到位等，也有较少居民感受到公厕数量变多。51%的受访者对"厕所革命"的情况表示"不清楚"，17%的受访者表示没有感知到。无论是否感知到公厕变化，有36%的受访者对公厕数量增多和公厕质量提升评价为"很好"，亦有39%的受访者评价为"较好"，体现出受访者对"厕所革命"变化均有较高的评价和期待。

2. 管理性

（1）供给问题。公共厕所供给是"厕所革命"行动计划中的重中之重，也是需要着力解决的一大难题。受访者表示，2018年到2019年"厕所革命"的工作重点在新建和改建公共厕所上，目标是扩大公厕的数量规模。2020年的工作重点转向"厕所革命"完成后查漏补缺，提高整体服务质量，完善基础设施。这说明2018年至2019年新增的公共厕所数量已然符合政府预期。然而，在问卷调查中，绝大多数被调查者认为公厕尤其是地铁公厕数量严重不足，建议银行等服务场所向社会公众开放厕所，扩大公共厕所界定的范围并予以挂牌，让人们出行如厕更便利。政府增加公厕数量任务的"完成"和群众意见的相左引发有关公厕供给的讨论。公厕供给问题是"厕所革命"能否顺利完成的重要基础。究竟是政府供给与实际需求不匹配，还是宣传指示不到位致使群众难寻公厕，需要进一步分析。

（2）标准配置问题。公厕标准配置是指每间公厕采取统一化的建设、管养体系，目标为满足居民基本需求而不追求过度华丽的高级配置。根据问卷调查，居民使用天河区地铁以及街道公共厕所的频率并不高，有48%的受访者表示没有使用过天河区地铁或街道的公共厕所，50%表示偶尔使用，仅有2%表示经常使用。其中，公园等居民长时期停留的场所，公厕使用率更高。这体现了公共厕所的定位应为满足居民紧急所需，政府需要根据不同区域的人流量和规划设计规范区域内公厕的配置。然而，近年来，众多高投入的"高端公厕"频频进入大家的视野，引起民众的思考。受访者建议，不应追求所谓的"高端厕所"，对厕所进行标准化配置，干净、实用、分布合理即可。综合使用频率和民众心声，标准配置问题需要被纳入政府考量的重点，"高端公厕"和"标准化公厕"的平衡问题亟待解决。

（3）监管问题。在受访者的叙述中，市政环卫公厕是由广州市城市管理与综合执法局下属的一个事业单位来进行管理的，同时政府内部也有监督所来实施监督检查；对于社会上鼓励开放的厕所，日常管理由商家负责，政府进行补贴，并由政府的监督队伍进行定期监督检查。政府监管发现，问题主要出在社会公厕管养的专业性上。市政公厕有专业队伍进行日常维护，而社会公厕的维护却不够及时。针对此问题，政府应通过检查通报的方式，督促现有单位加强对社会公厕的管养。根据受访者叙述，政府采取了定期检查和督促改进的措施来进行公厕监管。与此相对应的是，本研究在问卷中设置了"是否有看到公职人员前来检查"问题，调查显示，12%的人选择"有看到公职人员前来检查"，22%选择"未看到"，66%的人选择"不清楚"。考虑到该问题可测量性较低，本研究认为，政府在监管方面作出了一定的努力，然而监管过程透明度较低，监管结果也未及时公示于众，造成了政府与公民之间的信息差异。

（4）宣传问题。宣传在一定程度上意味着打破群众对公共厕所的固有认知、提高公共厕所的可及度、形成文明如厕的良好风尚，让每一位群众都享受到"厕所革命"的成果，自觉维护公共厕所的整洁。问卷调查显示，群众普遍听说过"厕所革命"，但对具体内容并不是十分了解，这说明"厕所革命"影响到的人群较为有限。在公民对"厕所革命"的了解渠道方面，电子新闻媒体等互联网平台（38.48%）是人们了解"厕所革命"的最主要渠道，其次是电视报纸（32.12%），紧接着是社区宣传（16.97%）与政府网站（18.48%）。占比最低的是邻里或亲戚交流，仅占7.58%。这说明公民有一定渠道了解"厕所革命"，但是仅停留在事件层面，对具体措施、成果知之甚少。

为达到宣传目的，广州市打造"互联网＋公共厕所"模式，建设城市公共厕所巡检系统（App）和城市公厕云平台，并将公共厕所纳入服务评价体系，实现"一张地图找厕所、用厕所、评厕所"（《南方日报》，2018）。然而，问卷调查表明，绝大部分群众并不知道有"城市公厕云平台"小程序这一终端智能应用的存在，即使了解其存在也并未使用过。智能平台本质上从服务性出发，目的是通过评价体系和提高可及度更好地服务群众，然而，由于宣传工作不到位，群众无从得知和没有使用云平台，使得"厕所革命"未能真正做到为人民服务。

综上所述，政府虽采取了例如媒体宣传、智能平台宣传等一定的宣传措施，但"厕所革命"仍存在宣传渠道单一、宣传效果不佳、公共厕所智能化建设上宣传缺位等问题，使得公民对"厕所革命"的认知存在较大的缺口，改革效果尚不显著。

3. 服务性

（1）需求导向下的基础物料配置及厕所保洁。"厕所革命"强调，提供无障碍设施、母婴设施以及常见的厕纸和洗手液等基础物料是满足城市居民基本需求的重要举措，而厕所设施整洁是居民拥有良好如厕体验的重要前提。然而，问卷调查结果显示，在居民对天河区公厕的服务评价中，公厕基础物料配给的评价结果整体而言不尽如人意。具体而言，在"使用过天河区街道公厕"的 140 份有效问卷中，居民对"厕所标志显眼易寻找""清洁人员服务态度良好""厕格数量充足"三方面评价较高，而对厕所物料（如纸巾、洗手液等）充足和维修及时给出了较低的评价（见表2）。尤其是物料供给方面，受访者满意度较低。此外，在"使用过天河区地铁公厕"的 129 份问卷（如表3）中，"清洁人员服务态度良好""地面整洁无污渍""厕所标志显眼易寻找""厕所设施（如门锁、水龙头、置物钩等）无损坏、较整洁"这几方面得到了受访者的高度评价，而在厕所物料方面、厕格数量方面，受访者满意度较低。此外，在问卷建议项中，受访者再次强调基础物料缺乏的困扰，同时提倡加强对女性如厕需求的重视，增加女性卫生物料配给以及弥补女性厕位供需错配的结构性缺陷。

表2 街道厕所服务评价

项目	平均分（满分为5分）
厕所标志显眼易寻找	3.34
厕格数量充足	3.18
地面整洁无污渍	3.05
厕所无异味	2.99
厕所设施（如门锁、水龙头、置物钩等）无损坏、较整洁	3.14
厕所物料（如纸巾、洗手液等）充足	2.70
维修及时	2.97
清洁人员服务态度良好	3.22
综合评价	3.07

表 3 地铁厕所服务评价

项目	平均分（满分为5分）
厕所标志显眼易寻找	3.52
厕格数量充足	3.16
地面整洁无污渍	3.52
厕所无异味	3.24
厕所设施（如门锁、水龙头、置物钩等）无损坏、较整洁	3.49
厕所物料（如纸巾、洗手液等）充足	3.10
维修及时	3.35
清洁人员服务态度良好	3.61
综合评价	3.37

（2）政民互动。"厕所革命"项目是重要的民生工程，其目标是完善城市公共基础设施建设、改善城市整体卫生环境与市容市貌整体情况、提升公民健康卫生水平与生活质量、提高居民生活便利性。因此，"厕所革命"进展如何、"厕所革命"是否取得成效、还有什么需要改进的地方等问题都需要公众来反馈，要重视公众的切实需求。因此，政民互动成为"厕所革命"项目的重要一环。

我们在访谈中了解到，在目前的工作开展过程中，政府在公共服务提供上以居民需求为导向，积极与群众进行沟通。在"厕所革命"进程中，受访者提到政府会提供尽可能多的公共资源，在有限的财力下发挥最大效益，满足居民需要，强调政府作为"公共服务提供者"的角色定位。当"厕所革命"的推进遇到阻力时，受访者以具体案例向研究团队解释说明了政府履行职能时的服务导向——政府人员会主动跟居委会沟通具体选址问题，召开居民代表见面会，将情况解释清楚；同时征求居民的意见改进厕所的外观设计与效果。政府"从群众中来、到群众中去"，提供民众需要的公共物品与服务，并不断根据民众反馈改进工作。

在问卷调查中，"是否有公职人员询问居民评价与反馈"一题统计结果显示，有64%的居民不清楚公职人员是否有就"厕所革命"向居民寻求意见与反馈，有26%的居民回答公职人员没有向居民询问评价与反馈，而仅有10%的居民反映公职人员确有向居民收集意见。由此可见，在"厕所革命"政民互动中，政府视角下的访谈结果与群众视角下的问卷调查结果相左。二者之间究竟缘何有如此的张力与错位？个中原因需要进一步分析。

四 案例分析

基于以上总结的政策现状，本研究将从管理性和服务性的角度针对现状问题展开分析。

（一）管理性

根据政策现状的总结，厕所革命过程中的管理性问题主要集中在厕所供给、标准配置、监管和宣传四个方面。

在厕所供给方面，政府认为的"已提前完成目标""落实情况良好"和问卷调查结果中民众的认知情况存在差异。绝大多数受访者认为公厕数量严重不足，说明政府在落实厕所建设工作的过程中存在漏洞。一方面，未能制定合理有效的任务目标。只设定数量上的目标是远远不够的，实际上，在人流量较大的地铁站和商业区，如厕需求更大。政府应该改进其规划建设方案，按照需求量大小来选择建设和开放公共厕所的区域。另一方面，政府对于"厕所革命"的宣传工作未能落实到位。虽然政府已将大部分的厕所信息上传到云平台，但由于平台的知名度低、使用率低，公众无法在有需求的时候及时找到厕所，从而对公厕数量的感知存在偏差。总的来说，厕所供给上出现的问题不仅需要政府更新管理理念，改进建设方案，更多地考虑民众需求，在量化任务指标的时候提升厕所分布的合理性，还需要政府重视厕所建设成果以及便民云平台的宣传，从而更好地进行管理工作。

在标准配置方面，公厕之间建设质量和配套设施的区别问题值得重视。除了一部分政社合作开放的公厕外，财政供养厕所的配套设施应该达到全面、合理、实用、整洁的目标。受访者提到的"高端厕所"的不合理性应该予以重视。建设过高标准的公厕既浪费了财政资源，又使管养成本过高。标准化厕所有利于政府制定并实行统一的管养方案、购置统一的配套设施，降低多样化情况下的管理成本。

在监管方面，财政供养公厕和政社合作公厕的管理存在差异。对于财政供养公厕而言，有专业的管理团队对其进行日常维护。对于后者而言，由于政府不具有政社合作开放公厕的主管权力，因此这类公厕由商家自行维护，由政府进行定期检查。由于管理团队缺乏专业性以及商家的重视程度存在差异，这类厕所的维护并不及时。为了提升厕所监管的有效性，政府应该加大监管力度，建立正式的监管指标、管养标准和问责机制，对未达标公厕的维护单位采取相应惩罚措施，以实现市政公厕和社会公厕的一体化、标准化监管。

在宣传方面，政府虽然采取了如媒体宣传、智能平台宣传等宣传措施，但从问卷调查结果来看，效果并不显著。"厕所革命"仍存在宣传渠道单一、宣传效果不佳、公共厕所智能化建设宣传缺位等问题。这说明政府采取的宣传方式效用不大，大部分公众仍然难以接触到此类信息。因此，政府应该更新管理观念，从公众服务的角度选择宣传措施。例如，在公众密集的地铁站、公交站等地方投放广告，在阅读量大的地方性生活类公众号中进行宣传推送，在各类公厕中张贴宣传海报等，从而达到更好的宣传效果，真正落实公厕和云平台的便民效用。

（二）服务性

根据对政策现状的总结，厕所革命过程中的服务性问题主要集中在公厕基础物料的配给以及服务反馈两个方面。

在公厕基础物料的配给问题上，问卷调查结果显示，居民的评价整体上不尽如人意。在问卷建议中，受访者提及了因基础物料缺乏而产生的困境，并且提倡加强对女性如厕需求的重视，增加女性物料配给等。公厕基础物料是"厕所革命"服务进程的一个重要组成部分，对居民的用厕体验与服务满意度有直接影响，其中，基础物料的供应，包括无障碍设施、母婴设施、厕纸、洗手液等，是对城市居民需求的基本满足。然而调查问卷显示，受访者对于"清洁人员服务态度良好""地面整洁无污渍""厕所标志显眼易寻找""厕所设施（如门锁、水龙头、置物钩等）无损坏、较整洁"这几方面给予高度评价，却对公厕基础物料配给的满意度较低。这一对比的质量失衡，说明"厕所革命"的政策实施过程中存在较大不足，缺乏对于公厕物料的关注，未能较好地满足居民用厕的基础需求。在未来的"厕所革命"进程中，管理团队应加强对于公厕基础物料的关注，将基础服务落实到位。

在服务反馈问题上，"厕所革命"的政策实施存在不足，公职人员未能及时明确地向居民寻求使用意见与反馈，对政策实施现状缺乏追踪观察。这在一定程度上也导致了居民用厕基础需求未能得到满足。服务反馈是政民互动的重要渠道，是加强政府政策落实、提高居民对于政策理解度与满意度的重要手段。寻求意见与反馈的行动缺失，易对政策实施造成消极影响，不利于政策的可持续发展。未来"厕所革命"的推进应加强对于政民互动的关注，政府应及时向居民寻求用厕意见与使用反馈，丰富沟通互动的形式，以助"厕所革命"政策更好地落实与推行。

综上所述，在管理性问题上，政府应重视管理理念的更新，从公众需求的角度出发，完善公厕的建设、监管和宣传方案，真正发挥其便民效用；在服务性问题上，应重视基础服务的落实，及时做好政民互动，丰富政民互动形式，切实推进"厕所革命"的政策进程。

五 结论与建议

在"大城管"的城市管理模式和服务型政府建设的背景下，城市管理向城市治理转变，政府由一方主导的管控型向多元参与的服务型转变。城市管理实践也呈现相应变化，向实现"精治、共治、法治"的城市管理价值而努力。在转型过程中，管理性和服务性的互斥与共生问题是政府亟须解决的难题。在理论上，管理与服务是政府城市管理中必须落实的两大方面，缺一不可。在新的时代语境中，管理意味着指导，政府作为社会资源数量和质量的监管者，需要引导公共资源实现优质生产与合理供给；服务意味着公平与均衡，政府作为分配者，需要对各方开放公共产品供给和需求的渠道，确保公共产品的配给公平、有序。在实践中，尤其是在转型时期，原有的管理模式和被强化的服务理念若产生冲突，可能会带来更大的治理难题和社会矛盾。因此，如何平衡管理和服务以实现服务型政府的成功转变，是政府正在探索的问题，也是本研究的目标与意义。

综合访谈与问卷调查可知，广州市天河区政府在推动"厕所革命"的进程中，职能的履行呈现管理性与服务性相结合的特质。一方面，政府积极加强对市政公厕的监管，就部分管理部门存在的监管漏洞及时予以提醒与反馈；另一方面，政府在民众的公厕管理需求上呈现明显的服务导向，在有限的财政支持下为民众提供尽可能多的公厕服务资源，并在公厕建设过程中及时做好沟通工作，减少"邻避效应"的消极影响。

但同时，政府在"厕所革命"的宣传工作、公厕的部分服务工作以及公厕智能化建设上仍存在职能缺位与待改进之处。据此，本文提出如下对策建议。

在管理方面，创新多渠道多方式宣传，普及"厕所革命"的相关进展与成效，改善民众对公厕环境的刻板印象，改善市容市貌；进一步强化监管工作的落实，针对监管工作中专业性不足以及部分监管缺位的问题，应督促有关单位及时查漏补缺，强化专业性工作技能，及时做好对于包括市政类型、社会类型在内的公厕的监管；加快完善智能化系统建设，尤其是公厕GPS 定位系统，将生活所需纳入大数据，推动大数据与人工智能技术为公共服务赋值；找准公共厕所的定位，遵循"按需建设"的原则，进行公厕标准化配置，切忌过度追求建设高质量厕所；积极呼吁多主体参与，目前广州市部分区域开展社会多元参与厕所治理试点工作，试图推动与相关社会组织共同管理与维护公厕，但效果不佳且推广应用难度大。因此，未来政府应积极引进社会多主体参与社会管理，使其成为提供公共服务的重要后备力量。

在服务方面，需要继续提升服务质量，改善基础性公厕配置，如解决厕格数量、物料供给、厕所异味等问题，满足居民基本的生活所需；加强与群众的互动和交流，拓宽政民互动渠道，切实关注社情民意并及时回应民众诉求，使市容市貌改革真正服务于民；重视城市群众个性化需求以及城市管理关键议题，重视女性需求，提高精准服务的水平。

从政府工作人员的管理过程及城市居民的反馈意见着手，本文从宣传、管理、多方合作、智能化建设、公厕定位、服务和政民互动七大方面展开分析，回顾"厕所革命"前期建设与后续服务配给的整个过程，并针对问题提出系统化建议，为"厕所革命"这一城市管理实践活动查漏补缺，探索管理性与服务性相结合的城市管理模式，以期加快服务型政府的转型步伐。

附录一　访谈大纲

一　"厕所革命"的具体措施与成果

在前期的资料查找过程中，我们对于广州市"厕所革命"的大致措施与成果有了初步的了解，我们了解到广州市出台了"厕所革命"三年行动计划，而天河区也通过开展公厕需求调研、制作公厕电子地图、公厕导航手机 App 的方式积极推进"厕所革命"。但是由于"厕所革命"是一个涉及部门多、较为复杂的过程，因此我们想知道，天河区城市管理局在此过程中有规划具体的有关"厕所革命"的行动方案吗？天河区专项领导小组的具体工作内容有哪些？天河区"厕所革命"实施方案的具体内容是什么？

二 "厕所革命"中政府职能的管理性体现

1. 对于已建成的公厕是由哪些部门进行监管的呢？
2. 在监管过程中有出现什么样的问题吗？
3. "厕所革命"中政府财政支持占据了较大比重，包括公厕的运营，管养人员的雇用等，那么目前有没有社会力量参与到公厕的管理和维护中呢？如果社会力量可以参与其中，主要是参与哪些方面呢？

三 "厕所革命"中政府职能的服务性体现

1. 在厕所革命的过程中存在怎样的阻力呢？能不能具体举例说明一下？包括可能涉及部门的合作以及公厕建造、管理等。
2. 2018年，天河区新建公厕4座，改造厕所22座，对外开放财政供养单位厕所309座。我们发现财政供养单位厕所的开放数量是比较多的，那么公众对于这些开放单位厕所了解吗？这些厕所使用情况如何？实际操作过程中会存在一些问题吗？
3. "厕所革命"逐年推进，那么政府部门所负责的工作是否有随着"厕所革命"的推进增加或者减少呢？
4. 在这个"厕所革命"的管理与服务中，政府是以一种怎样的角色存在的呢？

附录二 调查问卷

表4 调查问卷的分析变量、对应问题及衡量指标

分析变量	对应问题	衡量指标
"厕所革命"认知度	7. 您是否有听说过广州市近年来的"厕所革命"，即新增设、翻修市内的公共厕所？	计算不同回答分别占总回答的比例，衡量政府对于"厕所革命"的宣传效果

续表

分析变量		对应问题	衡量指标
"厕所革命"认知度		8. 您通过何种渠道了解到广州市"厕所革命"的相关信息？	计算不同回答分别占总回答的比例，衡量宣传工具的有效性
		9. 广州市新出了"城市公厕"App，微信"城市公厕云平台"小程序，可以一键寻找附近的公厕，请问您知道这些平台吗？	计算不同回答分别占总回答的比例，衡量政府对于"厕所革命"的宣传效果
天河区公厕服务评价	使用频率	12. 您使用天河区公厕（仅包括地铁/街道的公共厕所）的频率？	计算不同回答分别占总回答的比例，衡量民众使用频率
	感知	13. 近一两年来，您是否感觉到天河区地铁/街道公共厕所发生的变化？	计算不同问答分别占总回答的比例，衡量公众对"厕所革命"的感知程度
		14. 若是有变化，您认为这些变化是？（多选）	计算不同回答分别占总回答的比例，衡量民众对厕所哪方面的变化感知更强
	评价	15. 您对于这类变化的评价是？	计算不同回答分别占总回答的比例，衡量民众对"厕所革命"的期望方向
		17.1 请对地铁公共厕所的该方面进行评价：厕所标志显眼易寻找	计算民众对于地铁公共厕所不同方面评价的平均分数，反映民众对于公厕各项服务的满意度，衡量政府在"厕所革命"中各项服务的质量
		17.2 请对地铁公共厕所的该方面进行评价：厕格数量充足	
		17.3 请对地铁公共厕所的该方面进行评价：地面整洁无污渍	
		17.4 请对地铁公共厕所的该方面进行评价：厕所无异味	
		17.5 请对地铁公共厕所的该方面进行评价：厕所设施（如门锁、水龙头、置物钩等）无损坏、较整洁	
		17.6 请对地铁公共厕所的该方面进行评价：厕所物料（如纸巾、洗手液等）充足	
		17.7 请对地铁公共厕所的该方面进行评价：维修及时	
		17.8 请对地铁公共厕所的该方面进行评价：清洁人员服务态度良好	
		18.1 请对街道公共厕所的该方面进行评价：厕所标志显眼易寻找	
		18.2 请对街道公共厕所的该方面进行评价：厕格数量充足	

续表

分析变量		对应问题	衡量指标
天河区公厕服务评价	评价	18.3 请对街道公共厕所的该方面进行评价：地面整洁无污渍	计算民众对于街道公共厕所不同方面评价的平均分数，反映民众对于公厕各项服务的满意度，衡量政府在"厕所革命"中各项服务的质量
		18.4 请对街道公共厕所的该方面进行评价：厕所无异味	
		18.5 请对街道公共厕所的该方面进行评价：厕所设施（如门锁、水龙头、置物钩等）无损坏、较整洁	
		18.6 请对街道公共厕所的该方面进行评价：厕所物料（如纸巾、洗手液等）充足	
		18.7 请对街道公共厕所的该方面进行评价：维修及时	
		18.8 请对街道公共厕所的该方面进行评价：清洁人员服务态度良好	
		19. 您对于以上厕所服务的总体评价是？	计算民众对于公共厕所总体评价的平均分数，反映民众对于公厕服务的总体满意度，衡量政府在"厕所革命"中的服务质量
	监管	21. 是否有看到公职人员前来检查？	计算不同回答分别占总回答的比例，衡量政府对公共厕所的监管情况
		22. 是否有公职人员询问居民评价与反馈？	
	建议	27. 从总体看，您认为天河区公厕还缺少什么？（选填）	统计民众提出的建议
广州市政府服务质量评价		26. 以广州市天河区公厕为例，请您评价广州市政府服务质量	计算不同回答分别占总回答的比例，衡量民众对于广州市政府服务工作的总体评价，进而衡量广州市政府的服务质量

参考文献

陈天祥、李倩婷，2015，《从行政审批制度改革变迁透视中国政府职能转变——基于1999—2014年的数据分析》，《中山大学学报》（社会科学版）第2期，第132~151页。

陈迅、尤建新，2003，《新公共管理对中国城市管理的现实意义》，《中国行政管理》第2期，第38~43页。

李波、全杰，2019，《广州："厕所革命"3年计划过半1540座公厕投入使用》，凤凰网广东，http://gd. ifeng. com/a/20190715/7530240_0. shtml。

李明超，2015，《城市治理导向的社会服务管理创新刍议——以杭州为例》，《当代经济管理》第 11 期，第 44～48 页。

罗海元、王伟，2019，《完善新时代城市管理机构职能与管理体制研究——基于我国八省市三级城市管理实践考察》，《中国行政管理》第 8 期，第 82～88 页。

马闯，2017，《习近平：城市管理应该像绣花一样精细》，央广网，http://china. cnr. cn/gdgg/20170305/t20170305_523637510. shtml。

《南方日报》，2018，《未来 3 年新建地铁车站公厕 75 座》，搜狐网，https://www. sohu. com/a/226069786_161794。

秦松，2020，《天河 1237 座厕所可一键寻找》，《广州日报》，https://gzdaily. dayoo. com/pc/html/2020－01/10/content_125333_674359. htm。

石瑛，2018，《从城市管理走向城市经营》，《管理观察》第 29 期，第 56～57 页。

王枫云，2008，《从城市管理走向城市治理——我国城市政府行政模式转型的路径选择》，《思想战线》第 1 期，第 99～103 页。

新华社，2018，《习近平在上海考察》，新华网，http://www. xinhuanet. com/politics/2018－11/07/c_1123679389. htm。

叶林，2011，《构建服务型的中国城市治理研究》，中国行政管理学会年会暨"加强行政管理研究，推动政府体制改革"研讨会论文，江苏昆山。

叶林、宋星洲、邓利芳，2018，《从管理到服务：我国城市治理的转型逻辑及发展趋势》，《天津社会科学》第 6 期，第 77～81 页。

岳嵩，2019，《新时代政府职能转变的四个向度》，《人民论坛》第 11 期，第 50～51 页。

诸大建、刘冬华，2005，《从城市经营到城市服务——基于公共管理理论变革的视角》，《城市规划学刊》第 6 期，第 41～44、103 页。

竺乾威，2019，《服务型政府：从职能回归本质》，《行政论坛》第 5 期，第 96～101 页。

大城管模式下的网格化管理

——以广州市天河区为例

吴伟佳　谭添熙　魏　童　张名扬　朱　滔[*]

摘　要： 本文以广州市天河区 A 街道网格化管理为案例，对其制度设计和实际运作情况做出整体评估，发现其存在"层级脱钩"现象：区网格指挥中心成为大城管模式下的"信息触角"，街道网格指挥中心则成为较为独立的基层网格系统。网格化管理既服务了部门，也服务了基层，最终影响到了区级和街道的城市管理职能。本文对"层级脱钩"的原因进行分析，并对网格化在街道层级未来发展方向和定位作出预测，为城市管理改革提出建议。

关键词： 城市管理　网格化管理　大城管模式　层级脱钩　基层治理

一　导论

2013 年 11 月，党的十八届三中全会指出："坚持源头治理，标本兼治、重在治本，以网格化管理、社会化服务为方向，健全基层综合服务管理平台，及时反映和协调人民群众各方面各层次利益诉求。"（新华网，2013）网格化城市治理对于推动国家治理能力和治理体系现代化具有重要意义。从各地实践来看，网格化管理强调信息技术的应用对于管理模式的再造，在各地的实践中逐步形成了不同的网格化管理模式。近年来，国内很多城市开始推行"大城管"模式。"大城管"模式统筹了规划、建设和城管等职能，统筹了管理权和执法权，极大提高了城市综合治理的效率，

---

* 吴伟佳、谭添熙、魏童、张名扬、朱滔，中山大学政治与公共事务管理学院行政管理专业 2018 级本科。

破解了多头执法的困境。但是"大城管"模式的发展也遇到了瓶颈，比如执法事项过多、综合协调难度过大。此时，网格化管理也为职能部门提供了另一条全新的信息渠道，进一步便利部门处理事务。对于职能部门来说，将网格化管理系统纳入"大城管"模式将会极大提高其工作效率，使其成为大城管模式内的有效信息触角和管理工具。

网格化管理在现实中扮演着什么样的角色？其究竟是大城管模式下的信息触角和管理手段，还是作为收集基层民众的各种信息和问题并促进问题解决的综合管理服务系统？本文将通过一系列调研方法深入分析。

本文以广州市天河区的网格化管理为案例，以政策文献中的网格化管理为理解基础，以访谈形式深入，通过研究发现实际网格化管理运作过程中出现了区级与街道的"层级脱钩"现象。本文对此现象作出思考并进行原因分析，对网格化管理在街道的发展方向及定位作出可能的预测，为未来网格化政策的制定及城市管理优化提出建议。

二 文献综述

大城管模式与网格化管理皆是城市管理体制探索的重要环节。作为一种综合管理体制，大城管模式打破了相关职能部门之间的界限，将城市管理相关职能部门统一起来，管理城市公共空间。然而，在精简执法机构，降低行程成本，发挥资源优势的同时，大城管模式也面临信息孤岛、权责分配和监督等困境。网格化管理的实质是量化及标准化城市管理目标、制定具体管理方案、明细部门职责，形成巨大的网格整体；目标是解决信息孤岛、资源孤岛等问题，以此实现信息共享、信息融合和信息协同，从而进一步提升城市管理水平。

（一）网格化管理

网格技术是伴随科技进步而兴起的一种重要技术，具有强大的信息处理能力，能够实现信息的高度融合与共享（郑士源等，2005）。网格化管理是一种数字化城市管理模式，将网格技术等数字信息技术和网格管理思想推广应用到管理领域，是从管理走向管理和服务并重的一种模式（竺乾威，2012）。网格化管理以控制论为基础，融合移动通信和网络地图等技术，将特定区域划分为若干个网格，实现对已划分的网格区域全面、高效的管理（阎耀军，2006）。网格化管理主要包括业务受理、业务分派、业务处理、服务提交、监督检查与信息公开。一般来说，网格化管理的模型设计由四个部分组成，分别是设计网格化服务对象、巡逻监督人员、指挥中心、服务职能部门（李鹏，2011）。网格化管理的主要方法是对目标城市的现有空间依据一定的管理幅度细划出若干个控制区，组合成网格化电子地图。在已划分的控制区内，所属的一切公共部件和事件都被编码并标定在电子地图上。同时为加强对辖区内城市设施和卫生治安等情况的监控，在每个网格内安排特定的人员并进行轮班巡查。一旦发生突发情况，指挥中心将会立即收到通报警报，并迅速作出相应的反应，经核实后将问题快速分配至相关职能部门，并要求它们在限定的时间内解决这一问题（阎耀军，2006）。

城市的网格化管理是由诸多要素共同推动的，如公共管理难题、基层维稳压力和管理技术的革新等因素（吴晓燕、关庆华，2016）。这种模式试图在原有的街道和治理结构之上，形成一套以街道、社区为基础的，并具有特定区域规模的治理模式（杨海涛，2014；肖棣文，2018），旨在建立以数字技术为基础的专门信息管理平台，推动信息的快速传达，使多级政府或多个部门实现有效联动，并促进相关公共问题的解决。

竺乾威（2012）认为，网格化管理受到了"无缝隙政府"的启发，并努力超越"无缝隙政府"，破除部门和职能的边界，联系不同的层级，从而提供一种精细化、个性化，并以需求为导向的公共服务。孙柏瑛、于扬铭（2015）认为网格化的管理模式其实是对国家对基层治理结构的一种重塑，国家通过信息技术和信息平台整合行政权威，将行政力量下沉至基层，从而达成社会控制的目标。在我国，社区网格化管理是一种具有中国特色的社会管理模式，它对当前我国城市基层治理体制的优化和秩序的整合起到了一定的积极作用，经过多年的实践，已成为城市社区治理的"常见工具"（刘安，2015；孙涛、韩清颖，2019）。

然而，对于网格化治理的批评也不在少数。对于网格化管理中的层级问题，已有研究指出了其在条块和层级组织中治理事务不清晰的问题（刘锐、刘磊，2020），但其重点内容依旧在于网格化管理中的权责分立与风险分配问题上，而对网格化管理的层级问题没有一个深度的分析。城市社区自治尚处于初级阶段，网格化管理事实上造成社区空间区隔化、社区科层化、社区运作行政化等问题（田毅鹏、薛文龙，2012）。徐选国、吴柏钧（2018）认为，网格化管理是基于行政本位的维稳式管控，是一种应急式治理技术，其服务的内容偏少、服务的面不广、成本投入大、持久力难以有效保持，政府从上至下的单向管控行为压制了社会空间，行政权力的强力下沉，也使得运作结构缺乏弹性。

针对网格化管理下一步的探索方向，也有研究给出了建议，如文军（2012）认为，网格化管理作为一种新型的城市社会管理模式，具备了规范统一、清晰高效、创新综合的特点，但同时也存在一些不足，比如它在问题的发现、处理、考核和监督、法规和体制层面都还存有诸多不足亟待解决，由此提出了网格化管理应当实现多元联动的对策建议。陈荣卓、肖丹丹（2015）以网格化管理优化转型为出发点，以治理水平及能力为视角，重新审视了网格化管理的生成逻辑和典型特征，认为进一步的探索方向应转向"网格化治理"。

（二）大城管模式

目前我国城市管理存在管理体制复杂、管理部门利益分割、各自为政等问题，表现为管理机构重叠、职能交叉，缺乏统筹、协调和规划。正是在这样一个背景下，"大城管"的概念应运而生。

"大城管"是一种综合管理体制。在打破各部门之间壁垒的基础上，"大城管"将城市管理相关职能部门集中起来，在统一指挥下，打造城市管理公共体，维护城市基础功能，确保城市公共空间管理无死角，保障城市的健康运转。大城管既是在战略层面对"小城管＋社区建设＋经营城市"城市管理理念的升级，也是对城市管理体制在结构层面上的变革（郭正林，2004）。

随着大城管体制的日益成熟，纵向组织结构的再造成为其不可忽视的特征，城管委员会的设立和"高配版"的领导层级则是其核心表现（戴维新，2009）。在高层级政府部门的指导下，城市管理结构实现了横向联合机制的突破，这使得"综合化、系统化、大联合"的城市管理体制得以真正确立（胡小武，2010）。通过综合化横向机构的整合，城市管理委员会以原有的管理核心（城市管理和综合执法局、市容管理局）为结构基础，联合环保局、交通局等十几个与城市设施管理、公共生活秩序相关的行政部门和企业法人，最终成为现实意义上的"大城管"联动机构。不论是组织结构上的"向上提升"还是"横向拓展"，实现对于城市管理的全面负责才是大城管模式的根本目标。随着大城管模式的确立，综合化、系统化管理方式成为城市管理的新常态（胡小武，2010）。面对城市管理的重大问题，城市管理委员会具备统一指挥、民主协商和高效落实的统筹规划能力，极大地提升了行动效率。

（三）网格化管理的地区实践

2005 年 7 月，建设部印发《关于推广北京市东城区数字化城市管理模式的意见》，推广北京东城区网格化成功经验，并在全国进行试点，由此各地积极开展区域网格化管理实践（中华人民共和国建设部，2005）。网格化管理实践既是利用信息技术带来的管理方式转变，也有对于城市精细化管理系统的整合和再动员。由于各地网格化管理关注的职能不同，形成了不同的制度创新。本文选取北京市东城区、上海市长宁区、湖北宜昌市和浙江舟山四个典型案例，分析上述四地网格化管理的模式创新和职能重点。

1. 北京东城模式

2004 年，北京东城区在全国率先提出了万米单元网格化城市管理制度。在原有区—街道—社区三级管理层级的基础上进行优化，以万米为基本单元增设网格单元。通过运用现代数字技术，安装实时网格监控摄像和监督员配备的"城管通"信息终端，提升城市管理响应效率。

同时，北京东城区的网格化管理构建了"双轴化"的管理过程。凭借城市安装的监控摄像和城市管理监督员的移动终端"城管通"，监督轴心可以将收集来的信息传输到调度中心（城市综合管理委员会）。调度中心会在对事件进行识别分类的基础上，将其派发到各相关行政部门限时解决。在处理过程中，各部门之间的调度、协调也由调度中心负责（林雪霏，2015）。事件处理的反馈则通过专业部门—调度轴心—监督轴心的反向流动，经由监督员现场核查后才予结案。同时，通过信息和数据的传输，建立绩效考评机制（张伟等，2017）。

2. 上海长宁模式

上海长宁区的社区网格化始于 2008 年，是对北京网格化治理的学习和完善。上海长宁仿效北京东城区做法，构建了区—街道—社区—网格单元四层级的层级体系，完成了"两个轴心 + 一个平台"的体系建立。在此基础之上，上海社区网格化管理在街道行政、自治分离等方面有制度创新。

在社区层制定了街道居委会行政性事务剥离项目及分步实施一览表。居委会明确社会自治组织的性质和功能，同时设立专门的社工工作站，通过专业化市场化力量推动社区服务（上海市长宁区民政局、上海市长宁社会建设工作办公室，2017）。

3. 湖北宜昌模式

宜昌市网格化实践则将城区划分为1110个网格，并在每个网格配备一名专属全职网格员，平均负责250户左右的服务与管理。宜昌市通过部门协作完成网格化工作。借助网格化治理的推进，不断充实网格化治理的内涵，将社区服务纳入网格化治理；切实服务人民群众，组建义务巡逻队等；与城管、安监、社区、公安等职能部门积极加强协作，建立网格化治安防控网。

宜昌市网格化管理通过招聘专职网格员，推动网格化管理人员专业化，形成了一支扎根于基层网格的达1110人的公务员队伍。在宜昌模式中网格化管理与原来各职能部门主要是协同关系，通过入格事件的增加和调整，逐步确定网格化管理的职能和定位。

4. 浙江舟山模式

2008年，舟山市将"网格化管理、组团式服务"的基层管理服务制度在全市推广，建立了社区居委会或村级、街镇级、区县级和市级四个层级的服务系统（胡重明，2013）。在舟山模式中，"组团"是指在市一级成立了由市委书记或市长担任小组长的工作领导小组。领导小组下设办公室，并统领综治平安组、团队管理组、城区工作组、渔农村工作组、技术保障组五个专项组，以服务群众为网格化管理的主要工作（王胜，2013）。在这个模式中，信息中心主要提供技术支持，主要的工作由原来的职能部门负责，由市委市政府统筹，通过网格化管理实现信息资源整合和管理服务模式的改变。

在收集了各地网格化的资料后，本文主要关注跨部门的网格化城市综合治理。在对广州市天河区的实际调研中我们发现：天河区规划局拥有一套独立的网格化系统，没有实现广州市政策规划的全市信息化建设"一张网"。正如规划局的工作人员所说：

> 城市规划系统的现状可能跟网格化管理没有关系。同时我们的网格和网格化管理可能不是同一个东西。我也是最近向街道了解到这是

一个城管和公安共用的系统。^①

（四）现有研究不足

首先，现有研究对于网格化管理的运作过程已有较为体系化的研究，也包括了许多地方的具体实例，但这些研究大多是从宏观的角度去呈现网格化管理的面貌，本研究主要采用访谈的方法完成材料收集，对于具体的操作和作用机制有更清晰的阐释，同时也丰富了网格化管理的地方具体案例研究。对于网格化管理目前的问题与困境，学界也给出了许多答案，也相应提出了许多对策建议。其次，现有网格化研究较少结合大城管模式这一行政改革大背景来论述。最后，现有研究中对于网格化管理的层级运作的研究相对较少，已有研究发现了层级关系对于网格化管理的实施执行产生了影响，但并没有深入研究网格化管理中的层级关系，以及层级关系如何影响了网格化管理。从地方实践来看，各地网格治理关注的职能不同，形成了不同的制度和一系列在当地适应良好的经验做法。网格化治理的内涵仍有待在政策实践中丰富和总结。

三　案例描述

（一）制度框架

广州市的网格化管理始于 2012 年。2014 年 7 月，广州市印发《广州市推进城市社区网格化服务管理工作总体方案（讨论稿）》，确定将以 200 户以下为单位在广州全面推广网格化。天河区网格化管理的制度依靠文件包括市级和区级两个层面。市级层面的政策文件包括：《广州市区网格化管理系统建设方案》《广州市数字化城市管理部事件分类工作手册》《广州市城市管理精细化市、区、街城管调度指挥系统互联共享建设及运行工作指引》《广州市城市管理综合提升考评月度检查实施方案》《广州市城市管理综合提升考评月度检查评分标准》；区级层面的政策文件为《广州市天河区人民政府办公室关于印发天河区实施社区网格化服务管理工作方案》。

---

① 2020 年 6 月 1 日对于规划局网格化管理负责人的访谈。

根据政策文件，我们依次将天河区网格化管理制度分为两个层面进行探讨。

1. 组织架构

（1）网格化划分。天河区网格化管理 2012 年试点，2015 年全面启动，建立了"网格—街道—区—市"的四级管理体系。全区共 21 个街道累计 212 个社区，将这些社区从原来所划分的 2976 个网格优化为 2337 个网格。天河区下属 A 街道有 20 个居委会，以此划分 20 个中网格，其下还有 262 个小网格，每个小网格配备有 1 名网格员固定巡查，每个网格的规模为 500 户。网格基本复制了原来的行政层级系统。

（2）构成机构。各镇、街作为一级网格（大网格）统筹辖区内服务管理网格化建设，村居作为二级网格（中网格），因地制宜划分三级网格（小网格）。

指挥中心是网格化管理的核心。其内部分为两大体系：区网格指挥中心和街道网格指挥中心，负责对收集的信息进行整合并递送给相关部门。其中，区网格指挥中心拥有与"12345"系统、"12319"系统的信息共享权限。区网格指挥中心可以接收"12345"系统内有关城市管理事件的内容，并有权将其下放给具体职能部门。同时，区网格指挥中心也共享着全部的街道网格指挥中心的信息。

街道网格指挥中心只能接收到来自网格员的信息，并有权调度街道执法队进行处理。网格员是每个基础社区网格中日常管理工作的主体。广州市在每个基础社区网格中都设置了 1 名综合网格员，并通过实行相邻网格员 AB 角制度加强对网格员的管理。[①] 社区网格员负责信息收集和处理网格事务。具体标准工作流程如图 1 所示。

从图 1 可以看到，网格化管理是一脉相通的，从市级到街道办，整个网格化管理都是有一条完整的"主脉"：以指挥中心作为网格化管理的调配、指挥机构，从而有效统筹资源，实现信息共享，提高行政效率和服务水平。

2. 应用技术

（1）"12345"系统与"12319"系统信息共享，构建了数字城管信息系统。

（2）"网格通"App 系统。根据《广州市区网格化管理系统建设方

---

① AB 角制度指相邻网格的网格员有负责临时处理相邻网格事件的权限。

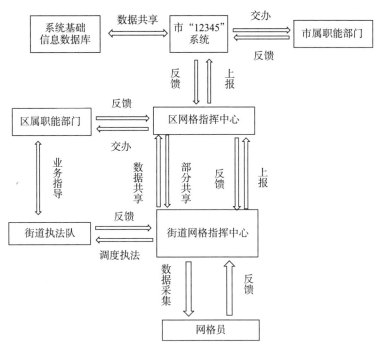

图1 广州市天河区网格化管理标准工作流程

案》,广州市以街道社区为基本单位,划分城市管理区域并建立了城市管理部件数据库,开发了"网格通"数据采集系统。

(3)监控系统共享。根据《广州市社会治安与城市管理智能化视频系统建设规划》,广州市整合共享全市视频监控数据与数字城管平台,扩展城市管理监控范围。

(4)城市事件的入格管理法。城市事件同样通过"入格"方式来进行流转处理。入格工作由网格员负责,包括判断是否可以入格以及编写入格编号等。入格事件共有176项,主要分为:矛盾纠纷、消防安全、城市管理、环境保护、社会治安、卫生卫计六大类。

关于入格事件的处理方法为"五步闭环机制",即"上报—调度—处理—核实—评价"。网格员巡查后上报事件到指挥中心,指挥中心调度到相关部门,相关部门进行处理后拍照上传反馈到网格中心,网格中心再派网格员去实地核实。以此实现监督轴和指挥调度轴一体,行政和监督分离的管理流程。

（二）实际网格化管理工作——区级与街道的脱钩

天河区网格化管理于 2015 年正式启动。本研究选取天河区 A 街道开展调研。在对天河区城市管理和综合执法局（以下简称"城管局"或"城管执法局"）、天河区城市规划局、A 街道网格指挥中心负责人进行电话访谈后，我们发现在实际工作中，网格化管理体系发生了层级上的脱钩：区网格指挥中心从原先的无编制逐渐转变成天河区城管局下属事业单位，成为"大城管"模式机构的一部分，天河区城管局一名工作人员说：

> 指挥中心在之前是无编制的，但之前也不是完全独立的，虽然指挥中心没有编制，但一直由协调科（天河区城管局下属科室）统管，但在下一步事业机构改革中已经确定将把区网格指挥中心设置为城管局下属的事业单位了，准确地说，就是把原来没有编制的指挥中心纳入编制。①

然而，A 街道网格指挥中心却从城管执法局脱离出来。2019 年之前，街道网格指挥中心由城管科负责管理和提供人员。2019 年后，街道网格指挥中心实现了与城管科的分离：原先的负责人被调离，目前街道网格指挥中心全员 4 人均为街道招聘而来，没有行政和事业编制，他们成为"基层聘任制"下的雇佣人员。同时，街道网格指挥中心的人财物都不再由天河城管局负责：人事权掌握在街道办手中，且是通过聘任制招聘人员，无编制；财权由街道办统筹。街道网格指挥中心与区城管执法局不再有任何的行政隶属关系，成为街道行政系统的一部分。正如一名街道网格指挥中心人员所说：

> 2015 年年底街道收到文件要求创建网格化管理，并且指定一位科长负责分管网格化管理，指挥中心目前有四个人。最开始建立跟进网格中心的人是城管科的一个人，最开始网格中心也是由城管科分管，后来将网格独立出来，那位城管科的人员也分配过来了。但是后来城管科的那个负责人又走了，所以才由自己招聘的人员接管，目前的四

---

① 2020 年 6 月 4 日对天河区城管局数据指挥中心工作人员的访谈。

位人员包括我都是通过应聘来的。

我感觉街道网格指挥中心和区网格指挥中心的联系不大，可能在绩效考核上有联系，具体工作的执行还是和街道联系比较密切。①

区城管执法局相关人员也支持了这个说法：

街道网格指挥中心我不太了解，但我可以确定我们城管局现在跟他们没有任何工作上的联系了。他们的财政也是由区财政局和街道办负责，街道办的指挥中心我们是管不到的。②

区网格指挥中心与街道网格指挥中心逐渐"脱钩"，两者之间的工作互动较少。正如天河区城管执法局的一名工作人员所说：

目前，街道网格指挥中心和区网格指挥中心没有行政上的工作交流，既没有联系，也谈不上什么隶属关系了。③

甚至可以说，两者已经没有了上下级隶属关系，区网格指挥中心成为以城管执法局为核心的"大城管"模式的一部分，而街道网格指挥中心则逐渐独立成为基层的相对非行政化的一个管理、服务机构。与此相适应的是工作流程的变化，如图 2 所示。

从图 2 可以看到，街道网格指挥中心接收到网格员所反馈问题后，跳过了区网格指挥中心，直接通过"网格通"App 反馈给区属职能部门处理。市级"12345"系统所反馈的信息也是通过区网格指挥中心反馈给区属职能部门，街道网格指挥中心无权知晓。

可以说，天河区的网格化管理既服务了部门，也服务了基层。然而，天河区网格化管理被一分两半，区级与街道实质上已成为两个相对独立的工作系统。

---

① 2020 年 6 月 11 日对街道网格指挥中心工作人员的访谈。
② 2020 年 6 月 10 日对于天河区城管执法局工作人员的访谈。
③ 2020 年 6 月 10 日对于天河区城管执法局工作人员的访谈。

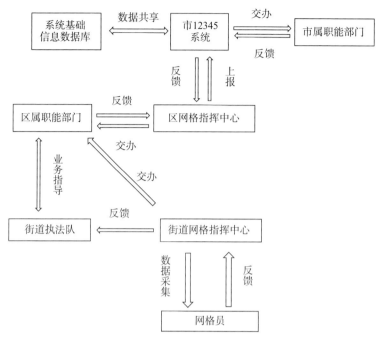

图 2　2020 年天河网格化管理实际工作流程

（三）区级网格化管理：成为"大城管"模式的一部分

区网格指挥中心在目前已经实质成为区级城管执法局的一部分（程序上纳入城管局编制还需要在事业单位改革之后）。区网格指挥中心的主要工作职责是：以城管执法局的名义接收来自"12345"和"12319"系统涉及城管局职能的事项，根据辖区管理范围，转办到属地执法队处理。主要转办方式是通过与各街道办执法队内部转办或通过对讲机呼叫处理系统（见图 3）。区城管执法局是这样评价他们的工作效率的：

> 从目前的处理情况来看，整体是流畅的、高效的，对有些不及时处理的，我们会有专人负责催办和督办。①

在与其他地区的城管执法局进行对比后，本研究发现区网格指挥中心的职能类似于其他地区城管执法局下属科/股室。例如其与政策法规科/股

---

① 2020 年 6 月 10 日对于天河区城管执法局工作人员的访谈。

的职能相类似，均是接收"12345"和"12319"系统信息并进行转交处理。目前的区网格指挥中心的职能，只是初步接替了原属于政策法规科/股的相关工作职能，并且几乎没有任何实质上的改变。

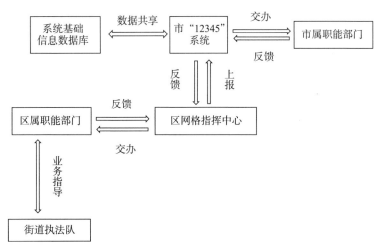

图3　区网格指挥中心工作系统

（四）街道网格化管理：下沉到街道，成为相对独立的基层管理机构

街道网格指挥中心现在已经实现了相对独立。2019年，人员调配从城管局指派人员到招聘专职人员，实现了指挥中心的相对专业化。

1. 人员构成

指挥中心人员分为直接隶属和间接隶属。直接隶属的人员，则是坐镇街道网格指挥中心办公室，拥有调控监控摄像头权限的人员（以下简称"指挥员"）。间接隶属的则是各个网格的网格员。

（1）指挥员。指挥员目前有4名，都是通过合同招聘而来，没有行政或事业编制。指挥员由专职招聘人员负责，没有兼职。工资待遇方面，根据《关于调整我街合同制编外人员工资待遇标准》（穗××委〔2014〕175号），每个指挥员的月工资＋津贴，在4800元左右，且街道办负责购买"五险一金"。根据2016年A街道办事处部门决算，指挥员的工资薪酬从区财政拨付转变为街道财政拨付。根据《天河区财政拨付人员经费的编外人员管理办法》，指挥员的考核标准如下。考核分为两项，分别是日常考核和年度考核，具体由用人单位负责组织实施。年度考核划分为三个等次：优秀、及格、不及格。优秀率可控制在实际参加考核总人数的25%以内。对在考核中达到优秀等次的人员，给予一次性奖励，奖励金额为考核年度 12 月份基本工资数额，奖励金额由区财政负担。

（2）网格员。A 街道共有 20 个居委会，划分了 20 个中网格，在此之下还有 262 个小网格，每个小网格配备 1 名网格员固定巡查，每个网格的规模为 500 户，网格员累计 262 名。比如，A 街道的网格员全部为兼职网格员，包括社区专职工作者、出租屋协管员、安监中队人员、计生协管人员。本身是属于街道管理的人员，网格员对其而言只是一个"兼职"。因为是兼职网格员，所以他们还有自己的本职工作，指挥中心对网格员的要求是每天进行一次巡查，然后将问题上报，不专门规定时间和巡查路线。网格员都是一格一员单独行动，没有形成网格员小组。

网格员的考核激励目前是以激励为主，工作量达到了多少就会给予相应的奖励，所以兼职网格员有积极性。

2. 工作流程

街道网格化管理主要遵循的是"五步闭环机制"，包含上报、调度、处理、核实、评价等五个环节。整个系统主要在"网格通"App 上进行。经网格员巡查后再上报事件到指挥中心，指挥中心调度到相关部门，相关部门进行处理后拍照上传反馈到网格中心，网格中心再分配网格员去实地核实。

然而，不是所有入格事项都需要进入"五步闭环机制"。网格员在上报之前，会对入格事项进行初步的判断：主要分为简易事件和上报事件（两种事件的比较见表 1）。上报事件就是需要有关部门参与处理的，走"五步闭环机制"；简易事件就是不需要其他部门参与的，网格员只需要上报给指挥中心备案即可，也会最终纳入网格员的绩效考评。

表 1 简易事件和上报事件的区分

事项类型	内容
简易事件	居民服务功能：宣传教育、服务帮助居民等
上报事件	相关部门职责：占道经营、市容市貌等

从事件的分类可以看出，街道网格指挥中心已经初步具备了独立处理事件的能力，网格员的存在很好地帮助街道高效解决了一些基本问题，极大地减少了部门的工作压力，同时也提高了街道的管理水平。街道网格指

挥中心在接收到网格员反馈的事项后，并不是找具体的部门（如城管局）或者下属的某一个街道执法分队，而是直接上传到"网格通"App，并没有直接指挥某一街道分队的权限，街道网格指挥中心对各执法部门的监管是具有高度弹性的，街道网格指挥中心会设置一个大致的处理时限，一般为 5 至 10 天（两个工作周）内解决（见图 4）。

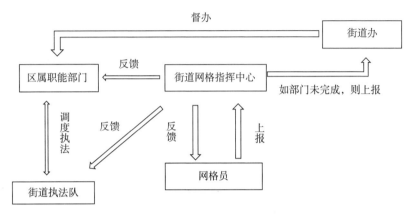

图 4 街道网格指挥中心工作系统

3. 工作成果

2019 年，A 街道网格指挥中心共解决处理入格事务近 100 万件，每月平均近 10 万件，每天的工作比较繁忙。需要进入"五步闭环机制"的事项占总入格事项的 60%。其中，街道网格指挥中心所对接的次数最多的部门是区城管执法局，还有环卫所，跟工作处理类型里面最多的是城市管理一类相符。

四 案例分析

在过去五年的发展中，区网格指挥中心和街道网格中心分别走向了不同的发展道路（两者的比较见表 2）。区网格指挥中心成为区城管执法局的下属事业单位，成为"大城管"模式下的"信息捕手"，且职能没有任何实质上的改变；区城管执法局的总职能没有发生改变；街道网格指挥中心则取得了很大的成就，重构了基层的信息反馈渠道，并初步构建了一个相对独立的信息收集和指挥机构，并实质上扩展了基层的信息来源，方便街道办、执法队处理居民的相关问题。

表2　两层级网格指挥中心职能对比

判断标准	区网格指挥中心	A街道网格指挥中心
机构性质	区城管局下属事业单位	无编制，没有隶属关系
机构定位	"大城管"模式下的"信息捕手"	相对独立的街道信息指挥系统
财政来源	区财政（1/3）+区城管局（2/3）	街道办
信息来源	"12345"系统、"12319"系统	网格员
执法对接机构	街道执法队	城管执法局+街道执法队
对接方式	执法队内部转接或对讲机呼叫	"网格通"App
督办方式	直接催办	通过联系街道办进行督办
是否为专职人员	是	是
是否为新增业务	否	是

是什么导致了现今两层级之间的"脱钩"呢？在经过深入访谈和资料分析后，本研究梳理出以下原因。

（一）人事权与财政的剥离和融合

在2015年，整体的网格化指挥系统尚处于一个非常混乱的状态。区网格指挥中心的财政由区财政负责主体（2/3），区城管执法局统筹部分（1/3）。同时，区网格指挥中心由城管执法局下属综合协调科统管，可以说，区网格指挥中心从一开始就不曾独立于区城管执法局，实际上是区城管执法局的一个"信息捕手"。街道网格指挥中心同样如此，其主要牵头负责人同样来自城管科，而初始人员均来自城管执法局。整个A街道网格指挥中心的搭建都是由城管局直接负责的，街道网格指挥中心的财政是由区拨专项经费进行供养的。总体可以看到，网格化的指挥系统仍然是非常依赖区财政和区城管执法局的。

然而，从2016年开始，街道财政归属开始发生变化。在A街道办事处2016年度部门决算中，用于社区网格建设和网络通信的经费支出开始作为预算外项目而存在。决算在最后对A街道的工作不足及未来努力的方向进行说明，其中有一点就是"推动（工作）重心下移社区和网格，实现工作资源和力量的下沉"。因此，本研究在2017年的决算中发现了相应的调整，街道办将原属区部委办局在街道工作的编外人员的工资纳入街道预算管理，指挥员的人事安排和工资发放都掌握在了街道手中，街道网格化管理在发展的过程中与街道的关系变得更加密切。

在人事方面，2019 年，街道网格指挥中心来自城管科的指挥员被调回城管局，整个街道网格指挥中心的指挥员以街道聘用为主。区网格指挥中心计划在同年改制为城管局下属事业单位后，指挥员将纳入事业编制。两个层级的网格指挥中心在人事管理上也有了不同的归属。表 3 对比了 2015 年至 2020 年的五年时间内两个层级的网格指挥中心在人事和财政关系上的变化，直观地表现出两者相互分离的趋势。

表 3　2015 年与 2020 年两层级指挥中心对比

判断标准	区网格指挥中心		A 街道网格指挥中心	
时间	2015 年	2020 年	2015 年	2020 年
人员构成	雇用人员	区城管局人员	城管科人员	专职雇用人员
人员编制	无编制	事业编（实质上）	城管局行政编	无编制
财政来源	区财政为主	城管局为主	区财政	街道办

从表 3 中可以看出，在人事权和人员构成方面，区网格指挥中心人员从无编制转变为城管局的事业编制，城管局掌握了区网格指挥中心的人事权；街道网格指挥中心的指挥员从指定城管科人员到街道雇用指挥员，城管局失去了对街道网格指挥中心的人事权。在财权方面，区网格指挥中心从区财政供养为主转向区城管执法局供养为主，城管局掌握了区网格指挥中心的财权；街道网格指挥中心则从依赖区财政转向依赖街道资金，进一步下沉基层，财权免受城管局和区财政的直接影响，使其有更多的权限服务基层。

正因如此，区网格指挥中心成为"大城管"模式的一部分，而街道网格指挥中心则发展成为基层网格化指挥系统。

（二）网格化管理专职化和专业化的需要

网格化管理本身需要有较高的技术能力和专业水平。根据对街道网格指挥中心的指挥员的访谈，2019 年，A 街道共处理的事务近 100 万件，每月近 10 万件，任务极其繁重。如指挥员所说：

> 因为街道比较大（天河区最大的街道，面积 7.42 万平方米），然后也有很多城中村，所以我们的工作量特别大，调度给部门的事件也

比较多。有时候一天盯着监控和电脑，一下班站起来，感觉眼睛都花了。[①]

这就意味着街道网格指挥中心必须要保证人员是专职化的，然而，相对于专职招聘人员，指定的城管科人员很多时候也是兼职做指挥人员的，其本身也有固定的工作。这也意味着由城管科调配而来的人员无法将所有的工作时间放在街道网格指挥中心上，面对日益繁重的工作任务，光靠由城管科调配过来的人员来负责是远远不够的，必须要有专职化的指挥人员进行处理负责。

同时，指挥中心较高的技术水平也要求指挥员有相应的技术能力。专职招聘的人员本身就会被要求有较高的计算机水平，由城管科指定的兼职人员可能并不熟悉指挥中心的工作需求，如果要培训，也需要消耗大量的时间，因此往往难以实现效率的最大化。配置专职且专业的指挥员是网格化管理的必然趋势，这也在一定程度上使得城管科的兼职人员逐渐退出网格化指挥系统，回归原有的"大城管"模式的工作系统。

（三）技术进步

在近年来的发展中，相关的技术配套设施也进一步完善。根据《广州市区网格化管理系统建设方案》，相关的技术配套设施如新增监控摄像头、编码系统也在5年内进一步完善。更重要的是，对于基层网格化管理至关重要的软件——"网格通"App 的问世，很好地解决了信息传输效率低的问题。"网格通"包括每日签到、普通事件、安全隐患、矛盾纠纷、走访服务、数据采集等6个方面的功能，同时也对网格员的工作重点提醒，网格员也可以随时将出现的问题拍照上传"网格通"App，将信息直接传送给城管执法局和街道执法人员。

根据原有的政策文件安排，街道执法中心在接收到网格员的信息后，应该将其上报给区网格指挥中心，由其报给区城管执法局，街道网格指挥中心并没有与区城管执法局直接对接工作的权力。然而，在"网格通"App 问世后，街道网格指挥中心可以通过该 App 将信息极其便利地转给区城管执法局和相关执法人员，替代了区网格指挥中心的"信息中转站"角

---

① 2020 年 6 月 11 日对街道网格指挥中心工作人员的访谈。

色，减少信息递送过程中的中间流程，提高传送信息的效率，这也是保证A街道的年处理量保持在90万件以上、处理成功率在95%以上的原因。

正是因为技术的进步，使得街道网格指挥中心不再需要通过区网格指挥中心递送信息，而是通过"网格通"App直接将信息递送至相关职能部门。两层级的工作职能联系由此断开了。可以说，2019年后，街道网格指挥中心的任何工作都不需要区网格指挥中心经手，两者的工作职能发生分离（见图5）。

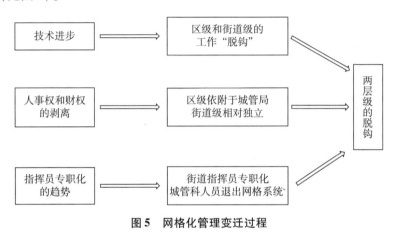

图5 网格化管理变迁过程

五 结论与建议

（一）"层级脱钩"对于基层管理的影响

区级与街道级网格指挥中心在"层级脱钩"后，街道的网格化管理拥有更加独立的人事权和财政权，与社区街道办的联系更为紧密。在我国的行政管理体系下，大部分管理职责和任务都下沉至基层，这意味着社区街道办拥有更多的经验和资源，街道网格指挥中心可以借用这些信息资源达成更好的管理效果。

实际上，街道网格指挥中心并不承担基层管理工作，基层管理工作还是由专职部门来承担。但是加入了网格化之后，基层事务的管理的质和量都有了很大提升，网格员的日常巡查起着为各职能部门的工作查漏补缺的作用，也帮助各职能部门完善其本职工作。在对A街道网格指挥中心的工作人员进行的访谈中，受访工作人员曾自豪地表示网格化管理机制对城市管理的效率和效果都有提升作用。

（二）街道网格化管理的发展建议

天河区目前21个街道内网格化管理的发展情况各不相同，每个街道在网格化管理的实际操作中都有较大的自主性。在详细考察了A街道网格化管理的现状后，我们对其未来的发展完善提出以下建议，或许也能为其他街道的网格化管理提供借鉴。

1. 进一步提高网格化管理技术的智能化水平

在进一步进行调研后，我们发现天河区A街道的网格化管理技术的应用尚处于发展的初期阶段。以信息传递和沟通技术为例，仍然是用"网格通"App与网格员进行沟通。尚未建立起较为自动化的反应机制。相对于深圳的网格化系统，还没有即时传达信息的功能。天河区政府可以进一步加大"网格通"App的建设力度，增加即时交流功能。

2. 构建双轴化的网格化管理体系

在广州市实践中，网格化管理更加注重利用信息技术整合城市管理的资源和综合信息，提高城市管理在信息获取和响应两方面的能力。相较于北京东城区的监督轴与调度轴相分离的"双轴化"模式而言，可能会产生一些职能模糊、工作任务过重的问题。

网格化管理不单要横向整合更多的城市管理业务部门和资源，更要在"大城管"模式下纵向打造统一的双轴化管理体系，实现统筹网格化管理与信息平台建设。将专业部门行政与城市治理的组织调度和监督考评分离，改变专业部门集监督、行政于一体的现状。同时通过综合指挥调度打破城市管理中的"条块分割"，使得城市管理力量向基层下沉。

3. 网格员专职化

根据访谈，我们发现目前绝大部分的街道内网格员都还是兼职的，只有同一辖区内的X街道配置了专职网格员。在A街道，网格员全部是兼职的，从人员构成上来说包括社区专职工作者、出租屋协管员、安监中队人员等，他们来自不同的部门，有自己的本职工作。

兼职网格员的工作方式为每天在本职工作之余进行一次巡查，然后将问题上报给指挥中心，没有专门规定巡查的时间和路线，但是每天必须登录一次系统反映情况。网格员都是一格一员单独行动，没有形成网格员小组。他们因为都有自己的本职工作需要处理，所以时间和精力相对有限。

目前他们还较为积极参与兼职网格员的工作，因为网格化管理内部对他们的工作有考核奖励。但是，这些激励不是永久的。

一方面，激励方式从原先的奖励式激励转变为现在的行政性约束，其工作热情和效率可能下降。另一方面，兼职网格员因为时间精力有限，没有经过网格员专业技能培训，所以他们在处理各种问题的能力上也存在不足。兼职网格员在处理有关他所在的部门的问题时得心应手，面对有关其他部门的问题时可能就捉襟见肘了。

要解决上述问题的一个可能途径是网格员的专职化，专职网格员与兼职网格员相比，能够全身心投入网格工作，实现更加精细化的管理。专职网格员培训也能够使他们更好地应对所有可能出现的情况，更好地为居民提供个性化服务。对于网格化管理制度而言，专职网格员独立的人事安排与考核奖惩也能够增强网格化管理的独立性，同时专职网格员没有自己本职部门的利益牵连，是一支更加独立的监督力量。

综合上述网格员专职化的优点，加之 X 街道的专职网格员的良好实践，或许我们可以认为网格员专职化会成为天河区网格化管理的未来发展方向。但是更多的专职网格员也意味着更多的成本和支出，也面临更多制度设计的问题，所以专职化的道路也并不容易。在未来的研究方向上，需要进一步探讨专职网格员的可行性、相关配套制度的设计以及网格化管理的完善和优化措施。

参考文献

陈荣卓、肖丹丹，2015，《从网格化管理到网络化治理——城市社区网格化管理的实践、发展与走向》，《社会主义研究》第 4 期，第 83 ~ 89 页。

戴维新，2009，《从"南京模式"看"大城管"体制》，《城市管理与科技》第 6 期，第 30 ~ 32 页。

郭正林，2004，《城市管理创新导向：从政府管理到公共治理》，《上海城市管理职业技术学院学报》第 1 期，第 40 ~ 43 页。

胡小武，2010，《现代都市"大城管"模式的反思与前瞻》，《上海城市管理》第 3 期，第 9 ~ 12 页。

胡重明，2013，《再组织化与中国社会管理创新——以浙江舟山"网格化管理、组团式服务"为例》，《公共管理学报》第 1 期，第 63 ~ 70 页。

李鹏，2011，《我国城市网格化管理研究的拓展》，《城市发展研究》第 2 期，第 114 ~

118 页。

林雪霏，2015，《政府间组织学习与政策再生产：政策扩散的微观机制——以"城市网格化管理"政策为例》，《公共管理学报》第 1 期，第 11 ~ 23、153 ~ 154 页。

刘安，2015，《网格化管理：城市基层社会治理体制的运行逻辑与实践特征——基于 N 市 Q 区的个案研究》，《江海学刊》第 2 期，第 99 ~ 107、238 ~ 239 页。

刘锐、刘磊，2020，《权责分立与风险分配：网格化管理困境分析》，《求实》第 6 期，第 42 ~ 56、108 页。

上海市长宁区民政局、上海市长宁社会建设工作办公室，2017，《关于加强长宁区居委会标准化建设的实施意见》，上海市长宁区人民政府网站，http://zwgk. shcn. gov. cn：9091/article. html？infoid = e2298a67 - e3ca - 4b74 - ae38 - 506471a249d1&rowg-uid = d3af206e - 43e9 - 4f66 - a5ac - 8cec8084be4f。

孙柏瑛、于扬铭，2015，《网格化管理模式再审视》，《南京社会科学》第 4 期，第 65 ~ 71、79 页。

孙涛、韩清颖，2019，《我国城市社区"网格化管理"建设：国家治理现代化在基层的创新——以广州市越秀区为例》，《华东经济管理》第 5 期，第 5 ~ 11 页。

田毅鹏、薛文龙，2012，《城市管理"网格化"模式与社区自治关系刍议》，《学海》第 3 期，第 24 ~ 30 页。

王胜，2013，《社会管理的创新之路——基于"网格化管理、组团式服务"的探索》，《前沿》第 7 期，第 112 ~ 115 页。

文军，2012，《从单一被动到多元联动——中国城市网格化社会管理模式的构建与完善》，《学习与探索》第 2 期，第 33 ~ 36 页。

吴晓燕、关庆华，2016，《从管理到治理：基层社会网格化管理的挑战与变革》，《理论探讨》第 2 期，第 147 ~ 152 页。

肖棣文，2018，《信息技术与城市基层治理转型——基于广州社区网格化管理实践的分析》，《城市治理研究》第 1 期，第 120 ~ 138 页。

新华网，2013，《十八届三中全会闭幕 审议通过〈中共中央关于全面深化改革若干重大问题的决定〉》，http://www. xinhuanet. com/politics/2013 - 11/12/c_118112746. htm。

徐选国、吴柏钧，2018，《城市基层治理的社会化机制——以深圳市 Z 街"网格化管理社会化服务"项目为例》，《浙江工商大学学报》第 2 期，第 122 ~ 131 页。

阎耀军，2006，《城市网格化管理的特点及启示》，《城市问题》第 2 期，第 76 ~ 79 页。

杨海涛，2014，《城市社区网格化管理研究与展望》，博士学位论文，吉林大学。

张伟、高建武、向峰，2017，《北京东城区：网格化模式迈入 3.0》，《中国建设信息化》第 3 期，第 38 ~ 41 页。

郑士源、徐辉、王浣尘，2005，《网格及网格化管理综述》，《系统工程》第 3 期，第 1 ~ 7 页。

中华人民共和国建设部，2005，《关于推广北京市东城区数字化城市管理模式的意见》，中华人民共和国住房和城乡建设部网站，https://www. mohurd. gov. cn/gongkai/ fdzdgknr/tzgg/200507/20050715_209413. html。

竺乾威，2012，《公共服务的流程再造：从"无缝隙政府"到"网格化管理"》，《公共行政评论》第2期，第1～21、178页。

网格化管理下技术对行政逻辑的重塑

——以北京东城与浙江舟山为例

余天天　曾若琳　段书凝　廖曦之　欧阳钰斐

王舒雅　肖　奕　叶梓雯[*]

摘　要：进入 21 世纪以来，我国城市治理开启探索创新模式，网格化管理成为我国城市基层治理的普遍模式。然而，在实践过程当中，网格化与社区治理体系的磨合出现了一些问题，本文通过北京东城区和浙江舟山社区网格化治理的案例对比，就网格与基层社区组织之间的关系进行了探讨与解释，阐明网格化对行政组织、社区自治、社区资源的具体作用机制及其困境，为我国城市治理的改革发展提出建议。

关键词：网格化管理　社区基层治理　政治理性

一　导论

在党的十八届三中全会上，《中共中央关于全面深化改革若干重大问题的决定》明确提出，社会治理方式的改进需要"坚持源头治理，标本兼治、重在治本，以网格化管理、社会化服务为方向，健全基层综合服务管理平台，及时反映和协调人民群众各方面各层次利益诉求"。由此可见，我国现阶段基层治理的主导模式被正式确立为"网格化管理、社会化服务"，这成为现代中国社会管理创新的重要成果之一。

网格化管理的第一次亮相是在北京市东城区。北京市东城区 2004 年首创万米单元网格的城市管理模式，反响非凡，受到了国内外的广泛关注。

---

[*]　余天天、曾若琳、段书凝、廖曦之、欧阳钰斐、王舒雅、肖奕、叶梓雯，中山大学政治与公共事务管理学院行政管理专业 2018 级本科。

在国际上，北京市东城区案例被称为"世界级案例"。建设部很快将北京市东城区的网格化管理模式定为试点标准，这一模式十多年来不仅成为其他城市基层管理的普遍模式，而且推广到了广大农村基层地区（周志忍、李倩，2014）。浙江舟山"网格化管理、组团式服务"模式的网格化管理正是东城区网格化扩散的典型案例之一。

网格化管理研究与实践长期以来备受关注，学者们在治理场景中发现了许多亟待解决的问题。"网格化管理"起源于网格技术，技术层面的网格化管理不包含价值判断，但实施网格化管理的实践，却不得不涉及网格化机制理性维度的思考。网格化管理不应仅满足于"维护社会稳定"，更应朝向"满足公众需求、感知社会问题、推动多元治理体系构建"的目标迈进。社区治理是网格化管理和基层民主最重要的内容，而现实场域的社区中却出现各种网格化削弱社区职能、行政化严重的问题，阻碍了网格化管理变革。

本研究期望通过对北京市东城区和浙江舟山两个典型案例的比较，从治理机制理性层面考察网格与社区之间的关系，以回应网格化在社区实践中出现的种种问题，并试图探究保持网格与社区之间平衡的制度设计路径。

二 文献综述

"条块分割"可能导致部门效率低下、合作不畅，基于此，网格化管理成为许多学者推崇的管理模式。

网格化一方面促进了社区管理和居民之间的良性互动，可以通过"监督轴心"，使市民的信息及时反馈给系统，方便管理者对症下药，同时市民评价成为绩效考核的重要指标之一，以增强管理的有效性（姜爱林、任志儒，2007）。也有学者认为，网格化可以完善民意表达机制，尽管网格化管理是由地方政府推动的，但是这并不意味着网格化管理受控于政府绩效。尽管自身存在一定的问题，网格化最后会"倒逼改革"，使政府成为服务型政府（杨光飞，2014）。

我国网格和社区之间关系的理论倡导精细化管理、资源共享和无缝隙管理。在社区管理中，网格化管理出现了两种不同的价值取向，第一种强调政府本位，即网格化成为政府行政权力下沉的工具；第二种是基层治理的"社区为本"的网格化管理理念，强调地方政府和社区之间的互动，破除国家与社会的二元对立。

与政府本位构建管理和社会治理并重的双重体系相比，不少学者认为网格化管理其实是以"维稳"为取向的（刘安，2014）。网格化在技术上达到了人类目前可以企及的社会高度，但在治理机制理性上，它所沿袭的压力型机制和责任机制抑制了社会资本的成长，可能会陷入官僚式技术治理的悖论（孙柏瑛、于扬铭，2015）。在此背景下，所有的参与者的行为和价值都会被当成"条件"和"结果"进行衡量和计算。在基层政府中，由于实行的是一种"双轨制度"，信息的内卷化迫使网格化管理将信息抽象为数字和图标，可能出现信息超载和信息垄断的现象（陈柏峰、吕健俊，2018）。

网格化本身倚重单一的行政化力量和科层思考模式会在与社区的融合中产生不适应性（陶振，2015）。在社区网格化的组织方面，网格化打破了原有的金字塔式的组织模式，促进了扁平化的组织机构的形成。但是在建立监督机构时并未形成统一的范式，各个地方都存在差异，网格管理人员有的是从社区招聘而来，有的是从各部门中抽调而来，标准尚未统一，没有得到法律的认同（魏涛，2011）。网格管理人员信息技术应用、队伍建设以及管理监督考核的标准都有待建立。在网格化过程中，部分网格划分过于简单，管理手段过于陈旧，扁平化组织设计流于形式，同时由于信息孤岛现象的存在，也出现了信息化水平不高、数据库建设处于空白状态的问题。

本研究将社区网格化管理模式主要概括为以下两种。一是任务型的单系统运作模式。人员配置以"三员一警"为中心，辅以社区团队。网格指挥员是街道包会干部，街道定期下网格检查，执行层面包括五个环节的闭环式运作流程，包括收集信息、甄别连接、分流协调、分类处理和反馈总结，网格员将信息搜集好之后反馈给社区进行处理。二是双系统运作模式。双系统指以"街道—社区"为主的行政运作系统和以"社区—网格"为主的内部消化系统。街道层面渐渐将网格化管理工作视为社区的日常性工作。网格员将社区中的问题直接带回社区，找到对应的人员进行解决。在这两个系统中，社区网格化都需要在创设新的层级和地域分割的基础上，按照有利于信息互通的原则对组织进行整合。在网格化的发展方面，不少学者认为要对网格与社区之间的关系进行理性的探讨，实现网格化管理模式从"管控"到"服务"、从"维护社会稳定"到"满足公众需求"、从"单向一元"到"多维平行"的转变。本研究对网格和社区之间的行政关系、网格化对社区资源的整合效果以及网格化社区自治的机制及效果进行研究。

本研究对两个案例中的大量二手资料进行归纳整理。其来源主要包括政府官方网站和官方文件、地方档案、新闻报道、政务微博、智慧社区网格化基层治理层面的国内外相关理论文献等,通过整合相关资料,了解智慧城市网格化管理政策的演进历史、最新进展和学术见解,从而更好地明确研究问题,把握研究思路,拓宽研究渠道,增强研究的理论性,并尝试对现有研究进行有效补充,深入挖掘我国网格化的基层实践。

三 案例描述

中国城市治理的基本格局是由基层民主的社区自治和政府管理的社区行政组成,社区承担着超负荷的管理运行压力。在此背景下,网格化管理应运而生,将社区纳入其管理体系,以期通过技术化和规范化的方式为社区减负。社区也通过自身治理经验和规划影响网格化的运行、推进网格化管理的进一步发展。然而,当下网格化管理模式是在城市社区自治初级阶段的背景下展开的,主要由行政力量推动,本质上是一种行政权力的下沉,这又在一定程度上削弱了社区的自治能力。

(一) 网格化管理与社区

1. 网格化管理体系中的社区

就网格和社区的关系而言,我们首先比较的是两者的行政关系。在案例中,北京市东城区的社区是网格化管理的末端,而浙江舟山市的社区则是网格的上一级。

北京市东城区的网格化管理将社区纳入网格化管理末端,并对原有管理体制、管理流程和组织体系进行了改革(见图1)。

北京东城区建立起一套方便快捷的政务服务体系:区级部门负责了解各地服务需求、处理问题以及考核评价等;街道作为系统的中枢神经,重点负责统筹协调;社区平台关注民意收集和居民参与,将网格化管理的内容和流程下延,社区自治特征明显。

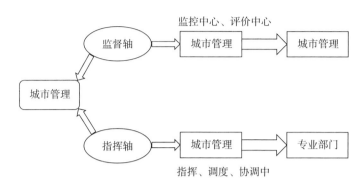

图 1　北京市东城区网格化管理

资料来源：北京市东城区信息化办公室（2011）。

　　浙江省舟山市的网格与街道同属于五级组织体系，社区是网格的上一层级。舟山市通过建立从市到网格五级组织体系，使网格"全覆盖"（见图 2）。社区为网格提供服务和管理，网格向社区提出服务需求报告。对于一般性的问题，网格服务团队将直接给出答复或进行解决，同时进行相关政策宣传。对于无法由网格直接解决的问题，网格服务团队将上报到上级的相关职能部门进行解决（胡重明，2013）。

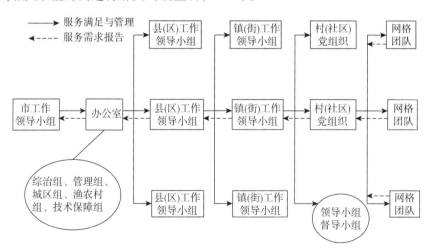

图 2　浙江省舟山市网格组织体系

资料来源：胡重明（2013）。

　　通过案例对比可知，无论是东城区将社区作为网格化管理的末端，还是舟山市将网格化管理置于社区管理之下的行政关系设计，都希望网格化管理帮助社区收集基础的数据信息，以促进居民的自治。

2. 社区对网格运行的影响

在社区服务方面，北京东城区通过合理规划大大提升了社区的服务水平。例如东城区的"一刻钟便民生活服务圈"，社区公共服务、社区商业服务、社区志愿服务等多层次的服务结合，为居民提供了基本公共服务"一站式"解决的平台（何琴芳，2014）。

在社区参与方面，北京东城区实现了"共建、共治、共享"。完善的网格体系、合理的社区治理结构，不但引导居民更主动地参与到社区建设之中，而且通过构建党委、政府、社会三方协同参与的治理体系，实现政府管理和群众自治的互动。

舟山市在网格化和社会服务关系之间的协调方面积累了不少经验。基于农村社区存在诸多棘手问题，如缺少自治和市场资源，社会资源难以集中，舟山市在推行网格化管理的过程中，往往无法依靠农村自身的资源，而倾向于由政府条块化的行政化配置来供给社区服务所需的资源，通过"管理服务团队+党小组"的网格服务小组带到基层社区。然而，在农村社区的社区服务实践中，行政资源的投入往往没有适应农村的需要。

同时，资源配置方式仍存在较大问题，在基层服务的实践中，由于各部门不同的职责划分，有限的资源往往被分散到各个不同的工作线中，而不能集中于居民最需要的社区服务，使得资源配置效率低下，农村社区的服务供给表现出明显行政化导向（杨逢银，2014）。由于有限的行政资源投入和复杂多样的行政事务，政府财政往往供应不足，存在事权与财权不对等的问题，很多事项都要在网格落实，却没有足够的经费支持（汪善翔，2016）。

3. 网格化管理中行政权力的下沉

网格化管理将行政权力下沉到基层社会，使得政府权力的触角逐步深入社会基层。网格化管理将管理的范围进一步延伸拓展，一步步渗入基层，形成"两级政府、三级管理"的科层结构。

北京市东城区网格化管理采用横纵联通的"四级管理、三级平台"结构，利用三级信息化管理平台对四级服务对象进行管理。由此实现通过网格化管理将国家权力下沉到基层，权力的触角向下逐步深入（孔营，2017）。

在舟山市的网格化实践中，基层党委政府往往主导网格化工作。舟山市建设了党员带头的网格管理团队，实行的是把党小组建在网格上的策略，这样的方式有利于在网格管理中体现党员的先锋模范作用，同时让群众信任的党员干部做网格格长，凸显党组织对网格工作的引领作用。同时，在网格化建设中通过主动地扶持文化、体育类社会团体，把党的力量延伸到社会自治领域，让党员在社会团体和基层群众的工作中发挥切实有效的作用（张郐等，2013）。

然而，随着网格化热度的减弱，行政资源变少，基层政府投入的人力、物力明显减少，这使得网格化力度明显减弱。在个别乡镇，网格体系对于干部和群众而言已形同摆设，有名无实（汪善翔，2016）。

4. 小结

综上，我们可以发现，无论是将网格放在社区之下，还是社区负责网格化管理，我们的思路都是运用网格化技术来帮助居民和管理者在技术和效率方面获得更好的体验。但是在此过程中并未思考居民在网格化管理中真正的诉求，网格化让居民的意见反馈更加迅速和及时，但是却弱化了居民的自组织能力，我们的管理思维变成了给居民提供更快更好的服务，而不是让居民自己创造所需要的服务。

（二）社区自治的机制与效果

1. 社区自治机制

（1）北京东城与浙江舟山网格化管理共同点：兼具管理和服务的色彩。东城模式的网格化管理由中央在北京通过行政命令开展政策试点，在特定的制度压力下在全国范围内推广。因此，国内其他城市和地区的网格化管理实践都在不同程度上参照了北京市东城区的经验（张彰，2019）。网格化管理的北京东城模式和浙江舟山模式，作为城市管理的一种创新模式，在社区自治机制方面存在共同之处。

相较长期以来充满"维稳"和"控制"色彩的管理体制，东城模式和舟山模式的网格化管理都做到了将管理和服务结合，在一定程度上推动了从"精细化管理"走向"精细化治理"，将城市管理延伸至网格。"网格"延长了政府在社区的管理链条，实际上是政府力量在基层的进一步延伸。同时，北京东城模式和浙江舟山模式都将信息技术注入传统管理方式当中，进行"纵横交错——纵向分级、横向分格"的层级划分和机制设计，最终基本实现城市管理要素的全覆盖。此外，通过机制设计和技术运用，两种模式协调群众与专业组织的力量并对其进行整合，使得城市治理体制结构逐步趋向扁平化。

（2）北京东城与浙江舟山网格化管理差异："服务色彩"差异。虽然东城模式和舟山模式都通过机制设置使得管理和服务结合，但是两种模式中的"服务"有显著差异。北京东城区的网格化管理机制体现出更为传统意义的"服务"性质，例如，北京市东城区东华门街道于 2011 年开展的"6S"工作法体现出充满关怀色彩的社区服务理念。

浙江舟山模式的网格化管理在转向"服务"的过程中，走出了一条更加"智能"的道路。舟山模式下的社区自治基于一支稳定的网格服务团队展开。舟山模式下，专用信息管理系统的设立，让群众能够即时将信息上传至系统，系统进行分类并且传送到职能部门。居民可以用电子信息平台向网格服务团队反映个人或家庭的诉求，网格服务团队也可以反馈；网格化服务团队会定期开展报告会，如实反映居民诉求（韩贤清，2012）。

东城模式的网格化管理中，监督是社区自治的核心，居民通过电话或者网站能够举报或提建议。网络信息平台的建设使得信息能够上下快速流通，极大提升了效率。东城区政府网站显示，2009 年 3 月到 5 月接到公众举报 470 条（周志忍、李倩，2014）。

东城区建立多个由居民参与的社区自治管理平台，如"居民议事厅""开放空间"等。这些平台的设立在培育居民的社区归属感、强化社区意识方面有重要作用。东城模式通过机制设计激励居民自发地把精力投入社区治理，从而形成一股社区自治的合力。

相较于北京东城模式，浙江舟山模式在建设自治机制中体现出了更加智能的"服务"机制。在这种机制下，居民和管理主体的双向互动更为直接有效，也更利于居民作为管理主体加入。然而，舟山模式网格化管理中的社区自治，本质上是社会的再组织化，即组织空间的社区化集聚（胡重明，2013）。在这种视角下，舟山模式的网格化管理中社区自治的力量薄弱，居民在参与社区治理时相当被动。

2. 社区自治效果

（1）北京东城与浙江舟山网格化管理的共同点。一方面，形成了多元化的服务机制。现代城市管理中的社区自治离不开公众的积极参与。北京东城区和浙江舟山市通过包含多元化参与的服务机制的网格化管理，同时实现了城市管理与社会治理。

北京东城区社区的多元参与和协同共治的实践将推动全国的社区治理

和服务创新试验区的建设。其建设的全区统一、为民服务的热线平台，有利于各类媒体渠道的统筹，由此来引导、规范参与城市管理以及社会服务的居民。

浙江舟山市的网格服务团队是以乡镇干部、民警、教师、社区工作者、医生为主体，建立"管理服务团队＋党小组"的网格服务小组，社区服务的行政资源由此被带到基层社区，实现"网格化管理、组团式服务"的机制创新，最终实现资源的相互协调与整合（胡重明，2013）。

在这样的服务机制下，社区的服务工作中的单一行政力量转变成为社会共同参与的多元力量，初步形成了多元化的社区服务供给机制，使得资源困境导致的社区管理与服务问题得到了解决，实现了各部门、成员的协同治理（韩贤清，2012）。

另一方面，却无法从根本上解决社区自治的难题。从国家与社会关系的角度来思考社区网格化管理，社区实质上是一个具有双重属性的组织，它不仅是国家行政管理的末梢，也是一个自治组织。

国家对社区进行宏观上的管理引导，积极引领社区自治，社区也应当充分发挥自治机制，做好自治工作。同时，社区网格化管理应当是一种扁平化的管理模式，即多元主体参与治理，它的作用是使社区管理的主体多元化，即让政府、社区居民、居委会等一同参与到社区事务的管理之中。

从东城区社区网格化管理的实际情况来看，当前的网格化管理实际上就是政府权力通过网格化管理向基层社会的延伸，一定程度上增加了管理的层级。一方面提高了社区管理的效率，维护了社区的稳定；另一方面也强化了政府对社区的管理，易导致社区依赖上级政府，不利于社区自治性的增强（陈桂龙，2014）。

浙江舟山网格化管理所形成的组织团队和管理团队依旧来源于上级，该团队在发掘社会组织等新兴社会力量、发挥社区在基层民主中的作用等方面的能力还有待加强。服务团队的形成仍然取决于正式权力对社会资源的吸纳和利用，缺乏政府组织与市场、其他社会组织之间更广泛的、更高水平的横向合作。

（2）北京东城与浙江舟山网格化管理的不同点。舟山市通过整合各职能部门数据资源，建立起统一数据平台，网格员的重点服务对象包括人、地、事、物、组织等。舟山市的网格化管理更加注重统筹资源的整合，是"网格化管理、组团式服务"的升级版。全省统一的"一张网"将凡是实行网格化管理的部门和行业全部纳入。另外，有关部门参与网格化管理工作得到了舟山市的鼓励与支持，其管理职责明确、具体，实行多方协作、一网联动，确保每一个环节、方面都有人管。

不同监督评价机制下的治理效果存在差异。北京东城区在已有网格化数据采集平台的基础上，建立了网格化信息系统下的"内评价"与"外评价"相结合的监督评价体系。因此，城市的管理现状与评价结果受到充分的监督，居民也更加积极主动参与，有效督促专业部门做到及时解决社区问题。东城区的考核评价体系同时建立在客观事实与数量化的基础之上，因此其工作过程、责任主体、工作绩效、规范标准和工作制度各个方面都能得到科学有效的评价。这一评价体系提高了网格化服务管理质量，城市管理中"有人管，管长远"的问题可以得到有效解决，城市管理也向"科学管、管精细、重绩效"迈进，形成了评估、投入和监督多方位的一体化建设，其治理网络更为完善。

3. 总结

无论是东城模式还是舟山模式，在增强了社区自治力量的同时，都反映出一定的局限性。北京东城的网格化具有"增量改革的色彩"，即"在一定程度上保持体制存量的情况下，再培育和发展原有体制以外的增量。再通过增量的积累从而形成结构性的变迁动力，激发原有体制的应激性反应，最终实现社会结构逐步转型"（向春玲，2011）。

浙江舟山模式也是依赖管理权的下沉而非自发社会行为，"治理网络"并非真正自组织形成。它是通过一种部门关系的重新整合，将行政管理功能聚集和扩大。

综上所述，核心问题是将居民参与公共事务的渠道和方式制度化，并从顶层设计明确政府的职责，从而完善社区自治机制，提升社区自治效果。

四 案例分析

（一）网格化对社区资源的整合机制

1. 北京东城和浙江舟山社区管理中社区资源整合机制的共同点

（1）技术理性导向机制。北京东城区网格化管理模式以先进的信息技术和庞大的数据网络平台为基础，加大对硬件的财政投入力度，实现了高速网络传递和网格管理者无线通信终端高效便捷的实时互动（张文瑞，2016）。通过综合性、系统性的信息平台，对原本无序、孤立、零散的资源进行整合，改变原有信息传递和利用模式，从而实现社区资源与信息的整合共享（陈阳，2017）。与此相似的是，浙江省舟山市也通过整合各职能部门的资源来建立统一的数据平台，将人力物力以及各项事务集中到组织核心，以此促进网格资源信息的共享共建（李同合，2018）。

（2）基层治理参与整合机制。北京东城区社区管理充分发挥了党员干部的示范作用，将社区党组织部门、各级党委划分到社区基层单元网格进行管理，网格党组织成为社区网格化治理的主要领导力量与坚实保障（黄文茜，2016）。同样，浙江省舟山市在统筹协调全社会治理资源进行服务和管理后，全面发挥党组织的优势。进一步扩大党建工作的参与主体，吸纳不同组织及社区的骨干，更加强调党员要积极服务群众。创新基层治理的参与整合机制，党组织肩负起整合党务、政务和社会资源，建成立体化服务网络的重任（胡重明，2013）。

2. 北京东城和浙江舟山网格化管理中社区资源整合机制的不同点

社区资源整合机制的不同点主要在于管理模式不同。北京东城区的管理模式主要有"双轴化管理"模式、"万米单元网格"监管系统和城市"部件"管理模式（黄文茜，2016）。这些模式简化了社区治理层级的逐级上报结构，把社区两个"轴心"，网格监督与处理工作分开（张文瑞，2016），同时构建四级治理结构，将各类服务管理事务集中到网格办理，依托信息技术平台加强了对资源的整合力度，提高了资源管理的效率与精细化程度。另外，北京东城区是首都功能核心区之一，成立了全市唯一的具有强统一整合资源能力的城市综合管理委员会（张蓓，2018），行政功能主导管理模式成为新时期整合社会资源的主要基层治理模式（陈阳，2017）。

浙江省舟山市的管理模式主要是"网格化管理、组团式服务"，从"网格划分、贯通纵横""组团服务、协同管理""网络桥接、信息速达"三方面展开工作。"网格化管理"指按照属地管理原则将行政区域划分成若干网格，以网格为单位实行机动的、精准的、全面的管理；"群服务"就是按照网格划分，在每个网格内建立一支为群众服务的队伍。通过公共资源整合，为群众提供多方位动态管理和多样化以及精细化的服务，有效解决民生问题（胡重明，2013）。

（二）网格化对社区资源整合的效果

1. 北京东城和浙江舟山网格化管理中社区资源整合效果的共同点

（1）整合社区资源与功能。北京东城区依托先进的技术手段和动态更新的资源信息系统，搭建了云服务平台以及信息化管理平台，将云网格与社会服务管理信息化体系连接在一起。通过收集全区人口数据获取常住人口及流动人口等人员的基本信息，形成数据库，设立多项精细化指标、项目与类别，便于深度挖掘数据关系，充分整合相关职能部门的信息数据，注重资源的时效性（陈阳，2017）。在行政执法部门之间建立信息共享机制，是政府流程再造的突破口之一（袁舒婧，2019）。

与原先基层自行解决问题不同，浙江省舟山市抓住机构以及机制体制改革调整的契机，整合各个部门、层级的资源并促使其向基层集中，促进资源的有效利用。通过整合全市不同职能部门的资源，实行统一管理，实现了不同部门间的共建共治。

（2）网格化均与其他职能结合以延伸领域。东城区的网格化服务与教育领域、卫生领域和民生领域的职能相结合。在教育领域，网格化助力区域内资源合理分配和共享，通过网格对东城区分散的教育资源进行学区化管理，推动教育资源的整合共享，其中包括设备、师资力量等教学资源，建立了"学区化管理"和"蓝天工程"等项目。在卫生领域建立卫生信息服务平台和远程视频诊疗系统，确保网格规范化运行，助推社区卫生服务的改革。在民生领域建立北京市首个区级数字化社会救助系统，确保医疗资源的一体化与实时共享，为脱贫攻坚打下良好基础。

舟山市的网格化服务与社区卫生服务、安全生产和社区警务相结合。在社区卫生服务领域，针对社区卫生服务的"空白地带"，实行"以路弄为界，以幢为单位"的划分方式，明确网格内责任和具体定位，并建立相应的档案，以确保辖区内有全面的卫生服务覆盖。在安全生产领域，针对辖区内企业时有发生的事故，舟山市册子乡进行试点，在网格化管理体系之中进行安全生产，逐步实现社会安全、集中管理、规范建设。在社区警务领域，舟山市公安局普陀区分局，在网格之中开展警务工作并做优做强，打牢治理根基，积极升级普陀区网格化社会治理机制（王引权，2020）。

2. 北京东城和浙江舟山网格化管理中社区资源整合效果的不同点

（1）网格化的行政干预与科层制嵌入问题。东城区典型网格化管理模式的发展受到了政府的重视，在投入大量人力和财力的同时，行政干预手段也导致社区治理模式僵化，导致社区治理成为行政体系的下沉延伸（张文瑞，2016）。行政化成为体制之外的居民参与社区管理和以资源推动社区发展的关键障碍之一，东城区网格的泛化问题也导致了考核主体的行政化、党建层面的网格泛化等实际困境（李莅，2018）。在社区网格的泛化问题中，"自上而下"的行政干预手段与"自下而上"的居民自治诉求之间存在冲突与矛盾（陈阳，2017）。

（2）原有组织框架的牵制下效能的不彻底性。当地党委、政府实行"网格化管理、组团式服务"是立足于区域的实际情况，对自身组织体系和管理方式进行的一次大胆突破，但在发掘社会组织等新兴社会力量方面不够充分，层次更高的横向合作较少（胡重明，2013）。目前舟山市的问题处理包括访问、信息收集、问题答复等环节，流程较为规范。但是当前基层政府面临治理资源不足的问题，城乡社区网格化的推进往往缺乏人力和财力等资源，同时部门间的协调不够到位，在具体实践中并不顺利。

（三）小结

总体来说，东城与舟山的网格化管理都以技术理性为导向，通过建立各自分立又统一的数据平台，实现了信息与资源的一体化共享的目标，将网格的资源整合功能延伸到了行政以外的职能领域。在管理方式上，东城和舟山都创建了基层治理参与整合机制，发挥了党组成员的重要作用。不同的是，前者以行政手段主导，开创了"双轴心"的管理模式，监督与管控分离的同时相互协作；后者独有的"网格化管理、组团式服务"的管理模式，实现了各职能部门之间的统一和合作，为社区网格居民提供人性化、即时化服务。局限性的差异在于，东城存在网格化的行政干预与科层制嵌入问题，舟山则在原有组织框架的牵制下效能具有不彻底性。在实际解决过程中，社区网格化管理应该根据自身的实际情况来改善，为各部门资源与功能的整合共享打通"最后一公里"。

五 结论与建议

(一) 结论

本研究选取了北京东城和浙江舟山进行案例对比分析，充分探讨了网格与社区之间的关系，从网格和社区之间的行政关系、网格化对社区资源的整合效果、网格化社区自治的机制及其效果这三个方面进行了基于现有材料的分析和探究，得出以下结论。

东城模式利用网格化建立数据平台与监管系统，同时将二者分开，形成双轴心，主要特色为发挥监督轴心纽带作用，在社区服务理念上偏向更传统的"人情味"关怀色彩。舟山模式以"网格化管理、组团式服务"为主，建立专用信息管理系统搜集群众信息，利用信息技术自动分类并传送到相应职能部门，利用智能服务机制使得居民与管理主体的双向互动更加直接有效。

这两种模式都协同了社区力量，使管理更加精细化，也为社区资源的配置提供了更加合理的边界，实现城市治理中资源、信息的有效整合共享，并带来服务质量和行政管理效率的提升。

同时，无论是东城模式还是舟山模式都有一定的局限性。一方面，前者网格化的行政干预与科层制嵌入带来僵化现象，后者在原有组织框架的牵制下效能具有不彻底性。另一方面，网格和社区间存在复杂的双向互动关系。网格化技术理性提高了信息化水平，但是弱化了居民的自组织能力，并未改变单一治理主体的局面。"网格化"难以脱离传统组织管理体系自身网格化的外壳，弱化了居民自治，网格化管理群众参与不足，对于管理权下沉的过度依赖阻碍了自组织"治理网络"的形成。

总而言之，突破当前网格化管理困境需要避免基层政府的过度管控，给居民等其他社会治理主体以发展的空间。使用技术工具提高管理效率只是网络化治理的一部分，更重要的是通过采用制度化的方式明确界定基层政府的职责范围，确保居民有通畅的渠道参与到公共事务中，并创建一个宽松的多元对话空间，吸引居民主动参与基层自治事务。

(二) 对策建议

本研究对网格化管理的研究范式进行了补充，并从治理机制理性方面对治理工具的技术理性研究作出回应，为提高网格化管理水平提出建议。网格化管理水平除了受到技术理性影响之外，还受到行政考量的显著影响，因此我们提出如下建议。第一，进一步完善顶层设计，厘清纵向各级政府之间的职责与权力分配，明确基层政府的具体职权内容，细化网格，建设专业优质的网格自治团队。第二，反思网格化绩效评估，充分考虑社区间差异与民众的迫切需求。第三，检验网格化管理绩效测量指标的效度，将治理机制纳入网格化绩效评估内容，减弱行政干预与网格内卷化带来的固定效应。从技术治理与流程再造角度而言，网格化避免了碎片化治理和条块分割，从治理机制理性角度而言，网格化进一步弱化行政组织的管控能力，持续增强基层治理组织的主体性和多元性。

参考文献

北京市东城区信息化工作办公室，2011，《北京东城区 网格化的工作模式 精细化的城市管理》，《信息化建设》第 9 期，第 10～12 页。

陈柏峰、吕健俊，2018，《城市基层的网格化管理及其制度逻辑》，《山东大学学报》（哲学社会科学版）第 4 期，第 44～54 页。

陈桂龙，2014，《北京东城区：创新社会智慧化治理格局》，《中国建设信息》第 24 期，第 32～35 页。

陈阳，2017，《南京市仙林街道网格化治理研究》，硕士学位论文，南京大学。

韩贤清，2012，《"网格化管理、组团式服务"——舟山市档案管理与服务的创新实践》，《浙江档案》第 7 期，第 49～51 页。

何琴芳，2014，《北京东城打造"一刻钟便民生活服务圈"》，中国文明网，http://www.wenming.cn/syj/dfcz/b/201409/t20140911_2170962。

胡重明，2013，《再组织化与中国社会管理创新——以浙江舟山"网格化管理、组团式服务"为例》，《公共管理学报》第 1 期，第 63～70、140 页。

黄文茜，2016，《佛山市南海区社区网格化治理研究》，硕士学位论文，华南理工大学。

姜爱林、任志儒，2007，《网格化城市管理模式研究》，《现代城市研究》第 2 期，第 4～14 页。

孔营，2017，《网格化管理模式研究》，博士学位论文，中共中央党校。

李苙，2018，《基于大数据的城市社区网格化服务管理模式的研究》，硕士学位论文，广东财经大学。

李同合，2018，《大数据环境下城乡社区网格化服务管理问题与对策研究》，硕士学位论文，华中师范大学。

刘安，2014，《网格化社会管理及其非预期后果——以 N 市 Q 区为例》，《江苏社会科学》第 3 期，106～115 页。

孙柏瑛、于扬铭，2015，《网格化管理模式再审视》，《南京社会科学》第 4 期，第 65～71、79 页。

陶振，2015，《社区网格化管理的运行架构及其内生冲突——以上海 X 区 Y 街道为例》，《社会主义研究》第 4 期，第 97～103 页。

汪善翔，2016，《"网格化管理、组团式服务"模式的现实困境与深化路径——基于舟山市的调查分析》，《地方治理研究》第 4 期，第 11～20 页。

王引权，2020，《关于新时代社区警务融入"网格化管理、组团式服务"的探索——以舟山市普陀区的实践为例》，《公安学刊（浙江警察学院学报）》第 2 期，第 120～124 页。

魏涛，2011，《城市社区网格化管理模式研究》，硕士学位论文，大连理工大学。

向春玲，2011，《论多种社会主体在社会管理创新中的作用》，《中共中央党校学报》第 5 期，第 89～93 页。

杨逢银，2014，《需求导向型农村社区服务网络化供给模式研究——基于浙江舟山"网格化管理、组团式服务"的分析》，《浙江学刊》第 1 期，第 209～216 页。

杨光飞，2014，《网格化社会管理：何以可能与何以可为?》，《江苏社会科学》第 6 期，第 37～42 页。

袁舒婧，2019，《南京市五老村街道社区网格化管理研究》，硕士学位论文，南京大学。

张蓓，2018，《天津市和平区社区网格化管理研究》，硕士学位论文，天津大学。

张郜、韩宇星、王昭、赵妤，2013，《浅析舟山市社区"网格化管理、组团式服务"之成效》，《农村经济与科技》第 12 期，第 180～181、104 页。

张文瑞，2016，《城市社区网格化管理模式分析及其完善路径研究》，硕士学位论文，重庆大学。

张彰，2019，《城市网格化管理的两种代表模式及其比较分析——以北京市东城区与广东省深圳市为案例》，《深圳社会科学》第 6 期，第 122～130 页。

周志忍、李倩，2014，《政策扩散中的变异及其发生机理研究——基于北京市东城区和 S 市 J 区网格化管理的比较》，《上海行政学院学报》第 3 期，第 36～46 页。

从整体性治理到合作治理

——破解"智慧政府"信息孤岛的新思路

李　涵　郑翔睿　王浩源　乞明玥　张　铎　阮协协[*]

摘　要:"智慧政府"是智慧城市的重要组成部分,本文以广州市南沙智慧城市综合管理平台建设为例,结合已有的整体性治理理论框架,在实践层面对"信息孤岛"问题进行了探讨。本文提出,应以"合作"理念引导"整合"改革,在部门内部以"业务为本"来破解简单的数据整合,以"认同边界"来消弭机械的物理整合,同时引入社会力量,唯有内外结合,才能深化治理,更好地解决智慧政府建设中存在的"信息孤岛"问题,实现信息畅享效益的最大化,从根本上走出"信息孤岛"困境。

关键词:智慧政府　信息孤岛　整体性治理　合作治理

一　导论

政府作为现代社会运行中的重要行为主体,正受到新兴信息技术的影响。信息技术的快速进步及其在政府领域的广泛应用正深刻改变着政府的运作方式和创新模式。政府信息化建设呈现移动性、社会性、虚拟性、个性化等全新特征,这是信息技术进步和电子政务应用创新两者交错融合发展到更高阶段的必然结果,智慧政府(smart government)正是在这样的背景下提出来的(张建光、朱建明、尚进,2015)。其主要特征是利用先进的信息技术手段推动城市中的各主体进行高效的沟通,其中政府扮演着

---

* 李涵、郑翔睿、王浩源、乞明玥、张铎、阮协协,中山大学政治与公共事务管理学院行政管理专业2018级本科。

"润滑剂"和"破壁者"的角色。政府利用自身的行政权力和公信力，连接各部门；同时利用资源共享平台，对政务运行过程中所产生的数据信息进行收集、整理、共享，以建立起政府各部门间的信息共享机制，使信息的利用率最大化。

智慧城市的建设与智慧政府有着密切联系。智慧政府会在数据收集、信息共享、知识积累的过程中形成自己的价值观，如公平公正、可持续发展等。政府科学的信息共享体系和统一的信息化标准对于建立高效的城市治理体系有着积极作用。同时，政府根据协调统一的要求进行城市建设，推动更加规范有序地建设新型智慧城市。智慧政府的智慧源泉在于海量数据的深度挖掘和再利用，随着智慧城市的发展进入深水区，政府各部门独立的信息平台也趋于完备。但是由于政府职能部门专业化分工程度高，大量政务数据分布在不同部门的不同平台。由于条块分割严重，缺乏部门间的信息整合，各部门的信息数据就像一个个"信息孤岛"（何文芊，2018）。同时，很多系统在信息采集和存储的环节均存在重复建设问题，不仅提高了部门运营成本，更阻碍了部门间信息的共享。为了更好地解决"信息孤岛"问题，我国在整体性治理理念下开展了以推行"大部制"为核心的政府部门统合。各地政府尝试创新信息管理机制，建立统一的政务信息资源库，以实现信息资源的统一采集与存储。广州、重庆、沈阳、银川、合肥、徐州等城市纷纷成立了大数据管理局，设立城市数据中心和政府"首席数据官"，统一全面负责城市治理过程中的数据的收集、统计、处理、分析和对外公开等工作，在一定程度上解决了"信息孤岛"问题（尹艺，2019）。

在现阶段，信息孤岛问题依然存在，各城市、各部门、各产业领域的条块分割问题并未真正解决，数据仍呈现碎片化特征。在与市民相关的教育、医疗等行业，不同领域的数据被掌握在不同的部门、企业和平台手中，这些数据大部分被束之高阁，只是被放在芯片里面。数据如果不能够被充分利用，也就失去了其存在的意义（郭仁起，2016）。

综合已有的理论和实践，我们不禁提出疑问，部门间的统合是否代表着公共服务的整合？部门间的互联互通是否代表信息的协同共享？信息平台的构建是否真的能够有效解决"信息孤岛"问题？随着社会的不断发展，技术本身早已经不是"信息孤岛"问题产生的原因，很多情况下往往是技术能满足要求，但体制和理念无法匹配。整体性治理模式表面上看通过部门的协调与整合实现了对碎片化问题的解决，但实际上机构整合的效果确实"貌合神离"，部门依旧各自为政，所以本研究有必要对破解"信息孤岛"的新理念、新路径进行探讨和思考。

二 文献综述

（一）整体性治理思路

"整体性政府"这一概念，随着新公共管理的衰微和数字时代的到来而产生（竺乾威，2008）。1977 年，英国学者佩里·希克斯在《整体性政府》中正式提出整体性治理理论，目的在于破解"碎片化"问题，核心在于协调与整合——前者指服务于联合信息系统的政府部门间对话、共同规划和决策的过程；后者服务的对象范围十分广泛，包括系统的不同层次、政府部门与私人部门，乃至跨部门、跨国界的整合（史云贵、周荃，2014）。

据此，整体性治理理论一般包括三个假设：①政府机构的能力、结构、文化是问题导向的，较少关注有效管理过程；②一些公民关注的问题需要各政府机构合作来解决，即尽管政府机构是按职能分工建立起来的，但并不能完全按照职能分工来解决问题；③为了解决公民关注的问题，需要政府各专业、部门、机构、层级之间的整合运作。具体而言，整体性政府利用资讯科技，来形成线上治理模式、整合型政府组织和主动型文官体系（彭锦鹏，2005），强调通过制度化、经常化和有效的"跨界"合作增进公共价值（周志忍，2008）。

在国外，自 20 世纪 90 年代整体性治理理论兴起，英国、新西兰、澳大利亚等国家相继在政府改革中实践整体性治理理论，"协同政府""网络化治理""水平化管理"等具体思路围绕着"整体性政府"这一核心概念被先后提出（见图 1）。可见，建立"整体性政府"已成为不少西方发达国家公共服务改革的普遍性诉求。

在我国，近年来地方政府相继开展"互联网＋政务服务"改革，但在治理模式转变过程中，传统科层体制僵化的界别限制、固化的部门壁垒、碎片化的管理模式与数字政府企图达到的整体协同形态仍有一段距离。基于科层制管理惯性形成的部门主义权力观念，与基于信息管理技术所形成的网络整体观念冲突，内部的整体性制度建构缺失难以弥补技术进步所产生的鸿沟（刘祺，2020）。行政碎片化带来的部门主义和"信息孤岛"这些在电子政务建设中的既存问题，在后期的智慧城市建设中仍未得到妥善解决。

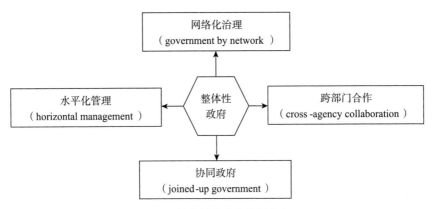

图1　整体性政府的关键特征

整体性理论是对碎片化问题的战略性回应，其在我国场景中的应用却可能存在很大局限性。政府内部各委、办、局都有自己的信息系统及信息中心，数据库、操作系统、应用软件和用户界面完全独立于彼此（李宇，2009）。目前，我国政府信息数据资源大多掌握在各级政府部门手里。然而，由于传统行政观念的存在和部门利益的差异，信息资源的归属、采集、开发、利用等权力边界被不断模糊化，进而造成了信息资源的部门化、个人化和利益化等问题，产生大量的政府数据资源浪费，阻碍了跨部门数据共享和网上业务协同开展（翟云，2017）。

在大致完成的部门表面整合的基础上，如何让信息业务真正打破条条块块？在已有的各自独立的数据系统的基础上，如何整合多源异构的数据形态？在部门利益分化的基础上，如何规范其权责与行为？在不同部门不同领导的情况下，如何实现统筹发展？在保证合法性与安全性的情况下，如何达到国家、市场和社会共治的新局面？解决这些问题，是更高质量的智慧城市建设的当务之急。

（二）"信息孤岛"研究现状

围绕"信息孤岛"产生的背景，已有研究主要研讨了政府的治理端和技术的运用端。张娜（2018）从社会治理的主体与目标偏差角度梳理了智慧城市建设中"信息孤岛"产生的背景。新中国成立后，高度集中的管理体制使得部门之间缺乏规范化的横向联系，80年代后还出现了"多头执法"的现象。虽然各级政府部门掌握着大量的信息资源，但这些资源存在异构存储、结构分散、适用范围窄等问题。从技术层面来看，尽管一些地方政府机构有自己的内部办公系统，但还是缺乏统一规划，各异的办公系统建设水平、技术设备、数据库格式、操作系统和应用软件，使得信息共享和业务处理受阻，形成了跨地区、跨部门、跨行业的信息壁垒（张珺，2010）。

已有研究基本上从政府的职能定位、利益诉求、人员构成等角度探析了"信息孤岛"的形成原因，大致可从利益、观念、法律和管理机制四个方面来厘清（见图2）。同时，这几种机制并非互相独立，比如利益机制正是产权制度和治理结构共同作用的结果（孙亚范，2008），观念则会确定利益偏好并在塑造制度方面起作用（叶麒麟、张莉，2009）。

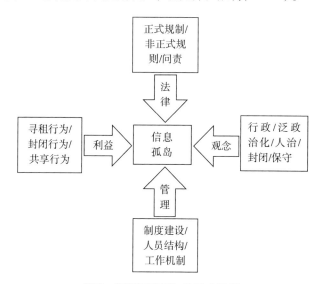

图2 "信息孤岛"的形成机制

李长健（2005）认为利益机制由利益主体、利益客体和利益中介三部分组成。作为利益主体，一些官员将数据视为小组织的资产，利用数据进行寻租。甚至，当数据能力被认为不足的时候，官员便可能采取退缩性数据封闭行为，由于共享行为需要负担成本，且具有无偿属性，故部门间信息共享较少。

观念机制也会导致"信息孤岛"的产生。行政思维是行政主体在长期行政认识和实践中形成的普遍性、稳定性思维模式（康宗基，2006）。泛政治化思维，表现在上级集权控制，下级权力依赖，照指令办事，以管制理念取代服务精神，一定程度上也造成了公共价值缺失。同时，保守思维缺乏创新性和主动性，因循守旧，很难跟上信息时代更新迭代较快的步伐。

另外，不合理的治理结构可能通过管理机制催生"信息孤岛"。制度由正式法规和非正式约束组成，制度建设的缺陷会使得建设主体有空可钻，导致"信息孤岛"的产生。是否缺乏组织者或领导人，领导人的特质及其领导方式，负责数据治理的官员是否在政府体制内处于恰当层级，领导人对数据资源的重视程度，是否具备专门化数据人才，均影响信息数据的整合程度。

已有文献已基本明晰在智慧城市中"信息孤岛"的成因和影响，但多停留在描述现象层面；提出的问题的解决方式也普遍在观念态度、法制完善或人才技术等层面以整体性理论为指导，但在现实中，问题并没有得到解决。对于"信息孤岛"难题，必须探究其迟迟未能得到解决的痛点所在，在根本的治理理念转变的基础上给出切实有效的方案。

大部制改革作为一种手段，其所追求的核心应为采取有效方式实现公共服务的有效供给以及社会治理的高效运行。因此，公共服务的无缝隙供给应通过整合政府公共服务的内容，而非简单的部门统合来实现。在现代治理新趋势下，作为治理主体之一而非超越性的治理主体，政府更应吸纳更多合法主体参与到社会治理中，以相对平等的姿态与各社会主体合作，共治公共事务。这种以平等、协商、妥协、整合为基本特征的社会合作治理才能更有效地回应社会治理新需求。

总体而言，相比于以往研究者以整体性理念为核心，提出采取一些整合措施，如改革部门机构、建立信息平台来解决问题，本文结合当前实践，借鉴相关理论，提出将合作治理观念引入智慧城市的整体性政府建设中，以期破除当前官僚制实践中存在的"政府利益至上"的传统行政观念。需要指出，"合作治理"原专指社会力量参与的治理。在本文中，则从三方面进行定义：进行政府内部的业务合作，而不仅是数据共享程度的提高；进行业务整合和协同合作，而不仅是对部门平台的整合；引入外部主体的社会多元参与，以缩小官僚化的组织张力。

三 案例描述

南沙智慧城市综合管理平台是南沙区新型智慧城市的重要依托，其物联网子系统中包含"智慧路灯"这一典型项目。虽然当前南沙智慧城市综合管理平台"城市大脑展示系统"已进入建设阶段并为该平台的整体建设奠定了一定基础，但在整体进度上，包括智慧路灯在内的多个平台项目依旧是成果与问题并存。

以智慧路灯为例，截至 2020 年初，南沙区已建设 3 万多盏智慧路灯，并接入了全国首个智慧路灯统一监管平台。目前，智慧路灯统一监管平台已经收集了全区超过 230 项数据，接入 7 万多个物联网设备，可实现汽车违停、闯红灯、人脸识别等事件的联动提醒和动态监管，辅助城市管理。然而，由于智慧路灯的各种功能所涉及的政府部门众多，各部门之间相互独立、职责不同，如何协调政府各部门之间的权利和义务，划分职责，促进各部门的业务整合和协同合作是当前智慧路灯推广最大的难点。

在当前的建设过程中，智慧路灯项目存在以下四个方面的问题，这些问题也是南沙智慧城市综合管理平台诸多项目的普遍问题。

（一）平台建而不用，数据共享多层次分化

从物联网设备概况来看，仅有五个部门接入智慧路灯建构的物联网设备平台，且其中只有三个部门使用该平台，使用的程度差距较大。在道路相关的执法中，跨部门联合执法已然成为城市管理的新常态。在这种情况下，南沙区多选择成立相关事务的临时小组，以应对城市管理中出现的新问题，但临时小组往往存在沟通成本高、执法周期长的问题。智慧城市的建设亟须解决这一类非结构化的治理问题。

部门选择不共享数据，是因为可以利用信息不对称取得讨价还价的筹码。在有关的联合执法中，智慧路灯项目收集的物联网平台数据还不足以支持该项协作业务。因此，在实际运作过程中，甲部门若想获取乙部门的数据，必须向上一级申请或者向该部门发函。即使获取了数据，也可能因为数据格式、存储方式、编码等不同需要进一步转换才能使用。使用其他部门的数据，成本因而显得较高。接入设备但不使用的现象正反映了信息高度共享但没有实现业务协同这一情境下的"信息孤岛"问题。智慧路灯

项目建构的物联网可以为接入部门提供实时共享数据，但是否使用该数据仍由具体部门决定，各部门完全能从利于自身的角度解读数据。另外，接入而不使用的部门可以通过共享平台获取其他部门的数据，能够在诸多工作中利用自身掌握的信息获取更大的部门利益，部门间的鸿沟由此显现（见图 3）。

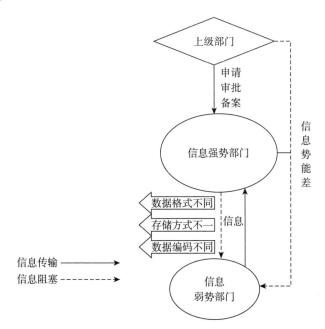

图 3　数据共享多层次分化示意图

（二）案件处理碎片化，任务边界僵化

部门分工的专业化、数据的碎片化使得案件处理流程分散。各部门原有工作系统相对独立，功能分散。虽然数据信息的共享和同步可以借助大数据技术实现，但是不同部门在案件处理中的流程也很难完全达到一致。不同部门都有各自的制度规范，服务者和被服务者往往只能依规行事，而不同部门要求提交的材料内容、格式和审批时长的差异化使得被服务者只能进行多端操作。长此以往，可能出现数据更新和系统维护的部门化，数据的重复错乱势必难以避免。

以南沙区群众反映某城中村的某食品生产企业超标排放造成污染为例，因为南沙区市场监督管理局有监督并管理食品药品生产安全的责任，水务局有监测水质的责任，环保局有环境监理、监测、统计、信息管理的责任，城市管理局有负责统筹全区环境卫生监督管理的责任，所以需要各部门根据各自管理权限确定权责范围，进行相应的执法，到最后的验收监管，浪费了大量的行政部门精力（见图4）。部门分工过细使得案件处理碎片化、案件处理周期过长的现象广泛存在。

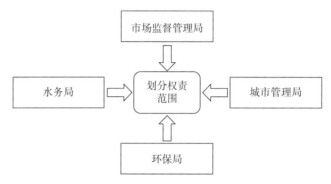

图 4　水域污染治理确权难

另外，某些部门能够发现问题却因责任归属不清晰而延后处置问题，导致问题长期得不到解决的现象也大量存在。这是因为上级领导在下达任务的时候，要求保证食品安全、注重环境保护，对相关部门的职责进行了明确。但是涉及具体业务时，下级部门的第一反应是确定"归谁管"，而不是"怎么才能解决问题"，下级部门对权责划分非常敏感，而疏于对问题本身的关注，任务边界比较僵化。

（三）行政权威与专业化的冲突

在南沙智慧城市综合管理平台建设上，这个问题有两方面的体现。一方面，区主要领导亲自挂帅，推进智慧南沙的建设，但就整个南沙智慧城市的建设来看，该级别领导只对智慧城市的总体建设提供方向性的指导。因南沙区的智慧城市发展目前较多集中于硬件建设，南沙区已经建设过许多相关平台，但其对智慧城市建设的推动作用有限。同时，上级领导的权威给下级各政府部门极大的行政考核压力，使得一些异化现象出现。另一方面，专业化的人员没有足够的行政权威使各部门在智慧城市管理上协同配合，出现"专业有余而力不足"的尴尬情况。南沙智慧城市综合管理平台没有划归具体的管理部门，即没有行政级别的界定。南沙智慧城市综合管理平台一直没有确定编制和行政级别，使得部分部门出现消极应付或者

"踢皮球"的情况，影响了业务部门处置问题的积极性。

就目前来看，整个智慧城市的运行机制效率不高，相关硬件建设甚至使这个短板更为明显。以南沙区城管局与其他部门的协作或案件派发为例，打办公电话或发函、召开联合会议多为传统的沟通方式，且通常两方都需要专人负责对接，效率较低。但若转至智慧城市综合管理平台进行部门的联通，则可能因某一方的非主动性接入而出现逾期未处理的情况。此时仍需要回归传统方式以推动协作的达成或案件的处理。故而在这种情况下，硬件设施的建设反而增加了部门间的沟通成本，使部门协同下的智慧管理难以实现。而且，平台本身对各委办局进行了限制，一定程度上挤压了各部门独立的灵活操作空间。在一定程度上，基层了解这些情况的专业人员，并不能进入智慧城市建设相关政策制定的领导层。

（四）各自为政，缺乏整体性认知

智慧城市综合管理平台在制度上的首要问题是，考评机制难以实现标准量化。目前系统中仅按街镇实行月度情况通报，其效力有限，并不能实现理想状态下的业务协同。各部门的工作量并没有进行针对性的统计，相应的考评机制仍然缺失，故而考评也无法标准化。通报对部门协同的约束作用有限，协同合作的业务也很难定位至具体的部门或者定位有偏差，这降低了各部门对智慧政府整体性的认同度。另外，长期以来按部门考核的绩效考评机制无法规制部门中的"个人"认真履职，激励制度与部门利益挂钩已成为政府内部人员的普遍认知。

在智慧政府的整体框架下，各部门间还未实现真正意义上的有效互动，"守好自家一亩三分地"仍是主要倾向。就案件的处理速度来看，单一部门处理案件的效率要远远高于该部门参与业务协同处理案件的效率。

四 案例分析

南沙智慧城市综合管理平台及其子项目"智慧路灯"项目存在四个方面问题的根源在于，其整体性治理理论指导下形成的机械性、片面性和孤立性。整体性治理理论以"整合"为治理机制，针对"信息孤岛"问题的"整合"主要包括机构整合（含人员整合）和资源整合（以数据为主的信息整合）两类。前者通过部门架构的梳理、权责范围的明确和员工岗位的调整，实现优化层级结构和理顺部门关系的目标，后者则通过各类"一体化平台"的建设促进业务信息在政府部门间流通。然而，当前的各类带有"整合"性质的举措并未实现部门间的有机互动，南沙智慧城市综合管理平台的建设还未能破除信息壁垒，数据或束之部门内部，或无法完全满足跨部门工作需要。

在此基础上，有必要引入一种新的理念以突破"整合"的局限，合作治理理论中的部分理念可为本文所借鉴。相较于"整合"理念侧重主体关系的重构，且通常是经由行政力量进行重构，"合作"理念强调主体间的互动，更凸显个人的主观能动性，这与智慧城市"以人为本"的核心理念契合。如果说以部门合并为主的"整合"理念带来的是机构的"物理重组"，那么合作理念下的业务协同和组织边界融合就是"化学反应"。基于此，本文就将"合作"引入"整合"的逻辑展开具体论述（见表1）。

表1 "整合"理念和"合作"理论在信息资源等方面的对比

	"整合"理念	"合作"理念
信息资源	·平台为基的信息共享 ·以信息共享为基础	·业务为基的信息共享 ·以业务协同为基础
机构 （人员）	·强调组织物理边界 ·强调部门权责、层级关系、组织架构 ·依靠外部力量塑造	·组织社会、心理边界的融合 ·关注任务、认同和权威归属 ·依靠部门间的沟通、交流，需发挥人的能动性
效果机制	"物理作用"	"化学反应"

（一）"平台为基"到"业务为基"的信息共享

城市管理工作的复杂化要求部门业务联动。管理者随时可能面临需要医疗卫生、交通、公安、工信等部门联动的事件。公众对城市管理工作的要求越来越高，城市建设需要考虑更多价值因素，非结构化的问题将越来越多，而结构化的数据通常只能用来处理结构化问题。"业务联动"并不只是工作流程的信息化、数据化，更是各部门为解决各类非结构化问题而进行互动并贡献部门智慧的过程。

智慧城市进入"深度下沉"阶段，不仅需要从上级政府下沉至下级政府，而且要从上游的指挥端、平台端传导到下游执行端、业务端。做了大量项目、建了无数"平台"依旧解决不了问题，归根结底是数据没有用在实处。智慧城市"下沉"必须数据先行，而数据的精准下沉需要联系各部门的核心业务。

"平台为基"解决了信息共享的技术问题，但业务协同才是信息共享的"发动力"，不以业务为本的信息共享不仅没有其内在驱动力，反而可能强化信息壁垒（李卫东，2009）。通常而言，当部门有工作需要时，才会要求其他部门信息共享。如果各部门均为完成上级指令"被动响应"式共享部门数据，数据就没有被用来处理实际问题。部门的数据"势能"越大，部门间的数字鸿沟越宽，缺乏业务联系的共享数据并不为其他部门所用，却能加强本部门内的数据流通，最终强化本部门数据势能，在部门间建立高高的信息壁垒，这就是"高信息共享、低业务协作"导致"信息孤岛"的内在逻辑。

（二）"物理层面"到"心理层面"的边界消除

"信息孤岛"的一大形成机制是科层体制的条块分割，因此"整合"理念主要面向组织条块关系问题，但这一理念在实践中被主要运用于消除部门间"物理的""有形的"边界。实际上，在部门间还存在利益、观念等无形的边界，这些边界在合作治理理论中被划归为组织的"社会边界"和"心理边界"（王锋，2015）。基于前文"信息孤岛"形成机制和"业务为基"的分析，本文在当前已被总结的社会心理边界中选择了任务边界、权威边界和认同边界三者进行探讨。

1. 任务边界："业务为基"的另一种解释

任务边界与政府部门的职能边界在概念上有所区别，职能是随权责归属确定的，而任务是基于工作需要划分的。职能、职责规定政府部门应该做什么工作，而任务是政府在实际中需要做的工作，即"业务"。

在多以直线职能制为主的企业中，作为职能部门的人力资源等部门仅能对条线业务部门进行建议、指导。在以多线制为主的政府部门中，职能部门虽然具备传达工作指令的基本权力，但多数情况下其只能规定下级部门的"职责"而非"任务"（当前政府流行的"任务清单"实际上是职能清单），加上我国政府行为通常不是"问题导向"的，而是"领导中心"的，各级政府间存在信息上的不对等。在这种情况下，下级政府更可能拥有自主裁量权，走向二度决策和异化执行。例如智慧城市建设中的"上热下冷"——上级政府积极推行，条线业务部门消极响应；下级政府为了政绩讨要试点许可，加码建设智慧城市工程。

由上可知，"整合"理念建立在科层基础上，科层的特点就是分工明确、各司其职。整合使得政府职能从不明确到明确，但当前各层级、各部门主要"依职责行事"，职责过分细分，加之缺少统一规划的部门，各部门缺乏交流互动，这便容易出现"各人自扫门前雪"的问题。

2. 权威边界：消解部门利益藩篱的新思路

在传统官僚制中，部门权威集中于上级部门，而"合作"理念强调处在场景中、最了解业务情况、最具备专业知识和技能的人成为权威者。出于缓解盲目、无序建设的目的，当前智慧城市建设强调统筹规划，许多地市成立了智慧城市建设指挥中心和领导小组，这些"中心""小组"成为权威者，许多执行异化的问题即来源于此。第一决策者对智慧城市的推进方向起到决定性作用，然而我国的智慧城市建设尚在起步阶段，学界对于中国究竟该建设什么样的智慧城市的理念建构尚不充分，现实决策者的知识、经验难免不足。

同时，在智慧城市建设过程中，权威、利益和数据高度纠缠，带来了更复杂的情况。大数据时代，数据的价值日渐凸显，"数据即权力"也成为一些政府部门的流行观念。官员把数据视作一种组织资产或牟利工具，利用数据进行寻租，有些官员收集到了重要数据会选择先做"应声虫"，抢先上报，这些行为均导致信息资源的封闭、垄断而非共享。

3. 认同边界："信息孤岛"观念机制的再探讨

部门观念塑造其利益偏好，其中，对信息共享影响最大的是部门利益。智慧城市建设过程中，部门之间可能存在信息垄断现象，信息仅限于本部门内部共享。

认同边界强调个人对组织的忠诚和认同，即政府部门内部成员对本部门的认同，然而正是部门忠诚导致了部门主义和本位主义，所以这里的认同边界有待消除。

智慧城市强调"以人为本"的价值协同与价值整合，所谓价值协同就是利益一致，但这里的利益应当是不囿于个人或部门利益的更广泛的组织、集体利益。因此，要扩大"认同边界"，即将对个人或部门的忠诚转化为对政府的、社会的忠诚。

（三）"行政主导"到"多元参与"的治理模式

我国的城市化转型多由政府主导，城市智慧化也不例外，这是由我国经济发展水平决定的。国内仅有深圳等地的智慧城市建设中市场和企业的力量逐渐取代行政主导，大部分地区如南沙仍以政府主导为特征。以往政府和市场等其他主体的关系讨论主要围绕谁来主导建设、负担成本这一问题，而本文讨论的社会主体是作为信息公开的监督者角色而存在的。

前文已提到，政府部门数据势能差越大，越可能产生"信息孤岛"，而政府部门较之社会公众的数据势能差越大，越可能形成"信息孤岛"。刘伟章等学者（2015）通过博弈分析证明过信息强势部门由于共享成本大，共享意愿低于弱势部门。公众要求政府部门信息公开时，信息强势部门的公开意愿可能低于信息弱势部门，在强势部门与社会公众间，可能因信息、技术不对称产生巨大的权力鸿沟，引发寡头统治的风险，而在弱势部门与公众间，即便双方达成数据公开意愿，由于弱势部门属于数据稀缺者，公开的仍旧是少量信息，或将使最后的行政主导变成数据强势部门的主导（见图5）。

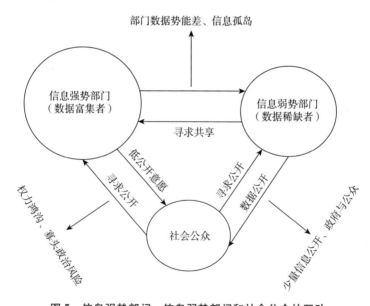

图5　信息强势部门、信息弱势部门和社会公众的互动

为消除政府与公众间的"信息孤岛"，社会公众需要借助协商、对话等手段参与进政府的信息共享、公开过程，以推动信息的大量公开和部门间的信息流动，避免智慧城市建设的主导权集中于信息强势部门。

五　建议与结语

（一）对策建议

整体性的智慧政府治理在应对"信息孤岛"问题时仍具有政府内部协调与整合困难、治理责任归属困境、重返官僚制等隐患。政府再次陷入了一元还是多元的角色冲突，无法从根本上明确政府的角色定位。同时，在信息共享平台的体制建设中出现的任务边界僵化，信息共享分层化，任务目标碎片化，认同边界受地方主义、部门主义影响等问题共同构成了智慧城市改革的瓶颈。针对以上问题，本文提出如下建议以期推动智慧城市建设有效落地。

1. 业务协同：推动信息共享共用

以往对于智慧城市建设的改进意见中常常以平台完善为导向，致力于通过信息平台的搭建推动跨部门信息共享，但笔者在分析中发现业务协同才是信息共享的"发动力"，不以业务为本的信息共享非但没有其内在驱动力，反而可能强化信息壁垒。只有自上而下构建业务协同合作体系，引导各个部门共同完成数据治理的主要目标，才能避免部门之间各自为政，要从实际治理效果倒逼各部门有效利用信息平台，主动进行数据共享，主动寻求部门合作，瓦解信息壁垒。

同时，还应推动数据信息下沉至有实际需要的基层部门。这不仅需要政府建立健全相关政策法规，立法支持智慧城市建设工作，为城市数据中心建设提供强有力的制度保障和法律后盾，而且也需要高级政府部门做好顶层设计，划定信息化主管单位的职权边界。以此才能够避免数据"势能"在纵向部门之间的不均衡，避免"数据势能"在单一部门内的强化，在部门间形成信息壁垒，出现"高信息共享、低业务协作"的结果。

2. 边界消弭：助力信息互联互通

边界在合作治理理论中被划归为组织的"社会边界"和"心理边界"，进一步可划分为对于"任务边界"、"权威边界"和"认同边界"的探讨。在智慧城市建设过程中，权威、利益和数据高度纠缠，只有消除部门间的种种边界，才能推动信息在部门间高效、快速流转。

（1）消弭"任务边界"，紧承业务协同的合作治理目标。政府部门工作人员应加强对目标的整体性认识，而非局限于本部门的工作，甚至借本部门的"职责范围"避事、避责。因此，需要把传统的城市管理模式转变为网络化管理模式，用扁平化、协调化的资源整合系统实现真正的跨部门信息交叉利用和数据互联互通，如可建立大数据智能应用中心，按需调用各部门的详细业务数据，如此才可真正实现瓦解部门信息壁垒并打破条块割裂现状，真正做到跨部门协同，共同完成目标任务。

（2）消除"权威边界"，发挥基层工作人员信息优势，推动科学决策。当前智慧城市建设强调统筹规划，许多地市成立了智慧城市建设指挥中心和领导小组，这些中心、小组只能通过逐级上报获得信息，但这些信息往往是失真和扭曲的。在数据需求和问题处置上，基层业务部门由于信息量更大，应当比领导部门更具有发言权。因此，应在智慧城市建设中充分重视基层管理者对自身业务认知方面的"权威"，在推进智慧政府数据共享的过程中认真倾听基层声音，消除"权威边界"所带来的隔阂。

（3）扩大"认同边界"，从心理建设层面摒弃本位主义、地方主义、部门主义的思想障碍。跨部门信息共享应始终坚持开放性思维原则，这样才能使成员产生对组织的内在认同感、归属感和忠诚感。同时，加强部门间的合作非但不会削弱对组织的认同，反而能够使对组织的认同得到一定程度的强化，从而促进跨部门的信息共享。因此，突破观念机制的新思路是扩大"认同边界"，将对部门的忠诚转化为对政府整体的忠诚，让部门工作人员放下芥蒂，让跨部门信息共享放弃部门本位主义，才能真正促进信息在部门间的互联互通。

3. 多元参与：促使信息服务于民

智慧城市强调"以人为本"的价值理念，这不仅需要政府各部门之间增强集体协作的工作意识，更需要政府明白信息取之于民，最终还应用之于民（王力，2014）。在此过程中，政府应加强对社会的引导，促进全民参与，鼓励城市居民参与到智慧城市建设、管理和运维的全过程，并且要积极吸纳社会多元资金投入，扩充智慧城市建设的"资金池"。同时，注重顶层设计，政府、企业和社会组织的社会服务管理与居民日益增长的诉求快速对接，规划引导、空间布局、设施嵌入、端口预留市场参与、政府购买、市场竞合机制建立及完善，强调智慧城市发展规划的落地性、可实施性。总之，智慧城市建设不能仅靠政府，为消除政府与公众间的"信息孤岛"，社会公众更需要借助协商、对话等手段参与进政府的信息共享、公开过程，以推动信息的大量公开和部门间的信息流动。

（二）结语

面对传统政府"竞争治理"带来的管理碎片化难题，整体性治理被应用到智慧政府的建设中，但因其与其所依赖的组织基础间的张力，政府内部协调与整合困难重重。通过文献整理和南沙区智慧城市建设的案例分析，本研究发现，当前采取的一些整合措施并没有真正解决问题，如"大部制"改革下的部门统合并没有带来服务整合、信息平台中的数据共享，反而强化了"信息孤岛"。基于此我们提出，应以"合作"理念引导"整合"改革，在部门内部以"业务为本"来突破简单的数据整合，以"认同边界"来消弭机械的物理整合，同时引入社会力量，唯有内外结合，才能深化治理，更好地推进信息在政府各部门间的互联互通，真正消除"信息孤岛"的不利影响，实现智慧政府建设的转型升级。

参考文献

郭仁起，2016，《论智慧城市发展之"痛"》，《现代商贸工业》第26期，第16页。

何文芊，2018，《智慧城市建设过程中的阻力研究——从"人"的角度出发》，《中国商论》第33期，第151~152页。

康宗基，2006，《构建和谐社会与行政主体思维方式的转换》，《中共银川市委党校学报》第3期，第31~32、36页。

李长健，2005，《论农民权益的经济法保护——以利益与利益机制为视角》，《中国法学》第3期，第120~134页。

李卫东，2009，《基于业务重组的城市政府信息资源共享研究》，博士学位论文，华中科技大学。

李宇，2009，《电子政务信息整合与共享的制约因素及对策研究》，《中国行政管理》第4期，第84~85页。

刘祺，2020，《当代中国数字政府建设的梗阻问题与整体协同策略》，《福建师范大学学报》（哲学社会科学版）第3期，第16~22、59、168页。

刘伟章、陈卉馨、赵国洪、梁洁珍，2015，《城市数据中心建管中政府各参与方的博弈分析》，《电子政务》第10期，第47~55页。

彭锦鹏，2005，《全观型治理：理论与制度化策略》，《政治科学论丛》（台湾）第23期，第61~100页。

史云贵、周荃，2014，《整体性治理：梳理、反思与趋势》，《天津行政学院学报》第5

期，第 3~8 页。

孙亚范，2008，《农民专业合作经济组织利益机制及影响因素分析——基于江苏省的实证研究》，《农业经济问题》第 9 期，第 48~56 页。

王锋，2015，《合作治理中的组织边界》，《公共管理与政策评论》第 3 期，第 29~34 页。

王力，2014，《智慧社区：政府引导 社会参与 标准先行》，《建设科技》第 17 期，第 18、23 页。

叶麒麟、张莉，2009，《利益、观念与制度：国际制度的自我实施机制——一个综合性分析框架》，《世界经济与政治论坛》第 3 期，第 72~78 页。

尹艺，2019，《智慧城市建设：存在问题与破解路径》，《中共桂林市委党校学报》第 3 期，第 61~64 页。

翟云，2017，《"互联网+政务服务"推动政府治理现代化的内在逻辑和演化路径》，《电子政务》第 12 期，第 2~11 页。

张建光、朱建明、尚进，2015，《国内外智慧政府研究现状与发展趋势综述》，《电子政务》第 8 期，第 72~79 页。

张珺，2010，《浅谈电子政务建设中的"信息孤岛"现象》，《电子商务》第 4 期，第 55~56 页。

张娜，2018，《面向智慧城市的社会危机治理问题研究》，硕士学位论文，河北师范大学。

周志忍，2008，《整体政府与跨部门协同——〈公共管理经典与前沿译丛〉首发系列序》，《中国行政管理》第 9 期，第 127~128 页。

竺乾威，2008，《从新公共管理到整体性治理》，《中国行政管理》第 10 期，第 52~58 页。

中国体育俱乐部市场监管机制研究

毕翔然[*]

摘　要： 本文运用参与式观察法，描述中国体育俱乐部监督管理现状，分析中国体育俱乐部监督管理中存在的问题，探讨目前政府部门与社会组织在中国体育市场监督管理中的角色和地位。观察发现，现阶段中国体育市场出现了俱乐部教练人员专业程度参差不齐、缺少从业人员相关评测制度、俱乐部会员权益无法得到保障等诸多市场乱象。完善体育市场的监督管理制度需要政府发挥其主导作用，牵头发展、统领全局；同时也要激发体育市场的市场活力，推进体育俱乐部市场有序竞争、不断发展。

关键词： 体育俱乐部　监督管理制度　市场机制

一　导论

随着"体育热"浪潮的出现，市场上的体育俱乐部如雨后春笋般崛地而起，但目前我国仍未建立一个完备的体育市场监督管理体系，相关政策制度仍在建设过程中，体育市场呈现一种发展速度快但产业质量低的发展状态。笔者作为助理教练，在广州某击剑体育俱乐部实习一年，对俱乐部运营模式进行了深入观察，本文运用参与式观察的方法，探讨中国体育俱乐部市场监管机制的现状与未来发展，分析现有监管机制存在的问题，并提出相应改进建议。

---

* 毕翔然，中山大学政治与公共事务管理学院公共事业管理专业 2016 级本科。

二 文献综述

在 2018 年我国体育产业发展大会上，国家体育总局副局长赵勇首次提出了"体育产业高质量发展"这一发展目标。《国务院办公厅关于促进全民健身和体育消费推动体育产业高质量发展的意见》（国办发〔2019〕43号）进一步提出了要以高质量发展推动体育产业成为国民经济支柱性产业的战略目标。该目标的提出是时代发展的必然结果，也是人民群众的需求，体育产业想要高质量地发展意味着与之相对应的监督管理制度也需要进一步地发展与完善。我国监管制度一直面临多重困境，这与我国的行政管理体制有一定的关系。雷少华（2018）认为，目前我国多位体系下政府监管存在困境。在我国，监管过程中受到监管成本、监管成效、监管力度与地方多级责任结构的影响，使得中国政府监管成本非常高，而且在产业集中度低的领域甚至发生监管失效的状况。体育俱乐部产业的市场监管在政府行政层面也面临这样的困境：在中央大力支持发展体育产业时，地方会积极响应；"体育热"浪潮过后，基层政府的监管热情下降，体育产业的监管力度下降，导致我国体育产业监管短期来看成果显著，长期来看却没有任何变化。

针对体育市场的监督管理，学者们大致可以分为两派。一派学者认为，通过政府的调控与自身改革，体育市场监督管理机制就会自动得到完善。另一派学者则认为，政府制度的完善不能完全达到体育市场监管的目的，借助外界社会力量才能更好弥补政府监管的不足。2001 年中国加入WTO，中国体育市场迎来了新的发展机遇，同时也迎来了新一轮的变革，为了顺应时代的发展变化，体育市场监督管理机制也进入新的改革阶段。同年，国家体育总局发布《2001—2010 年体育改革与发展纲要》，其发布标志着中国体育市场迎来新的发展机遇，体育总局认为，体育俱乐部主要接受单项运动协会的业务指导，自我完善、自我发展，逐步建立相关的约束机制。因此我国体育市场在很长一段时间内都处于一种野蛮生长的状态，截至今天，体育产业没有明确的行业统一标准，相关监管制度政策仍在建设过程中。

一派学者提出，体育市场的监督管理机制的完善主要依靠政府的调控与其自身改革。刘峰（2004）曾对体育服务业产品质量监管体制的问题进行论述，提出需要对体育服务产品的质量进行标准化，建立相应的标准化体系。国家体育总局一方面要领导地方体育行政部门，也要联合其他部门进行共同治理，共同维护体育市场秩序，营造良好市场环境；另一方面要尽快完善相应的政策制度。杨波（2008）则更重视法律制度对于体育市场的规范作用，认为现在我国的体育监管法律制度仍有待完善，依法治体才能引领我国体育产业走向更好的未来。唐宁昆（2009）针对我国体育市场总体监督管理体制发展进行相关研究，认为目前我国体育市场监管机制相对落后，需要政府更多的关注，要尽快提升监督管理团队人员素质，重视政府的宏观调控手段。肖建华（2018）对我国目前推行的认可制度在市场监管中的作用进行了相关研究，认可工作作为市场监管体系的组成部分，向市场传递信任、为市场监管提供技术支持。因此，政府可以充分发挥专业认证机构的作用，以行业标准促进体育产业监督管理制度的完善。2018年我国推行黑名单管理办法，沈克印（2020）针对体育市场黑名单制度发表了个人看法，探讨体育市场黑名单制度的基本理论和现实困境等问题。截至目前，黑名单制度的确在体育市场监管过程中发挥了重大的作用，将个人信用与体育俱乐部产业监管挂钩，有效控制了体育俱乐部产业生产环节中不良事态的出现。然而，黑名单制度的监管力度也是有限的，仅依靠该制度模式并不能完全实现对我国体育俱乐部产业的全面监督。丁水平、林杰（2019）针对事中事后市场监管制度进行创新研究，细致地论述了我国传统市场监管制度的不足之处。面对新的大环境，政府监管制度迫切需要改革，要深化行政审批制度改革，转变政府在市场活动中的角色。在过去，政府是市场活动发展的绝对主导者，现在政府正逐步弱化自己在市场中的主导地位，逐渐退出微观管理领域，为市场活动引领正确的方向、制定相关规则、维护市场秩序、协调市场中各主体的利益，成为市场主体的正义守护者。

以上述学者为代表，大部分的学界专家都在呼吁政府介入体育市场的监督管理过程，深化政府的行政改革，政府的介入能够对相关规则进行明确要求，并严格控制市场中出现的不良行为。只有在中央政府的引导下，举全国之力整顿体育产业中的乱象，对于违规者严加处罚，对相关问题难点进行政策规制，才能实现体育产业的健康发展。

另一派学者则希望借助社会的力量，共同对体育市场进行监督管理。刘瑛、任保国（2005）呼吁建立高校体育市场监督管理体制，将体育市场细分至高校体育市场，并提议设立"高校体育市场监督管理委员会"。任波、戴俊（2020）以"体育产业高质量发展"为题，构建了建立高质量体育产业发展的逻辑理论模型。该模型指出，体育产业高质量发展离不开政府的作用，政府需要进一步进行法制建设、强化监管，以此对市场、体育产业进行更好的监督管理，同时也需要提供更优质的政务服务；市场则需要通过价格机制、供求机制和竞争机制来发挥市场机制的作用；同时，也要通过结构政策、组织政策以及布局政策发挥产业政策的作用，三方协同发展才能兼顾体育产业发展的高质量和高效益。

笔者观点与任波等学者观点不谋而合，体育产业的高质量发展离不开政府、市场、民众等多元主体的协同治理。加强法制建设、强化监督管理，营造良好、有序的市场竞争环境，才能最终实现体育产业高质量发展和促进体育市场良性循环。

学者们论述了我国政府在体育俱乐部产业中的监管作用，认为政府介入体育俱乐部产业的监管环节十分必要。然而，目前我国政府仅对高危运动项目、民众的安全项目、健康项目等进行了监管，学界对于体育俱乐部产业运营中出现的问题，政府应该如何进行监督管理论述得较少。学者们集中探讨的问题仍在于政府如何简政放权，如何尽快实现在体育市场中的角色转变，以及如何充分发挥市场的资源配置作用。

综上，笔者认为，体育俱乐部产业中的监督管理离不开政府的介入，依托体育俱乐部产业自身实现自我完善需要的时间较长，短期之内是无法做到的。我国体育产业的发展想要实现质的飞跃，需要一个强有力的政府对其进行制度规划、严格监管。已有研究表明，众多学者认识到体育俱乐部市场监督管理机制的重要性，但我国政府在体育市场的监督管理环节处于缺位状态，体育俱乐部监管制度也仍在建立健全的过程中。学者们关于中国体育市场的研究成果已经颇为丰硕，但较少学者将目光投向中国体育市场监管方面。只有建立健全市场监管机制，营造良好的市场环境，中国体育市场才能良性运转，不断发展成长。本文将聚焦我国体育俱乐部产业中的乱象，论述现有环境下，我国体育俱乐部产业缺少哪些方面的监督管理制度，以实际案例表明政府介入体育俱乐部产业监管环节的必要性。

三　案例描述

我国体育监管以国家监管为主，社会监管为辅。国家体育总局不仅要研究体育发展战略、协调全国区域性体育发展、推动多元化体育服务体系建设，也要对公共体育设施进行监督管理（国家体育总局，2014）。由于我国体育事业起步较晚但发展速度较快，相关政策法规仍处于建设、完善的过程中（相关政策法规汇总见表1）。

1994年5月9日，国家体委发布了《关于加强体育市场管理的通知》，这是我国第一个针对体育市场管理方面的文件，该文件基本确定了我国体育市场管理的总体基调。为配合国家体育总局工作，规范我国体育事业发展、保护我国人民合法权利，1995年，中央出台了《中华人民共和国体育法》（以下简称"《体育法》"）。《体育法》针对群众体育、竞技体育、学校体育、保障条件、法律责任等各方面进行了相关法律制度规定，填补了国家体育法规方面的空白。《体育法》的颁布也标志着中国体育工作开始进入依法行政、以法治体的新阶段。1999年，我国出台《关于加强体育俱乐部发展和加强体育俱乐部管理的意见》，进一步深化对体育俱乐部市场发展、管理的研究。该文件虽然已经废止，但它标志着我国政府在大力推进体育俱乐部产业发展的同时，已经认识到体育市场监督管理的重要性。

进入2000年后，随着经济的发展，民办非企业登上历史舞台。截至目前，我国大部分体育俱乐部仍属于民办非企业。2000年，国家体育总局、民政部发布《体育类民办非企业单位登记审查与管理暂行办法》。该文件主要针对民办的中心、院、社、俱乐部、场馆等，进行了相关管理办法的制定，并基本涵盖了市场现存的大部分体育俱乐部。2004年7月1日，我国开始实施《中华人民共和国行政许可法》，制定该项法律制度是政府监督管理体制创新的一个重要举措，政府把自己的职能真正转变为市场主体服务和创造良好的发展环境。行政许可法要求行政机关应当对公民、法人或者其他组织从事行政许可事项的活动实施有效监督。2004年至2011年，随着各项监督管理政策的出台，政府部门已经进一步认识到完善体育产业监督管理体制需要提上日程，地方政府积极响应各项管理政策，大力发展体育产业的同时，对地方体育俱乐部进行检查评估。

2015年至2016年，在国家体育局的号召下，我国开展了国家示范性青少年体育俱乐部评定工作，各级地方政府纷纷响应。经过权威部门的认定，经过持续性跟踪调查，2016 年国家体育总局经过评审，认定全国 150 家体育俱乐部为"国家示范性青少年体育俱乐部"，此举正面激励了体育俱乐部产业的发展，促进了体育俱乐部进行自我完善。2018 年，国家体育总局印发《体育市场黑名单管理办法》，其主要目的是促进体育产业持续健康发展。做法是将信用监管引入体育监管中，针对体育俱乐部的运营者以及相关从业者进行监督管理。该法是目前我国针对体育市场管理较为具体、有针对性、有建设性意见的管理办法之一。2020 年，国家体育总局政法司印发了该年度国家体育总局年度法规、规章和规范性文件制定计划，计划起草如《体育市场管理条例》等一批体育法规文件，以及针对体育产业出台相关监督管理政策意见，引导我国体育产业的良性发展，以制度推进我国体育俱乐部市场走向正规化、专业化，形成更为完善的体育市场监督管理体系。

表 1　我国现有体育政策法规汇总

年份	政策法规名称	颁发部门或主体
1994	《关于加强体育市场管理的通知》	国家体委
1995	《中华人民共和国体育法》	全国人大常委会
1999	《关于加快体育俱乐部发展和加强体育俱乐部管理的意见》	国家体育总局
2000	《体育类民办非企业单位登记审查与管理暂行办法》	国家体育总局、民政部
2003	《中华人民共和国行政许可法》	全国人大常委会
2015	《体育总局办公厅关于开展国家示范性青少年体育俱乐部评定工作的通知》	国家体育总局
2018	《体育市场黑名单管理办法》	国家体育总局

综观我国体育产业相关政策，除《体育法》是针对我国体育事业、体育产业进行相关法律规制的法律规定外，大部分相关政策文件以指导、鼓励体育产业发展为主，涉及体育市场的管理规章制度的相关文件相对较少。在 2008 年北京奥运会的积极影响下，我国政府不断完善有关体育俱乐部的各项制度。面对智能手机的普及与新功能的不断研发，我国体育市场也将面临新的改革与挑战。只有及时制定应对措施、完善监管制度，才能在这个机遇与挑战并存的时代抢得先机，逐步走在世界前列。

四 案例分析

近年来，中国体育产业正在蓬勃发展，在 2008 年北京奥运会的推动下，我国体育市场不断壮大、发展迅猛。《2019 年普华永道体育行业调查报告》表明：中国在全球体育市场中扮演增长领军者的角色，未来发展有着无限可能；其中体育俱乐部是以体育为媒介，以满足人们健身、娱乐、休闲、竞赛、盈利等需要为目的，以自愿、自发、自主为原则而进行各种体育活动的场所或组织。以体育俱乐部形式开展体育服务活动，目前广受社会各界人士追捧。我国体育俱乐部市场的消费者也正逐步变得多元化，不仅有儿童、青少年，而且部分大学生、白领阶层群体也会选择在健身俱乐部办理年卡进行体育运动。像瑜伽、太极拳以及近几年最为火热的广场舞等舒缓型体育运动，则更适合较年长的人。随着体育产业的蓬勃发展，一些监管环节的漏洞也逐步暴露显现，并衍生出一系列的社会问题。习近平总书记强调，"看不见的手"和"看得见的手"都要用好，努力形成市场作用和政府作用有机统一、相互补充、相互协调、相互促进的发展格局（新华网，2014）。目前，我国体育俱乐部市场监管主要面临"制度缺失"和"规范困难"两大问题，体育俱乐部市场不断发展壮大，但是相关的监管制度并没有随之进行改进与完善，目前我国俱乐部产业大多实行自我监管，因此监管力度不大、效果不好。此外，体育俱乐部市场本身具有复杂性，相关行政部门之间缺少有效联动，仍未形成协同监管的局面，体育市场的监管任重而道远。

（一）制度缺失

1. 体育俱乐部教练员行业管理制度缺失

体育俱乐部的一大特点就是需要相关专业的培训人员，体育俱乐部雇用的教练员质量很大程度上影响着俱乐部的总体质量，目前体育俱乐部市场的管理制度缺失，造成的一大问题便是缺少对体育俱乐部从业人员的管理、测评制度，入行"门槛低"直接导致了体育俱乐部市场的总体质量被拉低，长此以往整个体育俱乐部市场都会受到冲击。

以目前深受大学生、上班族喜爱的健身产业为例，付费健身以"非社交、非公款、非强制"的消费特点吸引广大民众的关注。然而，我国却没有针对健身教练员的全国统一的职业上岗证书，想要从业的人员只需要付费报名，在相关培训机构短期内进行封闭式学习，就可以获得由培训机构颁布的资格证书。目前国内的健身教练培训机构没有得到国家认证，授课质量参差不齐，笔者在访谈中了解到，部分健身馆的瑜伽教练员甚至可以"无证上岗"。教学人员的专业程度不高，最终导致体育俱乐部的运营质量不高，付费会员的满意度降低，从而影响体育俱乐部产业的整体运营发展状况。

笔者曾在某瑜伽教练培训机构报名参加过瑜伽教练培训，为期40天左右，通过瑜伽体式练习、笔试理论考核以及模拟练课等对报名人员进行培训，最终颁发了一张自称有印度瑜伽协会认证的瑜伽教练资格证书。据笔者不完全统计，仅2019年参加过该培训的人就有200余人，在调研过程中了解到这些人员中大多数是没有工作的社会人士，希望通过课程培训从事瑜伽教练工作。另外一部分是教师或是从事个体经营的自由职业者。这些人员空闲时间较多、能够自由支配的时间丰富，但是现阶段从事的工作获得的收入较少，希望通过学习瑜伽开展副业。同时还有一部分专业的瑜伽教练，这些人已经有一定的瑜伽教学经验，通过学习课程继续提升自己的专业素养。还有部分人员是已经退休的中老年人，这一部分人员有退休金作为生活保障，身体机能比不上年轻人，又有家庭成员需要照顾，因此此类人员占比较小。此外还有小部分像笔者一样的在校大学生，利用寒暑假学习一些技能来丰富自己的课余生活。以上所有人员都可以在获得结课证书后进入瑜伽市场，从事瑜伽教学活动，但是教练的教学质量不高、学员的满意程度较低等种种问题令人担忧。在调研过程中，授课老师 Y 告诉笔者：

> 现在从事瑜伽教练工作的门槛较低，许多人急于进入瑜伽市场，仅受过短期培训就进行授课，没有相关理论知识作为支撑，教学事故也时有发生。例如，在帮助学员进行体式练习时，手法不当，造成学员腿骨骨裂，之后产生了一系列纠纷。①

随着体育俱乐部市场的不断发展，俱乐部对于教练员的需求量也在

---

① 2018 年 8 月 13 日对哈尔滨市瑜伽培训学校授课老师 Y 的访谈。

逐年增加，并呈现供不应求的趋势，这也是俱乐部教练员质量参差不齐、教学质量不高的原因之一。无独有偶，青少年体育俱乐部聘用的教练员也并非都是专业人员。青少年体育俱乐部在聘用教练人员时首先会面向社会进行招聘，教学质量最好的一类教练员是在职的体育学校的专业教练人员以及一些已经退役的专业运动员，稍微次之的是经过认证的国家一级、二级运动员。然而，以上这些专业运动员的人数是有限的，市场上的体育俱乐部数量却在成倍增长。为了弥补教练员数量的不足，部分俱乐部甚至会面向社会招聘部分人员进行集中培训、快速上岗，在授课、管理过程中遇到不懂、不会的，再进行现场教学。

2. 青少年体育俱乐部教学手段规范制度缺失

青少年体育俱乐部目前在体育俱乐部产业占比较大，是我国培养体育人才的后备人才中心。青少年长期参加体育运动会对他们产生诸多积极影响，能够培养青少年的意志品质、完善人格塑造，使其养成积极乐观的心态。孩子是国家未来的建设者，针对青少年培训机构的行业标准应区别于其他行业的标准，我国应制定和建设更为严格的评判标准和完善的监管体系。

笔者曾在广州某知名击剑俱乐部从事助理教练员工作长达一年时间，该击剑俱乐部依托广州市体育学院建立，与诸多中小学校有体育课教学合作。目前广州的击剑俱乐部数量众多，但是专业的击剑教练较少，大部分家长选择笔者所实习的俱乐部，是因为该俱乐部依托广州市体校，俱乐部教练为市体校带队教练，家长认为这样的俱乐部师资是值得信赖的。但现实情况可能与家长所认为的大相径庭，在教学过程中，大部分授课工作都是由助理教练完成。助理教练来自各大高校的学生，虽然在运动方面有一定的成绩，但是绝大部分并没有相关从业资格证，如教师资格证、社会指导员资格证等。由于目前我国没有对体育俱乐部兼职从业人员从业标准的硬性规定，在面试环节并不会将是否有以上证件纳入考核范围，入职后俱乐部负责人也没有组织系统的培训。

相较之下，笔者也曾前往广州另一家击剑俱乐部进行咨询访谈，该击剑俱乐部的负责人表示：

> 由于击剑相对来说是小众运动项目，不可否认专业击剑教练人员是极为稀缺的，为了扩充教练队伍，俱乐部会聘请正在从事或从事过

其他运动项目的运动员进行授课（如羽毛球、田径运动员）；专业的击剑运动员进行击剑技术的教学，其他的运动员针对体能、协调性以及其他方面进行教学。兼职助理教练入职后，每周会对其进行相关培训，学习、采用较为先进的教学手段；教学过程中家长可以在体育馆外围进行观看，每位教练员配有耳机，俱乐部总负责人在场馆二楼实时监督检查教学情况，对特殊情况能及时做出反应。①

3. 体育俱乐部举办商业赛事收费制度规范缺失

我国体育俱乐部在获得相关许可后可以承办相关体育赛事，促进体育产业发展、推动相关体育运动的普及，同时俱乐部可以通过举办比赛的方式获取收益。

笔者在观察体育产业的过程中，既是消费者，也是从业者。在参加广州一年一度的"粤港澳击剑公开赛"时，笔者发现，作为高校组参加比赛的报名费，与作为青少年组或社会人员组参加比赛时所交报名费相差甚远。高校参加比赛时的报名费较少，为200元至400元，但是作为俱乐部会员，每个人所交报名费却更高。参加2019年中国击剑俱乐部联赛时，个人赛参赛选手每人交费在200元至300元，团体赛每个队伍缴费为600元至900元。2020年1月，在哈尔滨市举办的国际击剑公开赛上，个人、团体报名费仅200元至400元。组委会也并未解释具体报名费的收费标准，以及费用包含的具体服务项目。

（二）规范困难

1. 体育行政部门规范之难

体育行政部门作为进行体育市场监管的主要负责部门，同时又要推进我国体育俱乐部市场发展，这种"既做运动员，又做裁判员"的行为模式，导致体育行政部门在进行监管时可能产生营私舞弊、违法乱纪的行为。

2015年，成都市立案查处了区体育局聂某等两人违纪违法行为。产生违法乱纪的行为，原因之一在于体育俱乐部市场第三方监管机制的缺失。体育行政部门需要严格把控体育市场的准入机制及市场动向，如对一些高危运动俱乐部进行严格审核和把控，以及对于体育运动场所进行统一管理

---

① 2017年8月27日对广州市W击剑俱乐部负责人的访谈。

等。然而，目前对于体育组织的管理采用双重管理体制，民政部门进行成立资格审批，体育行政部门进行业务管理审核。在该管理模式下，民政部门和体育行政部门如无法进行有效联动的话，就会造成体育市场乱象、市场监管缺失等问题。

2. 相关部门联动之难

体育俱乐部的市场监督管理除了体育行政部门需要严格执法、负起责任之外，还需其他多个部门进行部门联动、协同治理。体育行政部门是促进体育俱乐部市场监督管理体制建立并进行治理的主要部门，同时还需要教育、民政、人力资源社会保障、市场监管、公安、消防、卫生等多个部门联动进行协同治理（广东省体育局，2020）。但就目前情况而言，各部门仍处于各自为政的状态，对于体育俱乐部市场监管也没有足够的重视，因此部门之间缺少联动，想要协同治理更是难上加难。

五　结论与建议

"体育强则中国强，国运兴则体育兴"，这句话高度概括了体育于国家和国民的巨大价值。随着中国体育俱乐部市场的发展，体育俱乐部市场迫切地需要相关行政部门出台监督管理制度，体育俱乐部产业的发展离不开政府部门的调控与监管，行政部门应对体育俱乐部的建设环节、运营环境及应对风险的能力等多个方面进行专业审查，确保我国体育产业健康蓬勃发展。

为了更好地促进体育俱乐部产业的发展，笔者从政府、体育俱乐部角度提出以下建议。

（一）发挥政府主导作用

在我国体育产业市场监督管理过程中，在体育俱乐部产业的监督、管理、运营、维护等环节，政府需要发挥主导作用，起到牵头发展、统领全局的作用。

1. 黑名单制度

《体育市场黑名单管理办法》，在政策性资金扶持、参与政府项目、参加表彰奖励活动、进入职业体育活动等多方面对列入体育市场黑名单的从业人员或经营主体进行资格限制。让违反规定的不法人员"一处受限，多处受限"，甚至被排挤出体育市场，以个人信誉、名誉受损的方式依法对体育产业中不法行为进行监督与管理。黑名单制度的顺利推行不仅是对于失信、不良体育俱乐部产业相关人员的一种惩罚，同时也是对普通民众的信息公开，在民众进行体育俱乐部选择之前，可以有多种渠道了解运营管理者的相关信息，该项制度努力使顾客与运营者之间实现信息对称，保障公民的合法权益。黑名单制度降低了监管成本，解决了监督管理问题，并能够对失信人员进行惩罚，合理利用新型技术、使用智能化电子设备，便于政府进行监督管理。

黑名单制度仍在建设完善的过程中，对于名单的制定与制度的运行，要进行进一步的细化，严格按照相关规定对不法分子进行惩罚，合理运用制度政策；进一步搭建统一的信用信息平台，运用先进的互联网技术，对信息进行同步与公开；联合财政部、公安部、工商总局、民政部等部门共享共治，发挥社会各界的力量，对体育俱乐部产业中的不法行为进行举报、制裁，多方出击共同推进体育俱乐部产业的健康发展。

2. 行业保障金制度

目前我国大部分中小体育俱乐部的经营能力较为有限，一旦受到外部环境的打击就很难维持经营，俱乐部老板面临破产风险时可能会卷款逃跑，侵害俱乐部会员的消费权益。为防止这种情况发生，避免消费者权益受到侵害，需要建立健全行业保障金制度。在申请成立俱乐部之前，俱乐部老板要向政府有关部门缴纳部分行业保障金。行业保障金制度是为了保障俱乐部会员的消费权益；当俱乐部面临破产时，可以启用该笔保障金对俱乐部会员的损失进行赔偿，如退还会员剩余年费及剩余的私教课费用等。在一定程度上，行业保障金制度提高了申请成立体育俱乐部的门槛，督促俱乐部老板在开设俱乐部前认真考虑行业前景及经营模式，尽量减少出现经营不善导致破产的情况，提升体育俱乐部的行业质量，以防止俱乐部破产后无法退还会员所交费用。

3. 推进体育俱乐部市场监管法制化

想要体育俱乐部市场健康、良性地运作发展，最重要的还是要进一步推进法制化的建设，细化体育产业发展中各个领域的法制细则，通过多种监督方式的结合，逐步推进体育俱乐部市场监管的法制化。

（二）发挥体育俱乐部产业市场机制作用

市场有其自身的运行机制，通过供求关系、价格机制、良性竞争等，市场会自动进行调节并进行淘汰。因此，在政府进行法制规范、创造良好的市场环境后，应最大限度地发挥体育俱乐部的市场运行机制的作用，促进体育俱乐部市场的发展。

目前我国体育俱乐部市场通过价格区分出高、中、低端三种体育俱乐部，以满足不同收入、不同需求的各类消费群体，市场中的供给基本能满足消费者的需求。然而，由于人民群众对于体育俱乐部的了解不够，在选择体育俱乐部时，人们往往会选择营销做得比较好的俱乐部。像是白领群体在选择健身房的时候，可能就是由于在路上收到一些传单，进而选择了一个离公司（住宅）较近、营销做得好的健身房，并不注重这个健身房的教学资格以及教学质量。还有一类俱乐部，更注重教学品质以及教师资格、教学口碑等质量方面，较少进行宣传营销。该类俱乐部主要客户为学生，主要是通过学生和家长们的口口相传，达到宣传的目的。家长在选择俱乐部时更注重教育质量以及最后能看到的教学成果，因此这一类俱乐部会聘用更为专业的人士和采用更先进的教学手段。

综上，体育俱乐部产业的监管制度归根结底是中国式监管制度的分支，从准入、监测、检查、执法等一系列环节对市场进行监督管理。然而，目前我国体育俱乐部产业的监管制度仍处于缺失的状态，上述的种种市场乱象也是由于相关政策制度缺失，体育俱乐部产业野蛮生长，出现诸多扰乱市场秩序的行为。

体育俱乐部产业中监管环节的缺失，部分原因是我国体育产业发展速度过快，市场趋势复杂多变，监督管理制度不能实时跟进。同时，受到地区的经济发展、人口密度、气候环境等多种因素的影响，不同地区的体育俱乐部产业发展趋势各不相同，呈现明显的地区差异。因此，各地区政府在推进地方体育俱乐部市场监管的过程中，要因地制宜。体育俱乐部产业既是未来我国重要的支柱产业，也可能成为未来我国培养运动人才的重要产业，建立良好的监督管理制度有助于我国体育事业、体育产业的发展。因此，我国要尽快弥补体育产业监管环节的缺失，尽快确立俱乐部教练人员的聘用管理制度，转变政府监管运作模式，完善现有监管制度及相关政策，建立体育俱乐部保障金制度等。

参考文献

丁水平、林杰，2019，《市场管理改革中事中事后监管制度创新研究——构建"多位一体"综合监管体系》，《理论月刊》第 4 期，第 83 ~ 90 页。

广东省体育局，2020，《政府信息公开〈关于促进和规范社会体育俱乐部发展的意见〉》，广东省体育局网站，http://tyj.gd.gov.cn/gkmlpt/content/3/3058/post_3058971.html#2407。

国家体育总局，2014，《国家体育总局主要职责》，国家体育总局网站，https://www.sport.gov.cn/n20001099/n20001263/c20193110/content.html。

雷少华，2018，《多维体系下的政府监管困境》，《中央社会主义学院学报》第 6 期，第 11 ~ 16 页。

刘峰，2004，《关于我国体育服务业产品质量管理及其监管体制问题》，《体育与科学》第 5 期，第 53 ~ 57 页。

刘瑛、任保国，2005，《关于建立我国高校体育市场监督管理体制的基本原则及模式的构想》，《北京体育大学学报》第 1 期，第 19 ~ 21 页。

任波、戴俊，2020，《中国体育产业高质量发展：困境、逻辑与路径——基于"质量和效益为中心"的视角》，《体育与科学》第 2 期，第 61 ~ 72 页。

沈克印，2020，《体育市场黑名单制度：基本理论、现实困境与实施策略》，《体育成人教育学刊》第 1 期，第 6 ~ 12 页。

唐宁昆，2009，《社会经济转型期我国体育市场监督管理体制发展研究》，《商场现代化》第 7 期，第 262 ~ 263 页。

肖建华，2018，《关于发挥认可作用 服务市场监管的几点思考》，《中国市场监管研究》第 11 期，第 21 ~ 24、32 页。

新华网，2014，《习近平："看不见的手"和"看得见的手"都要用好》，http://www.xinhuanet.com/politics/2014 - 05/27/c_1110885467.htm。

杨波，2008，《论我国体育市场管理法制化建设与完善》，《成都体育学院学报》第 10 期，第 1 ~ 5 页。

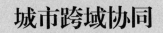

城市跨域协同

城市行政区划调整背景下
居民地方认同重构研究
——以广州市黄埔区为例

曹梦冰　陈晓聪　陈晓琳　黎卓昊　汪钲棋

吴昱锋　谢　睿　詹洁钊[*]

摘　要： 本文以2014年广州市将原萝岗区、黄埔区合并为新的黄埔区为例，研究新黄埔区的发展状况，并以问卷调查和访谈的形式了解合并后居民的地方认同度及对地方发展状况的感知，发现多数受访者认同在合区中受益，且原两区居民能较好地交往融合，但同时也有个人获利较少、交通不便等不利因素。基于此，本文提出推动经济转型升级、努力改善民生福祉等对策建议，以期为政府实施行政区划调整提供参考。

关键词： 行政区划调整　区界重组　地方认同

一　导论

（一）研究背景

作为上层建筑的行政区划设置模式与行政管理制度，其变动和调整必须与反映经济、社会发展综合性水平的"城市化"进程相适应（魏立华、阎小培，2004）。改革开放后，我国正经历着人类有史以来规模最大的城市化，1978年至2018年，我国城市化率已从17.9%上升至59.58%，标志着中国的城乡人口结构发生了根本变化，这标志着我国进入了以城市社会为主体的新成长阶段。在城市化快速发展的背景下，近年来我国地方行政

---

* 曹梦冰、陈晓聪、陈晓琳、黎卓昊、汪钲棋、吴昱锋、谢睿、詹洁钊，中山大学政治与公共事务管理学院行政管理专业2018级本科。

区划的调整变得愈发频繁，以适应经济社会发展的需要。

殷洁和罗小龙（2013）认为，我国的城市化发展已进入城市功能与内涵提升的新阶段，区界重组正在取代撤县（市）设区和区县合并，成为我国区县级行政区划调整的新趋势。部分城市出现了以市辖区为主体的行政区划调整，例如，上海市 2011 年新行政区划调整方案将原黄浦区和卢湾区合并为新黄浦区等等。吴金群和廖超超（2019）通过整理行政区划网及民政部的公开资料发现，在 2004～2012 年，全国共进行 284 次行政区划调整，平均每年调整约 32 次，而区界重组的频次高达 250 次；另外，区界重组主要分布在东部地区，其行政区划调整案例占比为 28%。

2014 年 2 月，广州市行政区划调整获得国务院批复。同年 4 月，广州市政府下发《广州市人民政府关于我市部分行政区划调整的通知》，决定"撤销广州市黄埔区、萝岗区，设立新的广州市黄埔区，以原黄埔区、萝岗区的行政区域为新的黄埔区的行政区域"，正式拉开萝岗区、黄埔区两区合并的序幕。将原黄埔区和萝岗区合并为新黄埔区，是基于发挥两区互补优势、提升城市综合竞争力的需要。首先，在合区之前，两区的产值一高一低，发展极不平衡，合区后产业互补，有利于形成集成式的创新空间，并提升广州开发区的产业集聚空间水平；其次，合区前两区面积一大一小、人口一少一多，两区合并能够让地广人稀的萝岗和地少人多的黄埔"优势组合"，使劳动力能够得到更高效的配置，城区及各产业活力得以激发，实现人多与地广的优势互补。两区合并后，区委办与政府办合署办公，将着力发展高新技术产业，加大引资、引技、引智力度，并进一步提升交通、教育、医疗等公共服务水平。

（二）研究问题

在行政区划调整背景下，本文聚焦于两区合并与居民认同的关系，回答以下三个问题：一是原萝岗区与黄埔区合区带来了哪些方面的发展变化？二是新黄埔区居民对新黄埔区的发展状况与自身的地方认同程度的感知情况如何？这一感知情况受什么因素影响？三是政府是否采取了行之有效的措施来促进两区的融合发展，提高居民的地方认同？

本文试图通过社会经济数据与居民对新黄埔区发展状况直观感知的对比，探讨新黄埔区的发展红利是否惠及全区居民，同时通过进一步探讨影响居民地方认同的因素，为新黄埔区未来的城市管理提出对策建议（见

图1)。

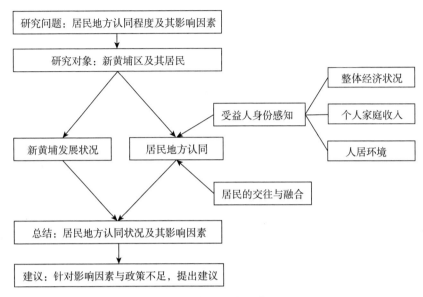

图1 本文研究思路

（三）研究意义

中国进入了以城市社会为主体的新成长阶段，不断扩张的城市规模伴随着多种类型的城市行政区划调整。本文对行政区划调整背景下的居民身份认同问题进行研究，具有现实意义和理论意义。

本文呈现了广州市在原萝岗、黄埔两区合并中的有关政策、实施现状以及原两区居民的地方认同情况，基于此提出具有针对性的对策建议，有利于促进两区在新行政划内的融合发展，更好发挥两地的互补优势，提高新黄埔区居民的生活水平，增强居民对新黄埔区的认同感和归属感，促进区域内经济、社会的稳定发展和居民的和谐共处。

同时，本文延续了行政区划调整对居民的影响的研究方向，回答了行政区划调整后居民的经济收入有没有增长、生活环境有没有变好、两区居民交往情况如何等问题，为行政区划调整背景下的居民地方认同重构的相关研究提供了实证案例。目前，关于行政区划调整的研究极少关注居民的心理因素，而关于地方认同和地方认同重构的研究又极少从行政区划调整的背景出发。因此本文能够较好地弥补现有研究的不足，可为政府实施行政区划调整提供参考。

二 文献综述

行政区域是国家为了行政管理的方便而将其国土划分成的不同层级的区域，它体现了国家的政治结构，是中央政府管控全国的一种基本的有效手段。国家的行政区划体系成为国家政权的实体结构与管理框架（王开泳、陈田，2011）。

行政区划调整是对行政区划进行一定程度的调整的过程。它不是简单地将一个地区重新划分，往往需要综合考虑经济、文化、社会等多个因素，同时还需要顾及行政区划调整后的影响。目前世界各国各城市都在城市化发展阶段节点中进行了不同程度的行政区划调整，国内外学者在行政区划调整领域也归纳总结出不少的经验和问题。有学者指出，行政区划调整的规模尺度会直接影响规模经济、公共服务的水平和价格及行政资源的分配，因此需要把控好行政区划调整的规模尺度，以免导致规模不经济、服务价格高、服务水平低、浪费行政资源等问题（雷风，2020）。侯爱敏（2018）通过总结美国市县合并的特征，提出城市行政区划调整应关注多元目标、重视后效评估，倾听不同利益群体呼声，并鼓励多种模式以及替代方案的探索。王开泳、陈田（2011）发现国外发达国家的行政区划在城市化快速发展时期表现出较为频繁的变动，且坚持城乡分治、城乡分立的原则，城市行政等级趋同、小城镇数量多，采取"城市政府＋大都市区政府"或城市联合政府的行政管理模式，认为当中有部分经验并不适合我国国情，但也有值得我国借鉴之处。

近年来随着城市化的推进，我国也开始进行程度规模不一的行政区划调整，特别是在东部沿海地区，推动了不少地区进行行政区划调整。不少学者就这些行政区划调整案例，总结出我国行政区划调整的经验。唐为和王媛（2015）指出行政区划调整的效果在不同地区存在显著的异质性，如在东部和非省会城市，撤县设区政策对人口增长的促进效果显著好于中西部和省会城市；其次，市场潜力越大的城市撤并的效果也越好，因此要合理安排好撤县设区的政策。总体而言，现有的研究大多是对国内外行政区划调整的现状进行分析研究，其目的是通过总结分析，寻找到适合我国新时代城市化进程的行政区划调整途径。

现有的行政区划调整的研究将研究重心放在探究行政区划调整的途径

和方式，总结行政区划调整的经验上，还重点关注了行政区划调整带来的影响。魏衡等（2009）认为，行政区划的调整对区域经济、社会、政治、文化的发展和城市化进程的推进都起到了一定的积极作用。类似地，绝大多数学者都认可行政区划调整给经济社会发展带来的积极作用。行政区划的调整加强了经济管理和资源的有效配置，在行政区划的框架下，各级政府可以制定自身的发展战略、空间发展规划以及阶段发展计划（王开泳、陈田，2011）。行政区划的变动则会引起区域资源的重新分配、地方市场范围的调整和地方政府行政和财政管理权限的调整和变动（王贤彬、聂海峰，2010）。合理的行政区划调整能够整合区域的资源和市场，推动地方财政资源的合理配置，从而促进社会经济的发展。因此，行政区划调整不是一个简单的"划区换名"工作，而是一个地区政权架构和职责履行的调整。它不仅是政治上的调整，而且往往涉及地区的市场发展、就业机会、公共资源分配等影响经济社会发展的关键要素，是一个"牵一发而动全身"的过程。通过影响经济运行、生活成本、发展机遇的获取和利益的分配等方面，行政区划调整得以对城市中的个体或组织施加影响。其中，受影响最大的无疑是生活在这个地区的居民，行政区划调整对居民的影响逐渐成为近些年的研究重点。行政区划调整后居民的经济收入有没有增长、生活条件有没有改善、公共服务有没有优化这些问题成为需要去注意的问题。有学者将行政区划调整对居民的影响归纳为生活方式变化和收益变化，并认为这是一个地方认同重构的过程（马凌等，2019）。我们将从地方认同的角度出发，探究在行政区划调整背景下地方认同的重构。

地方认同（place identity）主要体现为个人对地方的情感依恋，是人对居住环境的认同，包括对文化、价值、意义的认同，是个人或团体与特定地方的特殊关联性（朱竑、刘博，2011）。地方认同的概念最早源于环境心理学。Proshansky 等（1983）最早提出地方认同是自我概念的一部分，是自我与地理环境之间的认知联结，并通过自我意识和无意识中存在的想法、情感、信念、价值观等相互交集作用而确定。Hernández 等（2007）认为地方认同强调人与场所互动的过程，在这个过程中，人们将自己描述为"属于特定地方"，地方认同是个人和社会认同的组成部分。Marzano 和 Gilberto（2015）设计了"地方实体"模型，认为地方认同是对物质和社会环境积极或消极的感知。国内关于地方认同的概念研究相对较少，且更多是基于人文地理学视角和人地关系的研究，认为地方认同是个体对于特定地方所产生的依恋感和归属感。

现有的地方认同研究是以探究影响因素的实证研究为主，这在国内则更为突出。从整体上看，影响地方认同的因素可以划分为个人因素、地方自然环境因素和社会文化因素（庄春萍、张建新，2011），且这三个因素并非孤立起作用的。

其一，个人因素。个人因素是影响地方认同的最主要因素，也是研究中最为广泛、最为集中的方面。个人因素包括迁移、居住时间、个体心理因素、人口社会学特征等。居住时间、停留时间这些时间因素能够影响地方认同（田青，2015）。越是包容开放的城市，本地人和外地人的地方认同差异越小（庄春萍、张建新，2011）。居住满意度、幸福感等个体心理因素也可能影响地方认同，居民的幸福感越强，地方认同度就越高（Qun-chao et al.，2017）。

其二，地方自然环境因素。地方自然环境因素包括自然景观、空气质量、空间大小、气温气候等等。这一部分的研究相对较少，研究者普遍地认为一个地方越美越漂亮，自然环境越好，带给个体的心理感受就越好，即满足感越强，地方认同度也就越高。李凡等（2013）通过对文化景观的变化的研究，发现地方文化景观如祠堂等的变化，会使该地的居民的地方认同产生变化。同时，气温气候对地方认同也有影响，一个地方的气温气候越适宜，其居民的地方认同度也就越高。总体而言，一个地方越适宜居住，越舒适，其居民的地方认同感也就越强。

其三，社会文化因素。除上述个人与地方自然环境的因素外，人与地方相关符号和联系也会对地方认同产生影响。杜芳娟等（2011）在关于民族文化重构的研究中提到，地方内部充满了认同的分异乃至冲突，复杂的社会与权力关系会影响到基于地方身份认同的建构形式。也有学者站在城市行政区划调整的角度，研究城郊居民地方认同的重构与机制，认为地方认同是一个本地人不断与自我身份和地方认识协商的过程。地方认同是一个典型的选择过程，当地人在重构过程中对于地方认同的选择主要受到生活方式和收益感知的影响（马凌等，2019）。

总体而言，这三个地方认同的影响因素较为重要，能够用于研究行政区划下的地方认同重构，本研究也将这三个影响因素作为研究的依据。通过对现有的关于地方认同的文献进行回顾，发现已有的对地方认同与地方认同重构的研究较为丰富，且多把重心放在了个人影响因素上，但基于地方行政区划调整这一背景的研究则相对不足。政府在行政区划调整和文化重构中发挥了主导作用，行政区划调整引起的居民地方认同的变化需要去探究。

三 案例描述

（一）区域概况

萝岗区是广州市原辖区，位于中国广东省广州市东部，介于东经 113°23′31″ ~ 113°36′2″，北纬 23°01′57″ ~ 23°24′57″。萝岗区于 2005 年 4 月经国务院批准设立，管辖面积 393.22 平方公里，下辖 5 街 1 镇，共设有 30 个居委会与 28 个村委会。

原黄埔区于 1973 年设立，地处北回归线以南，介于 113°27′39″ ~ 113°27′51″，北纬 23°2′25″ ~ 23°9′55″之间，位于原萝岗区南部，占地 90.95 平方公里。截至 2005 年 12 月 31 日，黄埔区辖 9 个街道（行政区划网，2021）。

合并后的新黄埔区面积达到 484.17 平方公里，下辖 14 个街道办事处和 1 个镇。新黄埔区地处广州市中心区的东部，也是整个广州版图的心脏位置，与从化、花都两个省级开发区一起形成了广州东南部的创新三角区，未来有望成为全市创新驱动的中心。

（二）两区合并前后的社会经济状况

2014 年，萝岗区与黄埔区合并，为了更直观地感受两区合并带来的经济、社会的变化，本研究收集了 2012 ~ 2018 年两区（及新黄埔区）的人口数量、GDP、各产业产值、公共财政收支、中小学数量、卫生机构及卫生技术人员数量和固定资产投资额等数据（广州市统计局，2012 ~ 2018），并以 2015 年为时间节点进行了行政区划调整前后的比较。

广州市统计局统计年鉴的数据显示，萝岗区的土地面积大概是黄埔区面积的 4.3 倍，在人口结构上，两区的户籍人口数相差不多，但黄埔区的常住人口比萝岗区多出 7 万人左右（见图 2），这也就意味着黄埔区拥有更多的劳动力；而萝岗区苦于"产城不协调"，需要引进居住人口提升城区活力。两区在人地关系上的压力有显著的差别，因此两区的合并能较好地实现人多与地多的优势互补。合并后的新黄埔区人口增长迅速，常住人口于 2016 年超百万，且人口居住布局有望趋于平衡（见图 3）。

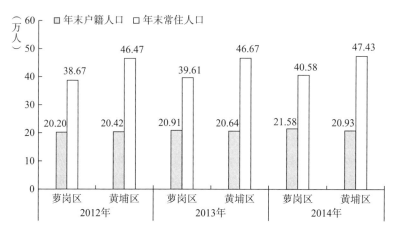

图 2　2012~2014 年萝岗区与黄埔区年末人口数

图 3　2015~2018 年黄埔区年末人口数

在经济发展状况方面，合并前，萝岗区与黄埔区两区产值一高一低，发展极不均衡。2012 年至 2014 年，萝岗区的 GDP 约是黄埔区的 2.6 倍（见图 4），在广州市内各区、县级市排名中，萝岗区的 GDP 连续多年位列第三名，然而相邻的黄埔区一直在倒数第二名。合并之后，黄埔区 GDP 总量在广州市各区内跃升为第二名，2017 年、2018 年突破 3000 亿元大关（见图 5），占广州市经济总量的 15% 以上，成为广州经济发展的主引擎。从经济增速上看，呈现换挡不减速、稳步提升态势。

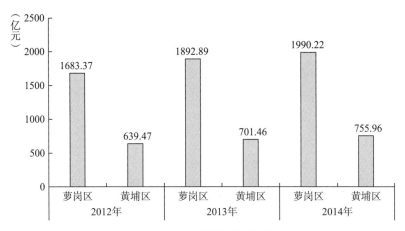

图 4　2012~2014 年萝岗区与黄埔区 GDP

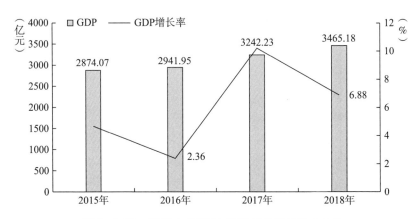

图 5　2015~2018 年黄埔区 GDP 及其增长率变化①

从产业结构上看，萝岗区与黄埔区均以第二、三产业为主（见图 6），虽然萝岗区各产业的产值均远高于黄埔区，但从各产业产值比例上来看，黄埔区第三产业产值比例略大于萝岗区。两区合并后，新黄埔区第三产业产值所占比例略有提高，至 2018 年超过 40%（见图 7）。

两区合并前，萝岗区和黄埔区的财政收支相差很大（见图 8）。合并后，为促进地区的发展，新黄埔区的财政支出有了很大的增长，2016~2018 年连续三年的公共财政支出大于财政收入（见图 9）。

---

① 注：2015 年的 GDP 增长率是基于两区合并前的 GDP 总和计算得出。

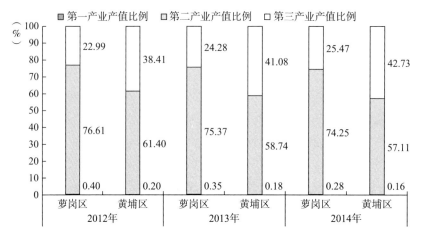

图6　2012～2014年萝岗区与黄埔区产业结构

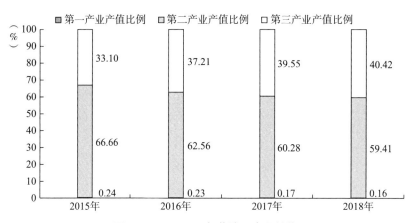

图7　2015～2018年黄埔区产业结构

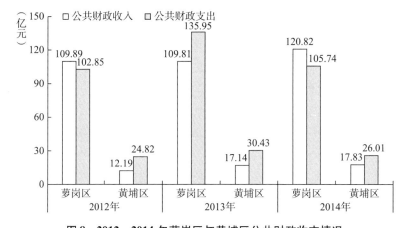

图8　2012～2014年萝岗区与黄埔区公共财政收支情况

图9　2015～2018年黄埔区公共财政收支情况

其他指标如两区合并前后普通中学、小学数量变化（见图10），以及卫生机构及卫生技术人员数量变化（见图11），直观展示了新黄埔区教育、医疗的发展。

从固定资产投资额上看，原萝岗区总固定资产投资额远高于原黄埔区。2012年萝岗区固定资产投资额是黄埔区的5.5倍，2013年是黄埔区的5.4倍，2014年是黄埔的4.3倍（见图12）；合并后，新黄埔区的固定资产投资额大于2012年至2014年原萝岗区和黄埔区的总和，产生一加一大于二的效应（见图13）。在合并之前，黄埔区在2012年至2014年的固定资产投资总额的市内排名都是倒数第一，而萝岗区的排名则稳定在前三位。合并之后，新黄埔区的固定资产投资总额在2015年至2018年都居全市第一。

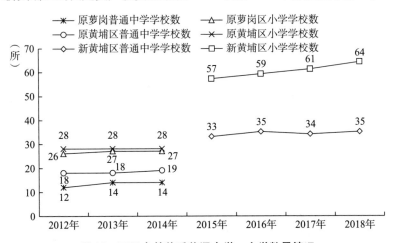

图10　两区合并前后普通中学、小学数量情况

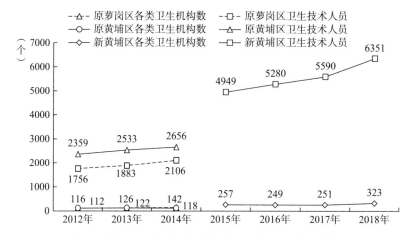

图 11　两区合并前后卫生机构及卫生技术人员数量情况

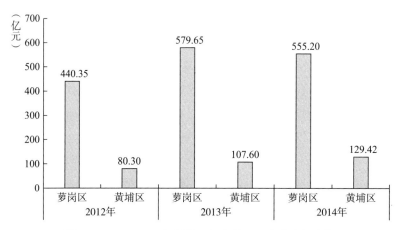

图 12　2012～2014 年萝岗区与黄埔区固定资产投资额

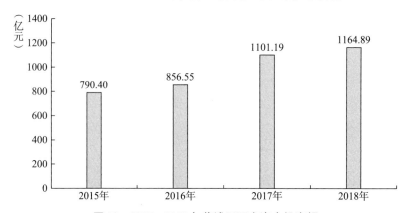

图 13　2015～2018 年黄埔区固定资产投资额

结合上述数据，两区合并为地方发展带来巨大优势。在合并之前，黄埔区不管是 GDP 还是固定资产投资额都在广州排倒数；萝岗区的 GDP 和固定资产投资额则稳定在前三位。合并之后，黄埔区 GDP 从 2015 年开始一直居广州市第二，固定资产投资额从 2015 年开始稳居第一。产业结构、财政收支都往正面方向发展，普通中小学数量、卫生机构和卫生技术人员数量显著增加。

在科技发展上，原黄埔区和原萝岗区坐拥广州东进战略的空间地理优势，两区整合后经济体量巨大、外向型经济基底厚实、科技创新基础强大、创新资源更为集聚，这些特殊的创新条件是广州市其他行政区无法提供的。黄埔区广州开发区通过不懈的努力，已经建成覆盖多领域、多行业的战略性新兴产业基地，先后获批全国首批双创示范基地、国家级产城融合示范区。全区建成了 500 多万平方米的孵化器和加速器集群，各类高新技术企业与科研机构纷纷在此落地，1047 家经认定的高新技术企业和超过 760 家研发机构进驻黄埔区，并聚集了中科院广州生物医药与健康研究院、清华珠三角研究院等 22 家省级新型研发机构（周亚伟，2018）。

除了经济、科技方面的发展，新黄埔区在养老、绿化等方面都呈现新的面貌。近年来黄埔区不断实行养老服务供给侧改革，实现了居家养老服务网络区、街两级全覆盖，日间托老服务中心社区全覆盖，长者免费享用爱心午餐全覆盖，养老机构完成每千名老人拥有床位数 40 张的目标，有效破解了养老难题（颜小钗，2017）。

四　案例分析

为更直观地了解两区合并后的居民地方认同，我们制定了包括社交、经济、身份认同三个维度的调研问卷（见附录一），共回收有效问卷 71 份。问卷内容包括受访者的个人基本信息，以及主观感受到的两区合并对新型城镇化（人居环境方面）、与外来居民[①]人际关系及整体与个人经济发展的影响。

在问卷调查的过程中，选取了 10 位有代表性的市民进行访谈（见表

[①] 本文重点关注两区合并后原两区之间的人口流动，"外来居民"特指对本区来说的另一区居民。

1)，在了解受访者的基本情况、对黄埔区的变化感知与身份认知的基础上，与受访者就两区合并所带来的经济、社会、文化等方面的变化及其影响进行深入探讨，了解受访者对新黄埔区的认同度及其原因，并收集受访者的意见和建议。

表 1 受访者基本信息

编号	性别	年龄	职业	在黄埔区生活或工作年限	对合区的看法
受访者 1	女	31~55 岁	事业单位人员	6 年以上	仍认为是原萝岗区的一分子
受访者 2	男	18~30 岁	企业人员	1~3 年	仍认为是原萝岗区的一分子
受访者 3	女	18~30 岁	公务员	6 年以上	无所谓
受访者 4	男	18~30 岁	公务员	3~6 年	无所谓
受访者 5	男	31~55 岁	公务员	6 年以上	无所谓
受访者 6	女	31~55 岁	公务员	6 年以上	无所谓
受访者 7	女	31~55 岁	其他	1~3 年	仍认为是原萝岗区的一分子
受访者 8	女	31~55 岁	私营业主	6 年以上	排斥黄埔人身份
受访者 9	女	31~55 岁	公务员	6 年以上	无所谓
受访者 10	男	18~30 岁	学生	6 年以上	无所谓

随着两区合并与新黄埔区城市化的推进，原萝岗区与原黄埔区的经济发展、空间结构、设施建设及居民身份均发生了较大的改变，然而笔者并未发现上述变化给居民身份认同带来了深层改变。由于两区合并不涉及市级行政区划的更改，所以两区居民对广州人身份的认同度较高。在区级层面，原两区居民认同新黄埔区居民身份的占比较少，表示无所谓的受访者较多，认同原区居民身份的受访者也不少。对比显示，两区居民对新黄埔区的总体认同度并不高，即使大部分受访者认同自己在合区中直接或间接受益。

（一）"受益人"身份带来积极认同

地方的经济、基础设施及资源分配的方式等都会对地方认同产生影响。多数受访者也多从地方行政区划变更和身份变化之后是否带来物质收益的角度对自己的身份进行评价，大多数人认同在合区中受益，新黄埔区高速发展的经济与日渐完善的基础设施使多数受访者对新黄埔区表现出积极的认同。

1. 经济发展

调查结果显示，66.2%的居民认为两区合并对新黄埔区整体经济发展有积极的推动作用，这一感知与前期收集的二手数据资料相符。

所有受访者都认同新黄埔的经济得到了极大的发展，受访者认为合区对于经济发展的助力主要体现在拓展产业发展空间，使新黄埔区有更广的可规划的发展空间上；同时政府的人才政策、招商引资政策也发挥着重要作用。

> 新黄埔现在是要成为第二个CBD，现在原萝岗的中新知识城发展得很快，经济发展得快。[1]
>
> 整个区的面积扩大了，对于整个区来说，可供规划和谋划的地方就变多了。原黄埔老的工厂、石化厂、码头迁移不方便，与萝岗合区后，北边就多了很大一片地方，那片地方是可以供新黄埔去规划的。[2]
>
> 经济应该变好了，毕竟两区合并了以后新黄埔区更大了，政府提供了更多的福利以及政策支持。近些年黄埔发展得很快。[3]

但政府合区主要意图之一的劳动力互补在访谈中则无明显显示。根据原萝岗区居民的个体感知，原萝岗区新增的外来人口更多是被人才政策所吸引的来穗人口。

原黄埔区居民认为，合区后黄埔区经济地位的提高满足了他们的自尊心，这对地方认同感知有正向影响。

> 原黄埔在整个广州当中的地位不是那么高的，它的定位是工业区。而且原黄埔这边的教育其实不好，就以前有一点点地位，有点低的感觉，但是后面合了之后，现在黄埔就强了非常多，GDP应该是排到全市第二，就仅次于天河。[4]

---

[1] 2020年6月7日对居民E的访谈。
[2] 2020年6月14日对居民H的访谈。
[3] 2020年6月11日对居民G的访谈。
[4] 2020年6月7日对居民E的访谈。

合区对我来说没有很大收益，可能就是让人感觉比较有排面。①

虽然数据与居民直观感知都显示，新黄埔区的经济得到了飞速的发展，但是提及合区对个人经济收益的影响，64.79%的受访者表示对个人家庭收入没有影响，这在一定程度上意味着居民获得的经济发展红利较少。

对个人收益没有什么具体影响，但觉得这几年房价涨得确实非常快。②

这个是属于城市的规划变动，好像和个人家庭不会有太大的关系。本质也不会引起物价上涨，因为单纯一个合区其实就没什么关系。③

2. 人居环境

地方是能够使人产生强烈感情体验的空间，就城市这一空间而言，居民与城市会产生强烈的互动（Hernández et al.，2007）。基础设施建设、治安环境、居住环境、自然环境的改善都会对居民的地方认同产生较大的影响。

问卷调查结果显示，67.61%的受访者认为两区合并有力推进了基础设施完善，8.45%的受访者认为两区合并起了阻碍了基础设施完善，23.94%的受访者认为两区合并对基础设施完善没有影响。对于治安环境而言，极少人认为治安环境较合区前恶化，一半人认为治安环境有所改善，一半人认为没有变化，就居住环境而言，有一半人认为居住环境更加宜居，30%的人认为没有变化，较少人认为环境质量下降。

大部分的受访者表示合区后基础设施建设更加完善，尤其是在道路交通方面，马路的修缮和兴建次数明显增加。

至少地铁现在正在逐渐增加，电车也在增加，有一些线路好像正在规划。我觉得政府的规划会给我们比较好的预期，这边的交通可能以后会跟广州市区那边比较像。没有达到非常便利的程度，但至少正

---

① 2020 年 6 月 7 日对居民 F 的访谈。
② 2020 年 6 月 7 日对居民 E 的访谈。
③ 2020 年 6 月 21 日对居民 K 的访谈。

在往那边靠拢吧。①

其他的比如医疗设施、城市绿化、文化教育设施、娱乐设施等建设也都在逐步推进。总的来说，就如 4 号受访者所说："基本能够满足日常需求。"受访者提到最多的影响因素，是近几年黄埔举办的马拉松赛，这属于城市发展中的大事件，促进了基础设施的完善。

在治安环境和居住环境方面，受访者基本上都认为这两方面有所改善。

> 治安和居住环境优越，个人觉得在广州各区里是名列前茅的。②
> 更适合居住了，环境变好了，然后周围设施更完善了。感觉市容变好了，空气变好了。公园变多了，商店、商场也变多了，电影院、酒吧都变多了。③

但是，关于基础设施的建设也存在一定争议，由于规划不全面，建设过程中给居民带来诸多不便：

> 因为现在搞建设嘛，到处都在修路，有时候就要绕路走，或者道路变窄，所以就经常堵车。④
> 虽然现在都有地铁，可是地铁站点很稀疏，然后需要公交接驳的，可是公交接驳又没有。⑤

总体来说，受访者在基础设施更加完善、治安与居住环境得到改善方面基本上能够达成共识，虽然也有不同意见，但是比例相对较小，整个城市环境在大体上是逐渐改善的。

3. 其他影响

两区居民对合区是否促进两区经济发展有不同的认知。3 号受访者

---

① 2020 年 6 月 14 日对居民 H 的访谈。
② 2020 年 6 月 26 日对居民 M 的访谈。
③ 2020 年 6 月 11 日对居民 G 的访谈。
④ 2020 年 6 月 9 日对居民 J 的访谈。
⑤ 2020 年 6 月 21 日对居民 K 的访谈。

（原黄埔区居民）认为两区均从经济发展中受益。

原萝岗区居民则对原黄埔在新黄埔发展中起到的作用提出质疑，同时认为原黄埔区及其居民获益更多，而基于两地合区前悬殊的经济发展水平，原萝岗区居民对萝岗区与自身获得的收益与福利的提升所提出质疑是合情合理的。原黄埔区分走原萝岗区发展红利、原黄埔区居民获得直接收益（个人收入提升）的观念无疑会使原萝岗区居民对合区行为提出质疑，对"分红利"的原黄埔区的排斥也将负向影响新黄埔居民身份的认同。

> 因为原黄埔的外债可能还是比较多一点，它的经济肯定是没有萝岗这一边（好），因为萝岗有经济开发区，它肯定是没有萝岗这边好的。我觉得原黄埔区是拖累了（新）黄埔。[①]

同时，有居民认为经济和基础设施建设即使有发展和完善也并非是由于两区合并，而是受社会大环境的影响，在基础设施完善方面，相比起合区，居民更认同国家城镇化与黄埔马拉松等城市大事的促进作用。

> 不确定（这些改善）跟两区合并是否有关，其实跟整个城市化的进程是同步的，经济有很大发展，但是不确定是不是两区合并带来的，可能会有一定的影响。[②]
> 基础设施的完善跟合区没有关系。[③]

4. 小结

总体而言，大部分居民认同在合区中受益。结合问卷与访谈结果，笔者发现，居民直观感知到的新黄埔经济发展和基础设施建设状况，与广州市统计局统计年鉴的数据所显示的相符。然而，居民对于个人经济的直接收益感知又表明经济发展的政策红利尚未惠及全区居民。

同时，两区合并前悬殊的经济发展水平，以及两区在环境改善方面缺乏一定的统筹规划，缺乏全区发展战略的统合，在基础设施、治安、环境等方面的改造联系不多，一定程度上影响到了居民对双方收益情况的感

---

① 2020 年 6 月 18 日对居民 L 的访谈。
② 2020 年 6 月 7 日对居民 E 的访谈。
③ 2020 年 6 月 18 日对居民 L 的访谈。

知，造成对两区合并效果的偏见。

（二）两区居民交往与融合

本地居民与外来居民的交往与融合，本质上是多样的身份认同与文化认同不断交织、互动与碰撞的过程。地方是由基于与个人内部心理和社会过程相互关联构成的物理环境以及在该地点进行的活动来定义（Smaldone et al.，2005）。除了个人因素，地方环境和经济发展等变化外，人与人相关的意义和联系也会影响地方认同（Bott et al.，2003）。萝岗区与黄埔区合区之后，原属两区的人员的流动与交往，对他们的身份认同也产生了一定的影响。

问卷结果显示，63.38%的受访者认为两区合并后，来本区生活与工作的外来居民增加，且半数持有愿意与外来居民交往的态度。居住地临近和工作原因是受访者与外来居民认识的主要途径，也有部分人因为孩子认识以及在社区内总是碰面而与外来居民认识、交往（见图14）。工作变换、新楼盘的建设等因素直接使居民与外来居民认识的机会增加。

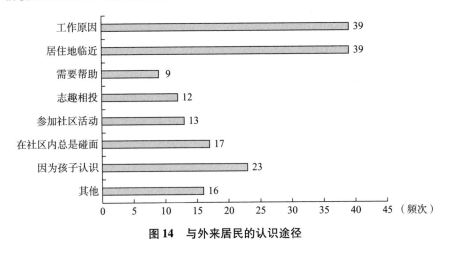

图14　与外来居民的认识途径

有些原黄埔的邻居，还会搬去萝岗，因为那边有新社区、新楼盘。①

也有人认为，与海珠区、天河区等中心城区相比，黄埔区的生存压力较小，且发展态势良好，使得原两区居民在新黄埔区发展的意愿较强。

———————

① 2020年6月7日对居民F的访谈。

　　这边如果要发展的话，还是挺需要人来这里定居还有发展的吧，我个人是这么想的，所以它在吸引外来人口方面其实是有一定的优势，因为它就是没有中心城区那么高的门槛，对外来人口来说其实也算是一个不错的地方。拿我个人的感觉来说的话，我觉得这里就会让人有一种希望吧。①

　　但仍有部分人认为自己缺少与外来居民交往的机会，一是由于往来两区间的交通并不便利，二是各自的社交圈子相对固定，原萝岗区与黄埔区的居民仍在原地上学、生活或工作，两区人的交流并没有因为合区发生显著的改变。

　　来萝岗没有直通的地铁，来这里也不方便……其实原萝岗和原黄埔的交通，除非有车，要不其实都不是很便利的。就算是一个区，直通的公车和地铁也不是特别多。②

　　他们都还在自己原来的生活圈子里呀，不会说萝岗的突然跑到黄埔这边来交流，所以说还是跟自己的同学、家人、同事之类的交往比较多。③

　　两边的交流很少，很多黄埔人也不愿意来萝岗工作的，比如说什么局的什么领导，他在黄埔那里生活习惯了，他来萝岗距离也就十几公里，但是他都不愿意来……因为他在那里生活习惯了，我觉得是一种习惯的问题了。④

　　问卷结果显示，受访者认为自己与外来居民的主要差异体现在社会关系、住房、文化水平等社会因素层面（见图15）。由于两区地域接近，自然环境和历史文化背景相似，故两区居民融合难度较小。近一半的问卷受访者表示自己与外来居民关系较好，30%的人表示关系一般，14%的人表示关系极好，仅有1人表示关系不好。大多数的访谈对象都认为，两区居民并无明显差别，相处较为融洽，因此自己也较好地融入了本区中，对新

---

① 2020年6月14日对居民H的访谈。
② 2020年6月18日对居民L的访谈。
③ 2020年6月9日对居民J的访谈。
④ 2020年6月18日对居民L的访谈。

黄埔认同度较高。

> 就本地人来说,区别很小,大家都是广州人,都很淳朴,踏实,交流起来也不会有隔阂,也就是大家工作的地方不一样,居住的地方不一样而已。[①]
>
> 生活的话都是融合在一起的嘛,我感觉还比较可以,不会有地域歧视之类的,感觉不是特别明显,没有这种类似的体验,我觉得就比较平常,就相当于可以和谐共处。[②]

有着相似文化背景的两区居民交往融合难度较小,交往意愿普遍较强,与外来居民的关系较为融洽,这使得双方排斥感较弱,更利于培养对新黄埔区的认同。但是,大多数原萝岗区和黄埔区的居民都表现出对原区的地方依恋,这是由于两区合并时间较短,本地居民与外来居民的实际联系大多停留在同事关系、邻居关系等表层方面,受固定的社交圈子、较少的社区活动等因素的影响,合并后的两区居民缺少更为深入的交流。此外,不便利的交通成为两区居民交往的一大阻碍,使得两区居民在现实中交流较少,部分黄埔区居民甚至表示不愿意去萝岗区工作,这在一定程度上导致了部分居民对新黄埔区居民的身份认同度不高。

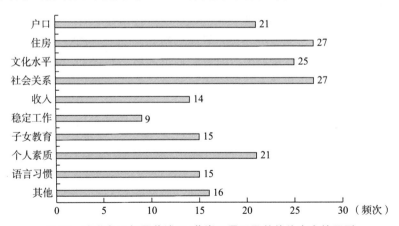

图 15 感觉自己与原黄埔区/萝岗区居民及其他外来人的区别

---

① 2020 年 6 月 15 日对居民 N 的访谈。
② 2020 年 6 月 14 日对居民 H 的访谈。

五 结论与建议

根据上述分析，除了合区时间较短的客观因素限制外，个人从经济发展中获利较少、不便的交通、割裂的发展建设等也是对地方认同产生负面影响的因素。政府作为政策主体，理应采取行之有效的措施进行改善。

新黄埔政府政策的主要关注点在于推动经济转型升级和民生建设。地广人稀的萝岗和地少人多的黄埔在经济发展中呈现互补之势，在利用黄埔的人力资源，扩大高新技术的优势的同时，也要利用萝岗的科技资源，带动黄埔的产业转型升级。另外，原萝岗区在广州经济产值排行前三，属于一个经济大区，但民生建设却跟不上经济的发展。两区合并之后，势必要平衡两地的民生事业发展，提升新黄埔区居民的生活水平。在合区之后，中央层面推出了粤港澳大湾区的发展规划，新黄埔区地理位置优越，处于粤港澳大湾区的核心腹地。因此，把握时代的风口、贴合粤港澳大湾区发展的需要制定新的政策成为区政府工作的新重点。

（一）政策分析

1. 推动经济转型升级

原黄埔区和原萝岗区坐拥广州东进战略的空间地理优势，两区整合后经济体量巨大、外向型经济厚实、科技创新基础强大，拥有创新枢纽核心区的优越区位条件。新黄埔区政府有着长远的战略眼光和战略意识，牢牢把握住新黄埔区的优势所在，推出相关政策。主要的政策方向是推动经济转型升级，具体内容如发展新兴产业、扶持中小企业、改善营商环境、加速人才集聚等。这一系列的措施都有利于激发黄埔区全链条科技创新活力，巩固科技优势，推动经济转型升级。

2. 努力改善民生福祉

居住满意度、幸福感等个体心理因素是影响居民地方认同的重要因素，良好的生态环境和人文环境也是增强居民地方认同的重要条件。黄埔区政府着手于居民的教育、医疗、养老、就业、文娱等各个领域，全面发展各项社会事业，办好民生实事，完善社会保障体系，努力提升居民的幸福感、认同感，体现了黄埔区政府的责任担当。

在教育领域，黄埔区政府加快义务教育标准化学校建设，扩容优质教育资源，进一步推进合作办学、集团化办学；实施特殊教育普及计划；开展人工智能教育试点，推广在线教育。在医疗方面，区政府不仅重视医疗行业向高端发展，还致力于扩展基础医疗体系，让每一个黄埔居民都享受方便、及时的医疗服务。具体措施有：构建健康大平台，提升医疗服务水平；落实公立医院改革措施，完善三级医疗卫生服务体系；建设城市社区15分钟、农村地区30分钟基本医疗卫生服务圈；构建"互联网＋医疗健康"服务新模式。养老方面，黄埔区深化养老服务改革创新，重点发展社区居家养老，打造医养结合品牌，实现养老机构医养结合全覆盖。就业方面，黄埔区政府帮助城镇登记失业人员实现再就业，落实社保减负、补贴稳岗和就业用工政策措施，充分发挥失业保险民生兜底作用。

文化建设上，充分利用好黄埔区本身拥有的文化资源，擦亮黄埔文化品牌，提升东江纵队纪念广场、辛亥革命纪念馆、黄埔军校等影响力；继续办好黄埔马拉松等明星赛事，创造运动之城的新文化品牌。同时，黄埔区政府着力改善生态环境，加强重点污染源监管，做好企业绿色升级改造，抓好各种污染的防治工作，加快实施节能技术改造项目。坚持不懈治理黑臭河涌，扩建水质净化厂，加大污水管网建设力度，推进河涌两岸清理整治，建设黄埔绿水青山。

（二）存在问题与对策建议

在经济层面，高新技术产业处于产业链的尖端，企业设置的门槛很高，人才质量要求也很高，普通劳动力难以胜任工作，主要是靠吸引全国各地的高素质人才。因此，普通的黄埔区居民难以直接享受到高新技术企业快速发展产生的红利，从而与黄埔区的高速发展脱轨。例如中新知识城等园区对于他们来说就是另一个层次的地区，无法对他们的生活质量产生较大的影响，因此也难以增强他们的地区认同感。一方面是经济的高速发展，另一方面是"利不惠民"，此困局是黄埔区政府无法回避的。

基础设施的完善、民生设施的建设需要耗费大量的财力和时间。合并成新黄埔区后，需要进行民生配套基础设施建设的地方增加了不少，新黄埔整体基础设施不完善，配套设施不全面，特别是交通建设上的布局不合理，造成了两地来往的不便利。黄埔区政府同样也意识到这一点，2020年实施的"72386"外围交通发展行动或许将改变此局面，但在交通建设过程中，也应尽量避免给居民生活带来不便。同时原萝岗区的民生建设质量与经济体量不相符合，基础设施建设仍须继续加大力度，在保质保量的前提下快速推进。

另外，在对于地区认同十分重要的文化建设方面，受到历史资源的限制，新黄埔的文化建设大部分仍旧以旧黄埔所拥有的文化底蕴为基础，要想更好地增强居民认同感，还需要打造一个属于新黄埔全区的文化品牌，让全区居民有统一的文化认同背景。

附录一　调查问卷

您知道这里是原萝岗区/原黄埔区吗（　　　）

（一）个人资料

1. 性别（　　　）

A. 男　　　　　　　B. 女

2. 年龄（　　　）

A. 18 岁以下　　　B. 18～30 岁　　　C. 31～55 岁　　　D. 55 岁以上

3. 婚姻状况（　　　）

A. 未婚　　　　　　B. 已婚　　　　　C. 离异　　　　　D. 丧偶

4. 文化程度（　　　）

A. 初中以下　　　　　　　　　　B. 高中、中专及中技

C. 大专　　　　　　　　　　　　D. 本科以上

5. 身份（　　　）

A. 学生　　　　　　　　　　　　B. 农民

C. 工人　　　　　　　　　　　　D. 公务员

E. 私营业主　　　　　　　　　　F. 企业人员

G. 事业单位人员　　　　　　　　H. 退休

I. 社会组织人员　　　　　　　　J. 待业或无业人员

K. 其他

6. 在黄埔区生活或工作年限（　　　）

A. 6 个月以下　　　　　　　　　B. 6 个月～1 年

C. 1～3 年　　　　　　　　　　　D. 3～5 年

E. 5 年以上

7. 是否打算长期留在黄埔（　　　）

A. 是　　　　　　　　B. 否　　　　　　　　C. 不确定

8. 户口性质（　　　）

A. 城市户口　　　　　B. 农村户口

9. 户籍是否在黄埔？（　　　）

A. 是　　　　　　　　B. 否

（二）影响感知情况

环境影响感知

1. 您认为两区合并，对推进新型城镇化的影响是（　　　）

A. 推进了城镇化　　　B. 没有影响　　　　　C. 阻碍了城镇化

2. 您认为两区合并，对推进基础设施完善的影响是（　　　）

A. 推进了基础设施完善　　　　　B. 没有影响

C. 阻碍了基础设施完善

3. 您认为两区合并对于交通的影响是（　　　）

A. 缓解了交通压力　　　B. 没有影响　　　　C. 加剧交通堵塞

4. 您认为萝岗区与黄埔区合并后的治安环境（　　　）

A. 变好了　　　　　　B. 没有变化　　　　　C. 更差了

5. 您认为两区合并对于社区居住环境的影响是（　　　）

A. 更加宜居　　　　　B. 没有变化　　　　　C. 变差了

社交影响感知

1. 您认为两区合并后，来原萝岗区生活与工作的外来人（　　　）

A. 变多了　　　　　　B. 不清楚　　　　　　C. 变少了

2. 与外来居民交往的态度（　　　）

A. 愿意　　　　　　　　　　　　B. 无所谓

C. 不愿意　　　　　　　　　　　D. 没有交往的时机

3. 与社区外来居民的认识途径（　　　）

A. 工作原因　　　　　　　　　　B. 居住临近

C. 需要帮助　　　　　　　　　　D. 志趣相投

E. 参加社区活动　　　　　　　　F. 社区内总是碰面

G. 因为孩子认识　　　　　　　　H. 其他

4. 与外来居民的关系评价（　　　）

A. 很好　　　　　B. 较好　　　　　C. 一般　　　　　D. 不好

E. 非常不好

经济影响感知

1. 您认为两区合并对新黄埔区整体经济发展情况的影响是（　　　）

A. 有积极的推动作用　　　　　　B. 没有影响

C. 有消极影响

2. 您认为两区合并对个人家庭收入的影响是（　　　）

A. 有积极的推动作用　　　　　　B. 没有影响

C. 有消极影响

3. 两区合并后，您一年内更换工作的频率是否有变化（　　　）

A. 没变更过　　　　　　　　　B. 比合并前多 1 次

C. 2 次　　　　　　　　　　　D. 3 次以上

4. 两区合并后，企业工作氛围是否更加理想（　　　）

A. 理想　　　　　B. 一般　　　　　C. 不理想

5. 家庭平均月消费数额（　　　）

A. 1000 元以下　　　　　　　　B. 1000～2000 元

C. 2000～3500 元　　　　　　　D. 3500～5000 元

E. 5000 元以上

6. 您认为两区合并对家庭平均月消费数额影响是（　　　）

A. 物价上涨更快，花销更大了　　　B. 没有变化

C. 花销变少了

（三）身份认同感知

1. 感觉与原黄埔区居民及两区合并后加入原萝岗区的外来人的差异
（　　　）

A. 户口　　　　B. 自己的住房　　C. 文化水平　　D. 社会关系

E. 收入　　　　F. 稳定工作　　　G. 子女教育　　H. 个人素质

I. 语言习惯　　　J. 其他

2. 您更认同哪种身份（从最大到最小排序）

A. 萝岗人　　　B. 黄埔人　　　C. 广州人　　　　D. 广东人

	最大认同——————→最小认同		

3a. 对原萝岗区与新黄埔区的认同（　　　）

A. 仍认为是原萝岗区的一分子

B. 无所谓

C. 认同黄埔人身份

D. 排斥黄埔人身份

3b. 对原黄埔区与新黄埔区的认同（　　　）

A. 对新黄埔区没有归属感

B. 无所谓

C. 认同新黄埔人身份

【原黄埔区居民填写】4. 认可原萝岗区与萝岗区居民是新黄埔的一分子吗？

A. 是　　　　　　B. 否

【原黄埔区居民填写】您是否认同萝岗区对原黄埔的经济起了带动作用？

A. 是　　　　　　B. 否

附录二　相关政策/举措梳理

（1）涉及行政区划调整的主要政策

发布机构	政策文件	主要内容
广州市政府	《广州市人民政府关于我市部分行政区划调整的通知》（穗府〔2014〕15号）	"撤销广州市黄埔区、萝岗区，设立新的广州市黄埔区，以原黄埔区、萝岗区的行政区域为新的黄埔区的行政区域，黄埔区人民政府驻萝岗街道香雪三路1号"
	《广州市人民政府关于因行政区划调整修改〈广州市扩大区县级市管理权限规定〉等93件政府规章*的决定》	将政府规章中"县级市"的表述修改为"市辖区"等；修改行政区划调整后相关地名

注：*涉及修改调整的共93件政府规章目录详见相关政策文件

（2）行政区划调整后相关举措

类型	举措
政务	保留区委办与政府办合署办公；组建好广州开发区和黄埔区新的"两套"党委领导班子
	过渡期期间，一个职能部门共用两套政务服务系统；自 2015 年 8 月 1 日起，开发区、新黄埔区的公共管理和服务事项可跨区办理，采取"互为授权代为收件（受理）、后台各自审批、事后文件流转"的方式实施，但社保属于不可通办事项
	行政审批局实行集中服务和审批，打造"一窗式"政务服务新模式，推行"多证联办"
	区行政审批监管大数据平台进入最后调试阶段，待该平台正式运作后，从审批到监管的相关数据将全面互联互通，政务窗口的综合受理会全面开展，届时两区的审批系统将全面数据共享，政府办事和服务效率将会大大提升
党务	加强区划调整期间的宣传引导
	全体干部要自觉服从组织安排，正确对待个人岗位调整，以积极向上的心态，支持、参与、服从行政区划调整
	对区划调整后的产业融合、基础设施对接、空间布局整合进行统筹谋划
民政	群众不必更换身份证，公安部门更改芯片的地址即可
	原黄埔婚姻登记处和原萝岗婚姻登记处将通办全区婚姻登记业务
	黄埔区户籍居民只要符合社会救助条件的都可申请低保，享受低保等各项社会救助待遇。同时，黄埔区民政局将进一步优化流程，缩短办理时间，并尽快实现所有业务的互通互办
经济	发展高新技术产业，推动产业转型升级
	发展总部企业经济：根据规划，未来黄埔区将加大引资引技引智力度。到 2020 年，新引进 100 个总部项目、100 个重大项目、100 个高层次领军人才项目，使黄埔成为万商云集、名企汇聚的活力之区
	加快推进创新驱动，将新黄埔区定位为"创新驱动发展示范区"和"国际创新资源集聚区"
交通	未来将开通 4 条地铁线路和 5 条新型有轨电车线路
教育	小学地段生招生会严格遵循免试就近入学的原则，不会做大的调整。新建楼盘的学位安排会以尊重历史和体现公平为原则，沿袭以往以地块划分确定学校地段的做法
	初升中招生工作，原黄埔区大沙地城区电脑派位，长洲岛片区、双岗庙头片区学生对口直升将相对稳定，招生方式不会变化
	原两区交界地带，根据原黄埔区新港中学已易址新建搬迁完成且与原萝岗东区中学相邻的实际，将考虑市 87 中、新港中学、东区中学采取就近对口直升的方式
医疗	未来将建设广州市第十二人民医院等 3 家三甲医院
	广州医科大学附属第五医院、广东省工人医院、开发区医院等将进行扩建和升级改造
文化	全面推动南海神庙、黄埔军校、玉岩书院、华峰寺等文化遗产的保护、传承、发展和利用，提升黄埔在"海丝起点"世界城市群中的影响力

参考文献

杜芳娟、陈晓亮、朱竑，2011，《民族文化重构实践中的身份与地方认同——仡佬族祭祖活动案例》，《地理科学》第12期，第1512~1517页。

广州市统计局，2012~2018，广州市统计年鉴（2012~2018年），广州市统计局网站，http://112.94.72.17/portal/queryInfo/statisticsYearbook/index。

侯爱敏，2018，《美国市县合并的五个突出特征及其对我国区划调整的启示》，《国际城市规划》第6期，第43~48页。

雷风，2020，《基于尺度重组与地域重构视角的泰国城市行政区划改革研究》，硕士学位论文，浙江大学。

李凡、杨俭波、何伟财，2013，《快速城市化背景下佛山传统祠堂文化景观变化以及地方认同的建构》，《人文地理》第6期，第9~16页。

马凌、张媛媛、朱竑、陈晓亮，2019，《城市行政区划调整背景下城郊居民地方认同的重构与机制研究——以广州番禺小龙村为例》，《地理研究》第8期，第2044~2057页。

唐为、王媛，2015，《行政区划调整与人口城市化：来自撤县设区的经验证据》，《经济研究》第9期，第72~85页。

田青，2015，《湄洲岛旅游者地方认同研究》，硕士学位论文，湖南师范大学。

王开泳、陈田，2011，《国外行政区划调整的经验及对我国的启示》，《世界地理研究》第2期，第57~64页。

王贤彬、聂海峰，2010，《行政区划调整与经济增长》，《管理世界》第4期，第42~53页。

魏衡、魏清泉、曹天艳、赵静，2009，《城市化进程中行政区划调整的类型、问题与发展》，《人文地理》第6期，第55~58页。

魏立华、阎小培，2004，《珠江三角洲城市规划和行政区划的耦合演进机制研究》，《规划师》第11期，第87~92页。

吴金群、廖超超，2019，《我国城市行政区划改革中的尺度重组与地域重构——基于1978年以来的数据》，《江苏社会科学》第5期，第90~106、258页。

行政区划网，2021，《黄埔区历史沿革》，行政区划网站，https://www.xzqh.org/html/show/gd/21203.html。

颜小钗，2017，《广州黄埔探路"幸福养老"》，《中国社会报》3月3日，第5版。

殷洁、罗小龙，2013，《从撤县设区到区界重组——我国区县级行政区划调整的新趋势》，《城市规划》第6期，第9~15页。

周亚伟，2018，《打造创新型产业集群 建设现代化经济体系》，《光明日报》1月15日，第 7 版。

朱竑、刘博，2011，《地方感、地方依恋与地方认同等概念的辨析及研究启示》，《华南师范大学学报》（自然科学版）第 1 期，第 1~8 页。

庄春萍、张建新，2011，《地方认同：环境心理学视角下的分析》，《心理科学进展》第 9 期，第 1387~1396 页。

Bott S., Cantrill J. G., Myers O. E., 2003, "Place and the Promise of Conservatory Psychology," *Human Ecology Review* 10 (2): 100 – 112.

B. Hernández, M. C. Hidalgo, M. E. Salazar-Laplace, & S. Hess, 2007, "Place Attachment and Place Identity in Natives and Non-natives," *Journal of Environmental Psychology* 27 (4): 310 – 319.

Marzano, & Gilberto, 2015, "Using Resource Description Framework for Description and Modeling Place Identity," *Procedia Computer Science* 77: 135 – 140.

Proshansky, H. M., Fabian, A. K., & Kaminoff, R., 1983, "Place-identity: Physical World Socialization of the Self," *Journal of Environmental Psychology* 3 (1): 57 – 83.

Qunchao, Lv, & Xinli, Xie, 2017, "Community Involvement and Place Identity: The Role of Perceived Values, Perceived Fairness, and Subjective Well-being," *Asia Pacific Journal of Tourism Research* 22 (9): 951 – 964.

Smaldone D., Harris C., Sanyal N., 2005, "An Exploration of Place as a Process: The Case of Jackson Hole, WY," *Journal of Environmental Psychology* 25 (4): 397 – 414.

行政区划调整的逻辑成因及其影响

——以广州市越秀区为例

罗文泽　梁佩雯　张馨月　蔡卓汐　朱丹怡*

摘　要： 行政区划调整作为城市管理领域中的重要议题，一直备受学界的关注，但关于城市内部的市辖区调整的研究尚不全面。为了能够更加全面地探讨行政区划调整的逻辑成因及其影响，本文以广州市越秀区 2005 年和 2013 年进行的行政区划调整为例，基于政府政策文件及相关的新闻报道，对越秀区相关部门的工作人员和本地居民进行调研。研究发现，城市区划改革在注重经济发展的同时，兼顾城市文化功能的提升。行政区划调整的原因可总结为对效率与公平的要求，即城市延展经济发展空间的需要与完善公共服务供给的需要，而历史文化因素也是影响行政区划调整的重要原因。本文弥补了已有文献对行政区划合并具体案例成因研究的空缺，而且关注到了行政区划调整给社会民生领域带来的变化和影响。

关键词： 行政区划调整　城市管理　经济发展　公共服务

一　导论

（一）研究背景

行政区划调整，是指政府根据国家社会、经济、政治等方面的需要，因时因地制宜对各级行政区划进行适度的规划调整（尚正永等，2015）。为适应国家发展的需要，我国历史上曾进行过多次重要的行政区划调整，

---

* 罗文泽、梁佩雯、张馨月、蔡卓汐、朱丹怡，中山大学政治与公共事务管理学院行政管理专业 2018 级本科。

近年来尤其频繁发生在改革开放后经济迅速发展的东南沿海地区。广州市越秀区的行政区划调整就是其中一个重要案例。自新中国成立以来，越秀区在行政区划和街道管辖范围上的调整多达七次，其中对近些年越秀区经济发展、资源调配、人口聚集、建筑规划等方面有较大影响的两次调整分别发生于 2005 年和 2013 年。

2005 年，广州市政府工作报告明确指出要把握好主办亚运会的时机，进一步加强城市基础设施建设和改善生态环境。统筹规划区域协调发展，落实多层次、多片区建设发展规划，完善城市结构与功能，推动广州市发展成为多中心、网络型、组团式的现代大都市。由此拉开了该年越秀区行政区划调整的序幕。2013 年，越秀区的管辖和治理出现了新的缺陷，政府又公布部分行政区划调整方案，尝试解决当时存在的行政资源分配不合理、公共服务均等化发展迟滞、区域打造缺乏整体合力、财政投入分散等主要问题。经过一系列努力，这两轮行政区划调整都得以顺利完成，越秀区重新焕发出发展活力，推动越秀区成为广州市的政治、经济、科技、教育、文化中心之一，夯实商贸服务业的基础，重点发展第三产业，同时发展特色经济，推动打造产业新格局。

（二）研究问题

通过前期资料收集和文献阅读发现，针对中国城市行政区划的管理和调整，目前有许多相关主题的研究文献，但其中较少研究文献根据具体案例探究其成因，对公共服务、治理效率等方面的影响进行分析的文献也十分有限。本研究希望基于政府政策及相关的新闻报道，对越秀区相关部门的工作人员和本地居民进行访谈，以了解其行政区划调整的原因以及对公共服务、治理能力等方面的影响，概括总结出行政区划的调整逻辑及其社会影响的一般规律，进而反思决策时应如何进行城市行政区划的合理规划，并指出今后行政区划调整时所要重视的内容。

二　文献综述

目前，学术界对于行政区划调整有较多研究。尚正永等（2015）指出，行政区划调整是指政府根据国家各方面的现实需要对各层级的行政区划进行适度的规划调整。汪宇明等（2008）认为，行政区划是中央政府加强地方管理的有效行政手段，是事关国家各方面、全方位布局的重大战略举措。

（一）行政区划调整的逻辑成因研究

叶林、杨宇泽（2017）通过梳理学界对于中国城市行政区划调整的既有研究发现，在城市行政区划调整的内在逻辑方面，学界同时存在政治、发展和治理逻辑的三种解释路径。从政治逻辑来看，我国行政官员可借行政区划调整追求更大政治权力。学者 Cartier（2011）认为，中国行政区划的调整受到政治力量的强大影响，行政区划的调整过程映射着中国统治权力的变迁。Cartier（2016）基于苏州市的案例分析了国家如何借助行政区划调整和晋升激励等手段来调解城市行政级别与经济地位不协调所产生的矛盾。从发展逻辑来看，学界研究大致形成分权化、行政区经济和城镇化三种分析角度。从分权化角度出发，顾朝林等（2015）认为分权的诉求是中国城市行政区划调整的重要推动力之一。从行政区经济角度出发，行政区划调整的一个重要目的是使行政区与经济区相适应，削弱行政区划对区域发展的壁垒效应，推进区域经济发展（刘君德，2006；刘小康，2006；魏衡等，2009）。从城镇化角度出发，中国城镇化水平的提高会推动城市的行政区划调整，城镇化是行政区划调整的关键动力（谢涤湘，2009）；当城市发展到一定阶段后，城市发展资源要素的重组也必须通过行政区划调整进行（尚正永等，2015）。总之，以上三种视角均认为中国城市语境下的行政区划调整是推动社会经济发展的重要工具。从治理逻辑来看，传统区域主义倡导通过行政合并与兼并打造一个统一的大都市区政府来提高公共服务效率和区域竞争力（Savitch & Vogel，2000）。新区域主义则强调多主体的协同治理而非硬性的行政区合并，倡导多个地方政府间开展深入的跨区域、跨部门合作（Savitch & Vogel，2000；Ye，2009；张紧跟，2010；叶林，2010）。张践祚等（2016）则从尺度重构视角分析行政区划演变的动力，结合对广东省历次行政区划调整案例的分析发现，行政区划调整的实质是国家为应对新的国内外形势，提升区域竞争力而采取的尺度重构策略。

本文将从治理逻辑的传统区域主义的视角出发，探讨市辖区合并背后的逻辑。随着改革开放的逐渐深入，区一级政府作为块块的重要性愈发明显，不论在城市的市政建设中，还是在经济发展过程中都发挥着重大作用。2005 年以来，广州市进行了两次影响较大的行政区划调整，主要做法是集中合并部分辖区及规划建立新区，以此重新设置更有利于该区域经济发展的行政区，在促进区域竞争力和提高区域内公共服务效率等方面产生了显著影响。从调整的内容和目标来看，传统区域主义的视角显然符合本文的主题。

（二）行政区划调整的影响研究

目前学界对于行政区划调整影响的研究尚不全面，现有研究主要集中于两方面，一是行政区划调整是否有利于当地经济发展，二是行政区划调整是否提高当地城镇化水平，而对其他领域影响的讨论少之又少。尚正永等学者（2015）将城市行政区划调整分为"引导性调整"和"适应性调整"两类：前者可以解决城市未来发展的空间问题，后者可破解城市空间发展的体制障碍，解决城市发展中突出的问题。行政区划调整会影响城市的辖区范围，城市人口规模和用地规模亦会发生变化，这一系列变化都会对城市的总体经济实力产生进一步影响，进而影响城市发展的动力。行政区划调整通过减少管理层级，促进要素的合理流动，进而推动政府职能的转变，促进政府管理制度创新发展。政府因时因地制宜进行行政区规划调整，能够为加快城市化进程创造有利的条件（张京祥等，2002）。罗震东等（2015）认为，行政区划调整如果能够与生产力的发展相协调，则会促进经济、社会的功能性发展，反之则会成为发展无序、重复建设、恶性竞争等诸多问题的制度诱因。

行政区合并作为行政区划调整的具体措施之一，在行政区划调整的相关研究中处于重要地位。20 世纪 90 年代后，随着信息技术和交通技术的发展与运用，城市政府的管理能力和行政效率大大提升，很大程度上扩大了管辖范围和服务距离，鼓励了大部分地区采取不同手段进行行政区划调整，如撤县（市）设区、区县（市）合并、县级市边界重组，加速形成扁平化、大规模的城镇空间体系（吴金群、廖超超，2019）。殷洁、罗小龙（2013）将"区界重组"定义为以市辖区为主体的行政区划调整，这种"区界重组"发展成市级政府进一步优化城市功能、提升城市综合竞争力的有效行政手段。持类似观点的罗震东等学者（2015）认为，近些年来，我国城市空间扩张动力不足，撤县（市）设区的综合成本过高，为满足都市区空间发展要求，"区界重组"是一种更为务实的方式。

Liu 等（2014）基于中山市的案例研究发现，行政区的合并推动了行政区融合，并且提高了城市化水平，其提出了从"政府主导下的城镇化"视角来解释中国城市行政区的兼并现象。有关行政区兼并如何影响城市产生的研究，受限于研究范围，学界对此的探讨较少。殷洁、罗小龙（2013）认为，"区区合并"不仅可以解决城区布局划分不合理问题，而且能驱动现有城市功能区发挥集聚带动效应，进而提升城市综合竞争力。此外，"区区合并"在整合资源、加强对小面积中心城区规划管理方面同样发挥着重要作用（朱建华等，2015）。刘豫萍等（2015）基于湖南省某乡镇的案例研究发现，行政区合并对于乡镇层面而言可能会产生经济萧条等负面影响，而非理想的共赢状态。

目前学界虽然有较多对行政区划调整进行研究的文献，但仍缺乏根据具体案例探究其成因的相关研究，涉及行政区合并的文献更是有限，其逻辑成因及效果还有待实证检验。除了会对经济和城市化水平带来影响，行政区合并对公共服务等其他领域是否也产生了进一步的影响？我们将结合具体的案例，从更深层次探讨行政区划调整的内在逻辑成因及其带来的影响。

三 案例描述

（一）调研目的及设计

本研究旨在通过深度访谈的方式来获得广州市越秀区 2000 年以来两次重大行政区划调整的一手资料，探讨广州市越秀区行政区划调整的内在逻辑成因及其影响。深度访谈对象分为两类，第一类是越秀区相关部门人员，第二类是越秀区本地居民。访谈的时间每次为 30 分钟至 60 分钟，根据半开放式访谈提纲进行，其中访谈提纲基于前期从政府部门官方网站和媒体采访收集的二手资料及理论文献等材料设计而成。在访谈前先让被访谈者充分了解本次访谈的目的和内容，在访谈中形成访谈札记，以及在访谈后进行录音的逐字转录和整理。

（二）访谈对象

本次访谈的对象共四位，包括一位广州市越秀区有关部门负责人和三位本地居民。部门负责人处于政府组织中，能够更容易获得有关区划调整的内部决策信息；本地居民是行政区划调整中受到直接影响的利益相关者，因此不能忽视他们的直观感受和体会。

本次访谈所选取的对象都具有一定的知识水平，比较愿意主动关注相关政策的出台，而且长期工作或生活在原东山区，对这一带的环境变迁和风土人情较为熟悉，代表性较强。

（三）案例背景

1. 基本背景

越秀区面积 33.80 平方公里，下辖 18 个街道，据《2021 年广州市越秀区国民经济和社会发展统计公报》的数据，总户籍人口 117.45 万，人口密度 3.47 万人/公里^2，其人口密度远高于广州市其他区。作为广州市中心城区之一，越秀区已形成了全新的产业格局。

广州市最繁华的商贸中心和古城文化旅游区之一就坐落在越秀区内的中山五路一带，主要囊括了北京路等本地知名商贸区以及流花会展等国际知名商务区。同时，作为广州市中心城区之一的越秀区也具有悠久的历史，自秦汉时代起就有多个历史政权的政治、军事中心设立于此；越秀区内汇聚了八个朝代累计 2000 多年的历史文物和名胜古迹，包括镇海楼、石室圣心大教堂、西汉南越王博物馆等。越秀区曾被认定为第六批全国民族团结进步创建示范区（单位），为《2018 年中国百强区发展白皮书》所收录，位居第九名。综上所述，越秀区凭借政治、经济、文化等突出表现，可被视为广州市优秀行政区的代表。

不可忽视的是，越秀区在各个方面能有今日这般成就，离不开政府过去数十年对越秀区的合理规划和有效治理。自新中国成立以来，越秀区就曾经历过七次行政区划和街道管辖范围的调整，其中对近些年越秀区经济发展、资源调配、人口聚集、建筑规划有较大影响的两次调整分别发生于 2005 年和 2013 年。

20 世纪 90 年代，脏乱差、交通不便等一直是困扰广州的主要问题。1998 年 7 月，市政府为改善广州整体市容市貌，提升广州在华南城市群中的中心城市形象，提高广州市的对外综合竞争力，在时任广东省委书记李长春的率领下，协同各级领导召开城建现场办公会，会议明确了之后近 20 年中长期的城建发展目标，要推动广州市城建大发展。

2. 首次调整

2005 年，广州市政府工作报告指出，要把握好主办亚运会的时机，进一步加强城市基础设施建设和改善生态环境。一方面强调将主办亚运会东道主身份与建设广州现代化大都市工作相结合，通过联动发展的建设新模式促进广州现代化建设，进一步优化广州市发展布局；另一方面强调在统筹规划城乡区域协调发展的前提下，编制多层次、多片区的建设发展规划，努力完善广州城市结构和城市服务功能，推动广州朝多中心、网络型、组团式的现代化大都市方向发展。

基于广州市当年政府工作报告所明确的目标，2005 年 4 月 28 日发布的政府文件决定撤销广州市东山区。原东山区所管辖的行政区域，以及白云区、天河区各 1 条街道，天河区的部分居委会、部分街道区域，均划归越秀区进行管辖，除此之外，还调整了越秀区与荔湾区的部分边界线。同年 9 月，市政府正式实施调整部分行政区划，经调整后，新的越秀区累计管辖 22 个街道。

3. 再度优化

2013 年，越秀区治理过程中出现了行政资源分配不合理、公共服务均等化存在差异、区域打造缺乏整体合力、财政投入分散等新问题，区政府决定：撤销原东风街道与原六榕街道，合并建立新六榕街道，其总面积为 2.04 平方公里，可容纳 10.12 万人；撤销原诗书街道以及原大新街道大德路以北 3 个社区，并与原光塔街道合并建立新光塔街道，合并后的新光塔街道总面积为 1.07 平方公里，可容纳 10.58 万人；将原大新街道的 11 个社区重新规划，与原人民街道合并为新人民街道，其面积为 1.51 平方公里，可容纳 10.45 万人；撤销原广卫街道后并入原北京街道组成新北京街道，新街道面积为 1.27 平方公里，可容纳 9.06 万人。换而言之，是将越秀区原有的 22 个街道重新调整为 18 个街道（曾卫康、苗勃，2013）。

越秀区这次的重点规划街道主要集中在辖区的中西部地区，前期的调研论证工作历经近一年的时间。最终落实调整方案为：建制合并辖区内面积较小、地域相邻的 8 个街道，剩余的 14 个街道保持不变，新规划的 4 个街道的总面积均超过了 1 平方公里，可容纳 10 万以上常住人口，基本达到区政府城建规划的预期目标（见表 1）。

表 1 越秀区两次行政区划调整的比较

	改革动机	改革内容	改革层级	越秀区区划变化
2005 年	以举办亚运会为契机，进一步优化城市基础设施和改善城市生态环境；落实城乡区域协调发展总规划，推动形成多中心、网络型、组团式城市发展新格局	撤销东山区；调整越秀区、荔湾区、天河区、白云区管辖范围	区级	新的越秀区管辖洪桥、广卫、北京、六榕、流花、东风、光塔等 22 个街道
2013 年	辖区内存在行政资源分配不合理、公共服务均等化存在差异、区域打造缺乏整体合力、财政投入分散等问题	部分街道合并出新六榕街道、新人民街道、新光塔街道、新北京街道共 4 个街道	街道级	建制合并 8 个街道，其余街道保持不变；新产生的 4 个新街道总面积均超过 1 平方公里，可容纳约 10 万人

四　案例分析

根据访谈资料分析 2005 年和 2013 年广州市越秀区行政区划调整的原因，可以总结为对效率与公平的需求。

（一）2005 年行政区划改革的效率导向：基于文化和经济因素的考虑

一方面，从文化因素的角度来看，越秀区与东山区历史文化底蕴深厚，历史文化遗产丰富多样，但行政边界的阻隔影响了这些历史文化资源的整体性。由于决策者的主观意志、偏好和决策动机的不同，在开发利用和维护等方面难免会出现分歧，使得管理的可操作性较低、协调成本较高，还可能给历史文脉的整体性带来威胁。

将东山区和越秀区合并，有利于加强对这些历史文化资源的集中管理，进而保持历史文脉的延续性和整体性。近年来，合并后的越秀区不断强化对历史文化资源的挖掘和保护，用"绣花"的功夫推进广府文化的更新、保护、利用，借助现代化科学技术手段，创新发展传统文化的表现形式，彰显历史风貌的特色，赋予了它们新的生机和活力。

另一方面，文化是经济社会发展的驱动力，而历史文化因素的本质则是经济因素。为进一步扩大经济发展空间，行政区划调整成为重要实现途径之一。政府考虑到，东山区和越秀区各项资源和产业结构较为相似，但是两个区管辖的行政范围较小，资源分散、产业雷同，不利于形成规模效益和核心竞争力，制约了经济的可持续发展。将两区合并后，新的辖区面积增加，经济发展空间扩大和发展潜力大幅上升，带动商贸旅游的经济优势也将更为明显突出。

事实上，合并之后的越秀区在短时间内经济发展迅速。2006 年，新越秀区总面积在广州市各区中占比最低，仅占全市总面积的 1%，而生产总值、商品销售总额占全市比重均居首位，分别高达 17.3% 和 28.6%，充分反映了合并之后，作为广州市中心城区之一的越秀区具备雄厚的经济实力和巨大的商贸旅游产业优势。[1]

由此可知，2005 年的行政区划改革主要服务于经济发展，也就是为了实现效率上的提升。将文化要素注入经济发展，则有利于实现这一目标。原越秀区与原东山区文脉有一定的相似性，两区合并有利于商贸旅游资源的整合。在此基础上，行政区划改革后的越秀区，在商业贸易产业及文化旅游产业的发展上取得了不凡的成绩，打造出"文化 + 产业链"。换言之，政府通过合并两区来整合历史文化资源，从而推动区域的历史文化优势转化为经济发展优势，增强越秀区商贸旅游产业方面的竞争力，并提高越秀区的经济效益。

（二）2013 年行政区划改革的公平导向：基于行政资源配置和公共服务供给均衡化的需要

行政区划改革不只是简单地合并区域，更多的是要考虑行政区划调整后，如何优化该行政区划内的资源配置。在 2013 年改革前，越秀区内不少街道或区域的服务供给能力都无法与区域内的居民需求均衡匹配。在进行区域网格规划后，各街道的基础设施建设和资源能力达到均等化，有利于越秀区内社会资源的公平分配。

第二次行政区划调整的范围比较小，是区内部调整，2005 年越秀区经过行政区划调整后形成了 22 条行政街道，存在街道数量过多、网格过小、区域规划不合理、部分街道规模差异悬殊等问题，将原来的

---

① 2020 年 6 月 11 日对广州市越秀区有关部门负责人的访谈。

8 条街道合并为 4 条街道后平均面积为 1.47 平方公里，使规划更加
合理。①

由访谈可知，两次改革都相对顺利，基本没有太大争议。这得益于内
部合理的改革手段和外部积极的改革条件。

在内部，城市管理者的目的是促进区域的长足发展。在城市管理者的
领导下，经过科学决策、采取合理的改革手段，两次调整都达到了预期目
的，在效率和公平层面上皆取得了预期的成果。由此可见，两次行政区划
调整在一定程度上优化了生产要素配置，促进区域协调发展。调整后，越
秀区充分整合城市资源，优化了城市规划与建设，有效加强城市管理，充
分实现经济社会的全方位发展。在外部，第一次调整前的东山区和越秀区
产业结构、历史文化都具有相似性，为调整提供了有利条件，因而在过渡
期能保持相对稳定；第二次调整时，由于区域内各要素基本稳定，越秀区
的内部规划和调动并未遇到较大阻力。

然而，从访谈中可知，越秀区 2005 年行政区划调整一定程度上忽视了
当地居民的内心情感与文化情结，部分居民情绪波动强烈，特别是原东山
区居民易产生较大的心理落差。

> 觉得（东山区）突然"降级"了，就直接从和越秀平行的区变成
> 一个附属的部分，这样的话很多资源可能都会因行政层级的改变而少
> 一些。②

也有居民表示难以理解，对合并后的区域认同感较弱。

> 当时觉得难以置信，因为东山区是老区，也挺重要的。现在还是
> 觉得很难理解。对生活方面并没有多大的影响，心理影响倒是挺大
> 的。现在还是不太开心并区这件事。父母比我能接受这个事实，不会
> 反对，但也不是很支持。可能对我们来说，生活方面并没有获利。③

---

① 2020 年 6 月 11 日对广州市越秀区有关部门负责人的访谈。
② 2020 年 7 月 3 日对居民 A1 的访谈。
③ 2020 年 7 月 3 日对居民 A2 的访谈。

城市管理者在实现城市的持续发展目标的同时，也需要尊重地方文化价值观，贸然改革会使部分人内心抵触。尤其是原东山区居民对原东山区具有很强的情感，在两区合并之后，部分原东山居民存在一定的心理隔阂，如何提升居民对新区的空间认同感与社区亲近感成为市政规划过程中亟待解决的问题。例如，调整市政改革宣传的方式这一做法成效较为显著，使居民充分了解改革目的和影响，给予居民缓冲时间，有利于提高居民对改革的接纳度，促进合并后的越秀区在社会文化方面的全方位整合。

此外，从访谈中还了解到，越秀区两次行政区划调整中决策的透明度较低，以传统新闻媒介作为主要的宣传工具。

> 当时主要是通过报纸和电视新闻了解情况的。当时《广州日报》和广州台都有报道。[1]

> 2005 年和 2013 年的调整基本是通过报纸和电视知道的，但对具体内容所知甚少，仅仅是知道行政区划的合并。[2]

居民在访谈中表示，公众主动了解行政区划调整内容的积极性不高。

> 当时获取调整消息是通过街坊聊天和居委会，主要是口口相传和社区公示，但其实没几个人真的去看过正式的文件。[3]

由此可知，行政区划调整消息的发布渠道比较传统，宣传力度有限，且缺少让民众表达诉求的渠道。李江涛、蒋年云（2007）指出，行政区域规划调整关系到广大市民、企业、事业单位和公务员队伍的日常生活与工作，这本应当是一件社会公众高度参与的事情。但在我国相当一部分地区，行政区划调整反而演变为一项"高度机密"行为，居民对行政区域规划调整的内容不甚了解，参与度较低。如果行政区划调整信息不及时公开、决策过程不透明、前期工作准备不足，未广泛征询社会大众的意见，既不利于保障社会公众的知情权，也不利于提高方案的科学性和民主性，从而影响方案的社会理解度和接受度。

---

[1] 2020 年 7 月 3 日对居民 A1 的访谈。

[2] 2020 年 7 月 3 日对居民 A3 的访谈。

[3] 2020 年 7 月 3 日对居民 A2 的访谈。

总而言之，经过对居民进行访谈，我们进一步了解行政区划调整所带来的变化，基本上符合改革者的意图，即提高效率、促进公平。一方面，通过行政区合并，能够消除行政阻隔，提高行政效率，加上整合两区历史文化资源的措施，有利于释放两区发展的新活力。另一方面，通过行政区划调整，能使公共资源更加集中，还可以促进优质的公共资源在区域内高效流动，比如调整前东山和越秀两区存在地区间教育资源分布不均衡、区域内教育水平存在明显差距等问题，但合并后打破了地域的阻隔，让两区的居民都能平等享受到优质的教育资源。

> 两个区本身就具有教育资源方面的优势，两区合并后，教育资源更加集中。①

不仅如此，行政区划调整还带来其他积极影响，如市容市貌得到明显改善，历史建筑和景观也得到重视和保护。

> 感觉合区后，市容市貌得到明显改善，既保留了原来一些有意义的景观，也把一些年代过久的建筑进行重新调整和规划，看起来更舒服了。②
> 老城区内一些很能代表老广文化的建筑和景观都有明确的规划进行保护和调整，感觉更有序一些了。③

尽管广州市各城区包括越秀区，在产业结构、资源能力上都有了新的发展，但近几年来用地紧缺、空间受限，影响经济发展，越秀区政府开始谋求新一轮行政区划调整。

> 越秀区一直大力发展楼宇经济，但作为广州的中心城区之一，在仅有的 33.8 平方公里面积区域内（面积最小的一个区），楼宇经济发展空间有限，发展载体缺乏，还出现了交通拥堵、停车难等问题。有想过进行区域调整，由于越秀区当前区域空间不足，对经济发展会产

---

① 2020 年 7 月 3 日对居民 A1 的访谈。
② 2020 年 7 月 3 日对居民 A2 的访谈。
③ 2020 年 7 月 3 日对居民 A3 的访谈。

生一定的阻碍作用，倾向于从白云区划地，但各城区之间经济竞争激烈，想要调整应该很难。①

在有限的土地范围内，区域发展在一定程度上达到资源饱和，制约了城区的发展。事实上，这不是越秀区特有的问题，许多城区，尤其是中心城区，都存在这种问题。各城区都不愿放弃自己的既得管理空间，均在努力维护自身的利益。因此，越秀区试图将其他城区的土地划分过来将非常困难。各城区的发展空间逐渐减少，如何寻求新的发展空间、提升发展潜力，成为广州市各城区城市管理的重要议题。

五 结论与建议

本文对越秀区 2005 年和 2013 年两次行政区划调整的逻辑成因及影响进行分析。研究发现：越秀区两次主要的行政区划调整形式分别是区区合并、区内部街道调整，调整的原因可总结为对效率与公平的要求，即城市扩大经济发展空间的需要与完善公共服务供给的需要。同时，文化因素也是影响行政区划调整思路的重要因素。针对一些历史底蕴深厚的城区，行政区划的调整往往会考虑到该地历史文化的特点，将拥有相似文化资源的行政区域作整合处理。

经过这两轮的行政区划调整，越秀区的整体发展实现了较大的飞跃。从发展逻辑来看，这两次调整扫清了行政区域边界对区域联动发展的阻碍，消除了地域之间的壁垒，从而能够加快资源在区域内的流通速度。通过对相似资源进行整合，重组城市经济发展的空间结构，完善产业的布局，提高了城市发展活力和核心竞争力。从城市功能来看，原东山区和原越秀区文化资源丰富，合并后可将这些资源串联起来加以利用，打造具有本土特色的文化产业格局，重塑城市的文化内涵，进一步提升城市的文化功能。此外，行政区划的调整还涉及公共资源要素的整合，通过网格化规划实现资源的均等配置，增强了优质公共资源的流动性，有利于增强城市的社会服务功能。

值得思考的是，尽管本文对调整的逻辑成因和影响展开了详细的分

---

① 2020 年 6 月 11 日对广州市越秀区有关部门负责人的访谈。

析，但仍有部分内容有待进一步讨论。首先，本研究的案例没有反映出行政区划调整后政府内部行政人员的流动和层级的变化，缺乏对调整前后行政系统变化的深入讨论。其次，从越秀区行政区划调整的背景来看，两次调整基本上都是由政府主导，需要进一步加大宣传力度和拓宽表达民意的渠道。行政区划调整涉及城市空间结构和资源分配的变化，影响着城市中每一个公民的日常生活，而公众作为直接的利益相关者通常会处于被动接受的位置，在管理者决策的过程中，需要为其提供表达诉求的机会，从而符合治理中多元主体参与的主旨。因此如何保障公众作为直接利益相关者的知情权和参与权值得进一步思考。

鉴于目前学界缺乏对行政区划合并的逻辑成因及影响进行具体案例分析，本文在一定程度上丰富了此方面内容，较为全面地反映出调整产生的影响，同时也能为与行政区划调整相关的决策提供参考。近年来，我国城市化急速发展，城市人口密度不断增大，许多城市面临发展空间和资源限制。向外围拓展延伸、在内部优化空间布局成为城市突破困境的方式。在未来，行政区划调整仍然是城市管理领域中值得关注的议题。

参考文献

顾朝林、王颖、邵园、顾江，2015，《基于功能区的行政区划调整研究——以绍兴城市群为例》，《地理学报》第 8 期，第 1187 ~ 1201 页。

李江涛、蒋年云，2007，《2007 年：中国广州经济发展报告》，社会科学文献出版社。

刘君德，2006，《中国转型期"行政区经济"现象透视——兼论中国特色人文—经济地理学的发展》，《经济地理》第 6 期，第 897 ~ 901 页。

刘小康，2006，《行政区划改革：视角、路径及评价》，《北京行政学院学报》第 3 期，21 ~ 25 页。

刘豫萍、罗小龙、殷洁，2015，《行政区划调整对小城镇发展的负向影响——以湖南省华容县沿江乡镇为例》，《城市问题》第 11 期，第 4 ~ 9 页。

罗震东、汪鑫、耿磊，2015，《中国都市区行政区划调整——城镇化加速期以来的阶段与特征》，《城市规划》第 2 期，第 44 ~ 49、64 页。

尚正永、卢晓旭、张小林、吴启焰，2015，《行政区划调整对城市地域结构演变的影响——以江苏省淮安市为例》，《经济地理》第 8 期，第 61 ~ 67 页。

汪宇明、王玉芹、张凯，2008，《近十年来中国城市行政区划格局的变动与影响》，《经济地理》第 2 期，第 196 ~ 200 页。

魏衡、魏清泉、曹天艳、赵静，2009，《城市化进程中行政区划调整的类型、问题与发展》，《人文地理》第 6 期，第 55 ~ 58 页。

吴金群、廖超超，2019，《我国城市行政区划改革中的尺度重组与地域重构——基于1978 年以来的数据》，《江苏社会科学》第 5 期，第 90 ~ 106、258 页。

谢涤湘，2009，《快速城市化时期的行政区划调整研究》，《现代城市研究》第 4 期，第82 ~ 87 页。

叶林，2010，《新区域主义的兴起与发展：一个综述》，《公共行政评论》第 3 期，第175 ~ 189、206 页。

叶林、杨宇泽，2017，《中国城市行政区划调整的三重逻辑：一个研究述评》，《公共行政评论》第 4 期，第 158 ~ 178、196 页。

殷洁、罗小龙，2013，《从撤县设区到区界重组——我国区县级行政区划调整的新趋势》，《城市规划》第 6 期，第 9 ~ 15 页。

曾卫康、苗勃，2013，《北京街"挪窝" 越秀新四街掀开盖头来》，人民网，http://politics. people. com. cn/n/2013/0316/c70731 - 20810705. html。

张践祚、李贵才、王超，2016，《尺度重构视角下行政区划演变的动力机制——以广东省为例》，《人文地理》第 2 期，第 74 ~ 82 页。

张紧跟，2010，《新区域主义：美国大都市区治理的新思路》，《中山大学学报》（社会科学版）第 1 期，第 131 ~ 141 页。

张京祥、沈建法、黄钧尧、甄峰，2002，《都市密集地区区域管治中行政区划的影响》，《城市规划》第 9 期，第 40 ~ 44 页。

朱建华、陈田、王开泳、戚伟，2015，《改革开放以来中国行政区划格局演变与驱动力分析》，《地理研究》第 2 期，第 247 ~ 258 页。

Cartier, C., 2011, "Urban Growth, Rescaling, and the Spatial Administrative Hierarchy," *Provincial China* 3（1）：9 – 33.

Cartier, C., 2016, "A Political Economy of Rank：The Territorial Administrative Hierarchy and Leadership mobility in Urban China," *Journal of Contemporary China* 25（100）：529 – 546.

Liu, Y., Li, Z. & Jin, J., 2014, "Pseudo-urbanization or Real Urbanization? Urban China's Mergence of Administrative Regions and its Effects：A Case Study of Zhongshan City, Guangdong Province," *China Review* 14（1）：37 – 59.

Savitch, H. V. & Vogel, R. K., 2000, "Paths to New Regionalism," *State and Local Government Review* 32（3）：158 – 168.

Ye, L., 2009, "Regional Government and Governance in China and the United States," *Public Administration Review* 69（S1）：S116 – S121.

城市群发展中的人才流动受阻问题研究

——以粤港澳大湾区高校人才流动为例

宋世慧　方诗琪　李开颜　刘美珍　张维清　张泽鸿*

摘　要： 本文对粤港澳大湾区近几年的就业状况进行梳理，采用问卷调查方法研究影响大学生就业选择的现实因素，对粤港澳大湾区历年来促进人才流动的主要政策措施进行梳理和分析，分析各地人才政策的效力以及相应的不足之处，提出推动粤港澳税收合作、整合粤港澳优质教育资源、建立健全人才服务保障机制等对策建议，以期为促进粤港澳大湾区的创新发展和人才流动注入活力。

关键词： 人才流动　大学生就业　粤港澳大湾区

一　导论

粤港澳大湾区凭借其开放程度高、经济活力强的优势，衍生出十分强劲的人才虹吸效应。但目前情况有所改变，智联招聘官方发布的《2019年粤港澳大湾区产业发展及人才流动报告》披露：随着人才流入速度加快，2019年前三季度大湾区的人才已经从"供不应求"转变为"供大于求"的状态。

粤港澳大湾区"引才"效果显著，但是"留才"和"流才"方面仍有不足，人才流失率较高，同时，在湾区内部实现人才要素共享和流动依旧面临极大的挑战。

粤港澳大湾区的人才流动以国内人才流动为主，其中广州、深圳以全

---

* 宋世慧、方诗琪、李开颜、刘美珍、张维清、张泽鸿，中山大学政治与公共事务管理学院行政管理专业2018级本科。

国范围内的人才流动为主，珠三角其他城市以粤港澳大湾区内部的人才流动为主，只有在香港、澳门，国际人才流动相对活跃。此外，粤港澳三地协同发展机制不畅，人才出入境便利化程度不高，三地在合作办学、科教资源共享、信息互通等方面的合作不够紧密，抑制三地人才流动的积极性。

面对粤港澳大湾区存在的人才要素流动受阻等问题，我国一直在不断尝试探索相关的解决措施。2009 年，广东省就启动了一系列特色人才工程，在吸引培养高端人才和促进粤港澳人才交流合作方面取得了显著成效。2012 年，广州南沙的人才合作示范区被列为全国人才管理改革试验区，粤港澳人才合作示范区的政策也在继续优化。2016 年，广东出台《关于促进中国（广东）自由贸易试验区人才发展的意见》等相关政策文件，分别从体制机制创新、综合服务水平、发展创业支持三方面进一步支持自贸区人才队伍建设与发展。此外，2019 年 2 月发布的《粤港澳大湾区发展规划纲要》也有对人才建设作出规划的内容。

近几年，粤港澳人才合作示范区已经初具规模，打造出集聚能力较强、开放程度较高、体制机制较灵活的人才试验区。换而言之，当前粤港澳大湾区内国际化人才协同发展的局面初步显现，这也为推动大湾区人才协同发展提供了有价值的参考。

优质要素的集聚对于城市群的健康发展举足轻重，在国家创新驱动发展战略的指引下，大湾区区域协同创新系统目前面临的一个困境就是"要素流动受阻"。由此，本研究的案例研究对象即是流动要素中分量较大的人才要素。

本研究基于粤港澳大湾区内高校人才流向的研究，通过问卷调查分析其背后影响因素，并与相关政策文本作基本对照，探讨当前各地举措成效及其不足并给出相关建议。

二　文献综述

随着市场经济的高速发展，人才流动这一现象出现，有序合理的人才流动在优化人才资源配置方面具有重要影响（梁伟年，2004），因此国内各地对人才流动也愈发重视。人才流动具体指的是个体组织状态的改变，可以理解为员工在两种工作状态间的改变，并且工作的地点、岗位、性质以及服务的对象等都可以确定这种工作状态（詹晖，2017）。

目前学术界有关人才流动的研究较多，主要研究不同类型人才的流动和不同区域、不同组织之间的人才流动，也有一些研究专门探讨了人才流动的影响因素。

其中，不同类型人才流动研究主要集中在科技人才流动和教育科研人才流动等方面。例如，郑巧英等人（2014）在梳理总结全球科技人才流动的形式和影响因素的基础上，针对中国在全球科技人才流动中的机遇与挑战，提出我国科技人才引进的对策建议。徐倪妮和郭俊华（2019）分析了区域宏观环境因素对于科技人才流动的作用及效果。纪建悦和张学海（2010）也通过实证研究，提出 R&D 经费和高技术产业增加值这两个因素对科技人才流动的影响较大。郭洪林等人（2016）对高等教育人才流动的决策、频次及其影响因素展开调查，发现家庭、个人等外部因素对高等教育人才流动的影响最大，学术平台、学科发展等因素反而对高等人才的流动影响较小。吴培群和封化民（2013）基于 Web 内容分析数据与国际调查结果，对比分析影响大学教师校际流动性的制度因素，并提出相应对策。部分研究注意到"双一流"建设背景下，国内高校存在的人才流动失序问题，尝试剖析高校人才流动失序的根源并提出相应矫治建议（辛斐斐、范跃进，2017）。

不同区域、不同组织之间的人才流动研究主要聚焦于国家或地区之间的人才流动、城市或区域之间的人才流动、企业之间的人才流动等。有研究表明，全球人才主要流向核心国家和半边缘国家，与此同时，新兴国家作为人才吸纳国的地位逐渐上升（侯纯光等，2019）。魏浩等人（2012）利用全球范围内 48 个国家和地区在 1999～2008 年的统计数据，深入研究影响不同类型国家或地区人才吸引力的因素，提出中国应该实施国际人才战略，增加对高等教育的资金投入等以吸引国际人才。王宁（2014）则关注到由地方分层所引起的地理流动以及地理流动对社会流动的助推作用，发现地方的经济、消费、行政权力等级和地方声望会影响人才的流动。胡本田和曹欢（2020）对 26 个位于长三角地区的城市的人才吸引力进行评价，发现虽然近年来长三角地区城市人才吸引力逐渐提升，但各地区之间仍存在显著差别。汪志红等人（2016）则从企业角度分析人才流动的动因，发现不同性质的企业和不同产业的人才流动差异性显著。邵春玲（2006）从企业和员工两个视角出发，分析中小企业之间的人才流动的影响因素。张干英（2019）则注意到民营企业的人才流失问题，从社会、企业和个人三大角度分析民企人才流失和流动现状的成因，并由此为民企改革发展提供对策。

在人才流动影响因素上，现有研究大多数从以下三方面展开讨论：微观的个体层面、中观的组织结构层面、宏观的社会环境层面（梁伟年，2004；马志敏，2018；刘金栋，2019；傅鹏，2020）。学者在研究时采用多种模型与理论进行验证分析，如推拉理论、马奇和西蒙模型、勒温场动力理论、组织寿命理论、新古典经济学理论等，在人才流动研究文献中，涵盖管理学、经济学、社会学、心理学、统计学等不同视角。

总的来看，学术界对于人才流动的研究较多，但针对粤港澳大湾区人才流动的相关研究较少，且部分研究仅关注到粤港澳大湾区的税收政策对人才流动的影响（陈双专、温彩霞，2019；谢婷等，2020）。但随着我国经济、社会等宏观环境发生巨大变化，现有研究中部分数据和结论的参考价值较小。

三　案例描述

（一）资料分析方法

本文采用信度和效度都较高的广东省高校毕业生就业质量年度报告作为研究对象进行初步分析。一方面，广东省高校毕业生就业质量年度报告中较为全面地反映了历年来广东省高校毕业生的人数规模、组成结构、就业流向、就业质量、就业趋势等情况，对本研究具有很大的参考意义。另一方面，从最初的学术界讨论再深化到地方政策，最后作为国家战略被提出，大湾区建设虽然已经准备20多年，但粤港澳大湾区这一概念首次明确提出还是在2015年。由此，本研究最后决定采用广东省高校毕业生就业质量年度报告在2016～2019年的已有数据作为部分数据来源，进行深层次的整理和分析，以期在分析已有数据的基础上发现对高校毕业生就业流向有影响的部分重要因素，同时能在一定程度上佐证本研究的问卷调查结果和发现。

此外，本研究也对相关政策进行分析，通过查阅粤港澳大湾区各地区有关人才要素的政策文件，借鉴相关学者对于人才要素发展的研究，并基于粤港澳大湾区建设背景，计划进一步厘清目前阶段人才政策所存在的现实问题。

（二）问卷调查方法

广东省高校毕业生就业质量年度报告以及各高校就业质量报告中关于影响就业流向的因素并未划分得十分准确，为了使调研结果更加准确并对已有的研究报告有所补充，本研究采取线上问卷调查的方式进行相关调研。在调研的过程中，本研究利用小组成员的社交关系网，通过微信和豆瓣等多个平台，面向粤港澳大湾区各高校的毕业生进行问卷的发放和传播，很大程度上提高了本研究调研样本的随机性。同时，本研究还在问卷中设置多道用于筛除无效问卷的题目。这些方法使得本研究调研结果具有一定的信度和效度。

另外，关于问卷的设置，本研究小组先是查阅大量的相关文献，在已有研究的基础上，总结出影响就业流向的主要因素，其中包括经济、社会、自然等诸多影响因素。此后，本研究根据这些影响因素进行了预调研，设计出第一份用于征集建议和收集问题的问卷，也发现由于问卷覆盖范围较小，存在大多数被调查者选择进一步深造而非就业等情况，导致问卷样本严重不足，难以支撑下一步的研究分析。于是在总结反思第一轮问卷出现的问题后，第二轮问卷得以完善并被发放。

虽然努力通过预调研等诸多方法来完善该调研问卷，但由于问卷调查本身的局限性以及其他客观条件的限制，本调研还是存在一些不足。首先，问卷调查的样本中出现性别不均的问题，在回收的273份有效填写问卷中，有201人是女性，占比73.63%，有72人是男性，占比26.37%。在学校的分布上，也主要集中在中山大学和华南师范大学，并且96.34%的样本都是本科生，硕博占比过低，甚至没有专科的样本；并且存在样本不够大的问题，这可能会导致后续的研究结果出现一些偏差。

（三）二手数据资料分析

1. 就业地区流向

据《2016年广东省高校毕业生就业质量年度报告》，有94.64%的已就业毕业生选择留在广东省就业。其中广州、深圳等珠江三角洲的九个地级市共吸纳37.33万毕业生就业，占已就业毕业生总数的82.18%。其中广州市吸纳已就业毕业生的数量在九个地级市里居首位，占全体已就业毕业生总数的35.93%；选择在深圳市就业的毕业生占比16.53%；选择在佛山市就业的毕业生占比8.38%，在九座城市中位列第三。此外，粤东、粤西、粤北三大地区吸纳已就业毕业生分别占比 6.52%、4.13%、1.81%。

2017年，选择留在广东省就业的已就业毕业生占比 94.71%，较上一年略有上升，其中 82.19 的毕业生流向珠三角九市。报告显示，吸纳已就业毕业生数排名前三的城市依次为广州市、深圳市、佛山市，与 2016年保持一致。选择到粤东、粤西、粤北地区就业的已就业毕业生，分别占比6.48%、4.22%、1.82%。

2018年的数据表明，有 94.37% 的已就业毕业生选择在广东省就业，较前两年有所下降。39.08 万毕业生选择在珠三角九市就业，占总数的82.65%。其中接收已就业毕业生数排名前三的城市与前两年一致。粤东、粤西、粤北地区则分别吸纳 6.14%、3.89%、1.69% 的已就业毕业生，较上一年来看，流入粤东、粤西、粤北三地就业的毕业生占比都呈现不同程度的降低。

到了 2019 年，选择留在广东省就业的毕业生数达到 2016～2019 这四年中的最高，占已就业毕业生总数的 94.82%。但珠三角的九个地级市总共吸纳 38.74 万毕业生，占总数的 83.07%，占比较上一年略有上升。其中吸纳已就业毕业生数排名前三的城市与前三年一致。广州市较上一年吸纳的已就业毕业生增加 0.15 万人，占比有所上升，占已就业毕业生的36.63%。深圳市较上一年少吸纳 0.27 万的已就业毕业生，占比略有下降，仅占 17.10%。选择到佛山市就业的已就业毕业生占比也有所下降，即占总数的 8.61%，人数上则减少了 0.14 万人。粤东、粤西、粤北地区分别流入 5.99%、3.97%、1.79% 的毕业生就业，较上一年来看，粤东地区占比有所下降，而粤西、粤北地区占比皆有小幅的上升。

如表 1 所示，在 2016～2019 年四年的时间里，选择在珠三角就业的毕业生人数占比总体呈现上升的趋势，其中深圳市的表现尤为突出。

表1 2016～2019 年广东省高校毕业生在广东的就业流向占比对比

单位：%

年份	广东省	珠三角	广州市	深圳市	佛山市	粤东	粤西	粤北
2016	94.64	82.18	35.93	16.53	8.38	6.52	4.13	1.81
2017	94.71	82.19	35.61	17.04	8.61	6.48	4.22	1.82
2018	94.37	82.65	35.81	17.43	8.77	6.14	3.89	1.69
2019	94.82	83.07	36.63	17.10	8.61	5.99	3.97	1.79

除此之外，基层就业流向情况也得到较多关注。2016 年，部分高校毕业生选择到中西部地区、艰苦边远地区以及老工业基地县以下基层就业，包括"西部计划"200 名，"三支一扶计划"1500 名，"山区计划"300 名。到 2017 年，毕业生选择参加"西部计划"的有 213 名，"三支一扶计划"的有 1500 名，"山区计划"的有 312 名。2018 年，毕业生选择参加"西部计划"的有 416 名，"三支一扶计划"的有 1625 名，"山区计划"的有 538 名。基层就业情况呈现向好的趋势，前往偏远基层的就业人员逐年增加。

2. 就业地区薪酬

2016 年，毕业生在广东省就业的平均月薪为 3357 元，在省外地区就业的平均月薪为 4036 元。在广东省内就业地区中，深圳市以平均月薪 3819 元成为省内就业平均月薪最高的城市，其次是平均月薪为 3490 元的广州市。汕尾市、云浮市分别以平均月薪 2744 元、2767 元成为省内就业平均月薪较低的两个城市。

2017 年，毕业生在广东省就业的平均月薪为 3649 元，在省外地区就业的为 4338 元。在广东省内，深圳市以平均月薪 4153 元再次成为省内就业平均月薪最高的城市，排名第二的依旧是平均月薪为 3787 元的广州市。云浮市、汕尾市分别以平均月薪 2912 元、2975 元成为省内就业平均月薪较低的两个城市。

2018 年，毕业生在广东省就业的平均月薪为 4025 元，在省外地区就业的为 4842 元。在广东省内，深圳市以平均月薪 4600 元继续成为省内就业平均月薪最高的城市，排名第二的依旧是平均月薪为 4154 元的广州市。揭阳市、汕尾市分别以平均月薪 3233 元、3236 元成为省内就业平均月薪较低的两个城市。

由上述就业地区薪酬的几项数据可知，广东省毕业生平均月薪呈现逐年增长的态势，其中表现突出的是深圳市和广州市，这为人才集聚起到重要的作用。

3. 粤港澳大湾区毕业生就业情况

通过分析 2016～2019 年毕业生就业的流向情况，本研究发现 94%～95%的毕业生仍选择留在广东地区就业，这侧面说明绝大部分毕业生的首选就业地区是广东。但从广东省内的区域分布来看，2016～2019 年，82%以上的毕业生倾向于选择在珠三角地区就业，呈现毕业生不断向珠三角地区集聚的大趋势。相比之下，已就业毕业生选择粤东、粤西、粤北地区就业的占比均呈下降的趋势，与 2016 年相比，2019 年就业分布占比分别下降 0.53%、0.16%、0.02%。

粤港澳大湾区作为我国近年来最重要的战略部署之一，已经成为中国改革创新的前沿和经济向好向优发展的重要引擎。2017 年广东省 81.98% 的应届毕业生选择在大湾区就业，2018 年则为 82.65%，到 2019 年，这一数字已经增长为 83.07%。通过分析 2016～2019 年应届毕业生的就业流向数据，不难看出应届毕业生流向粤港澳大湾区的比例整体呈现一种上升态势，珠三角地区也已经成为广东省应届毕业生的就业首选之地，成为广东省最重要的人才聚集地。

根据以上对近四年广东省高校就业质量报告的分析，本研究发现，珠江三角洲吸纳应届毕业生就业的占比稳定增长，人才逐渐向薪酬高、福利好的地区如深圳、广州等地集聚，同时人才聚集又反哺当地经济发展，逐渐形成一个良性循环。

（四）问卷调查结果分析[①]

本研究正式调研阶段一共收集到 305 份问卷，其中有效问卷 273 份，女生占比较高，为 70%，且受问卷传播手段限制，填写问卷的多为广东省内本科在读生。其中，回收到的省内城市问卷占 37%，省外城市占 27%；省内农村占 21%，省外农村占 15%。

本次问卷调查覆盖的大学生生源地较为广泛（见图 1），这也较为有效地展现出户籍成为毕业生是否选择留在粤港澳大湾区就业的重要影响因素。

据问卷调查结果，在 273 份问卷中，78.75% 的回答选择有意愿留在粤港澳大湾区就业，有 86.08% 的人会去关注大湾区的相关人才政策，简而言之，大部分的高校毕业生愿意留在粤港澳大湾区就业并基本了解大湾区的人才政策。其中，本研究所调查到的高校毕业生对"住房公积金 + '上管老下管小'医疗补贴"、"分层次人才奖励 + 职称优化"和"'人才绿卡' + 积分落户"的感兴趣程度较高，分值依次分别为 7.97 分、7.77 分、6.58 分（满分为 10 分）。具体如图 2 所示。

---

① 参见 https://www.wjx.cn/m/83959291.aspx。

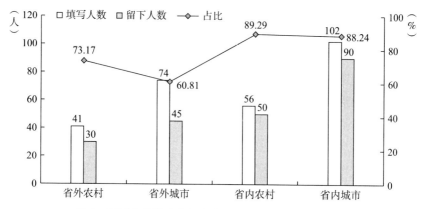

图 1 不同户籍学生选择留在粤港澳大湾区就业的占比

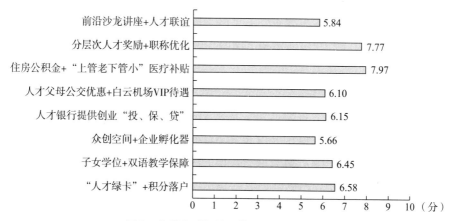

图 2 大学生对相关政策的兴趣浓厚程度

影响就业流向的六大因素分别是经济因素、社会因素、政策制度因素、个人因素、家庭因素、自然环境因素。本研究所发放问卷中也设置六道大题目（每道大题下设置小题，满分 10 分求均分）调查大学生对前文提及的六大因素的重视程度。调查结果显示，这六大影响因素中的经济因素、政策制度因素和个人因素对于就业流向的影响较大。其中经济因素包括城市经济收入、就业机会、工作竞争力、生存生活成本和意向就业城市的国际化程度；政策制度因素则指的是意向就业城市的户籍管理制度、各类档案管理制度、社会福利保障制度、国家投资政策以及意向地区的就业政策；此外，个人因素则指的是关于就业的价值观以及个人本身的能力。

根据理性选择理论，个体选择某个地区就业是为了追求更高的经济收入和更高的生活水平。在问卷所有列出的影响因素中，本研究取所有有效问卷数据的均值，发现就业城市的经济收入以 8.5 分的分值高居榜首。在这种个人就业价值取向的影响之下，高校毕业生更关注就业城市的经济因素和政策制度因素符合现实，本次问卷调查结果恰恰也证明了这一点。此外，调查结果发现，高校毕业生对政策制度因素的关注更胜于对经济因素的关注，前者分值为 7.93 分，后者为 7.65 分，这也正表明了政策制度因素对于就业流向的影响之大。

鉴于此，接下来本文将通过对粤港澳大湾区历年来促进人才流动的主要政策措施进行梳理和分析，期望能够发现各地的人才政策效果及其存在的问题，从而提出相应的建议以促进大湾区的人才流动，为大湾区的发展创新注入新的活力。

四　案例分析

调研过程中，本小组查阅粤港澳大湾区各地区有关人才要素的政策文件，借鉴相关学者对于人才要素发展的研究，概括整理相关政策文件，大致分为五个方面：人才引进、人才培育、人才评价、人才激励、人才服务保障。并基于粤港澳大湾区建设背景，进一步厘清目前阶段人才政策所存在的现实问题，为推动大湾区人才流动提供探索与实践方向。

人才引进，具体而言就是为了满足区域产业发展需求，统筹协调人才跨国界、跨地区引进。《粤港澳大湾区发展规划纲要》以及《关于贯彻落实〈粤港澳大湾区发展规划纲要〉的实施意见》都强调人才引进的重要性，文件指出要一方面借鉴港澳地区关于人才引进的过往经验和做法，另一方面实施更积极主动、开放高效的人才引进政策，打造更具吸引力的人才引进环境。避免人才断层，制作稀缺人才清单，因需引进，打造高层次人才引进平台，率先实施更优人才居留政策。但根据区域发展现状，体制机制障碍成为制约大湾区人才流动最主要的因素。与国际一流湾区相比，粤港澳大湾区实行两种不同的政治与社会制度，广东省和香港、澳门特别行政区分属不同关税区，有不同的货币体系，其法律体系和经济模式也有差异。由于诸多制度阻碍存在，协调机制尚未妥善建立，湾区内部开放性、流动性存在壁垒。粤港澳三地人才政策的衔接不足，人才流动的制度成本过高，人才的流动难免受限，这也是湾区内人才发展协同程度较低的主要原因。

人才培育的具体内涵是发挥区域内教育资源优势互补作用，着重提升区域人才创新创造意识、专业能力、整体素质。具体而言就是要在粤港澳大湾区内部建设世界一流的大学群，巩固大湾区内部基础教育成果，提升大湾区教育综合治理管控能力，实现大湾区教育的可持续发展。粤港澳大湾区内部教育资源较为丰富，但是仍存在教育资源地区间不均衡的情况，除了个别城市有较多数量的大学，如香港和广州，大湾区内部其他城市的大学数量与城市的经济实力并不匹配。同时，粤港澳大湾区与国内其他经济发达地区相比，在部分要素方面还有很大的发展空间。

人才评价是要促进跨区域人才职业资格和成就的相互认可，对人才的专业能力、综合素质和突出绩效贡献进行统一全面客观的价值评价。《广东省推进粤港澳大湾区建设三年行动计划（2018—2020 年）》指出：积极探索粤港澳三地相互承认高等教育专科学历的互认制度，进一步完善外籍高层次人才的认定标准，积极推动国际人才之间的跨区域、跨行业交流合作，进一步推进跨国职业资格认可。但就目前来看，在人才评价方面的政策文件数量少，分布较为零散。大湾区相关政策理论与实践尚处于初步发展阶段，因此还需不断探索优化粤港澳大湾区的人才评价机制。

人才激励是指通过物质和精神奖励等多元化方式和手段奖励人才的成果，促进成果转化。物质层面的补贴主要体现在税收优惠上，目的是推动解决个人所得税差额问题，免除人才的后顾之忧。目前这一政策仍具有区域局限性：实施对象仅仅是境外（含港澳台）的高端和紧缺型人才，其他人才无法享用，三地之间的税负差额依然难以平衡。精神激励主要是给人才搭建良好的平台促进成果转化。粤港澳大湾区拥有 20 家世界 500 强企业和约 4.3 万家国家级高新技术企业。2019 年 1 月 18 日，服务粤港澳青年创新创业者的孵化器——粤港澳青年创业孵化器项目正式启动，专注服务粤港澳大湾区青年创业者及其项目，给予年轻人创业需要的平台、资金、经验、机会。但是人才激励的制度环境仍有待优化，对于人才创新创业过程中迫切需要解决的科技研发、科技成果转化、创业培训等方面的问题，粤港澳大湾区尚未提供足够多的优质服务以及解决方案。同时，粤港澳大湾区内部，主要是珠三角九市尚无关于事业单位科研人员到企业从事技术研发的鼓励性政策，科研院所和高校创新研发人才向企业的流动缺乏动力和制度保障。

人才服务保障是指为人才统一提供必需的公共服务和创新创业支持措施，以及为人才的社会保障提供跨区域的制度衔接。在这方面，相关政策文件比较完善且全面。2017 年出台的《深化粤港澳合作 推进大湾区建设框架协议》中就有规定"加快推进港澳青年创业创新基地建设"，为大湾区内部青年创业创新提供合作平台。此外，大湾区也没有忽略住房、医疗、养老等保障问题，经过多次尝试与协调，成功实现了跨区域的制度衔接。在加强住房保障方面，提高湾区内住房公积金信息的跨区域共享程度，为大湾区人才提供更加高效的服务；在医疗、养老问题上，广东省政府积极推进两大保险的衔接，落实中央对持有居住证的港澳居民参加城乡居民医疗保险和养老保险的政策，使其得到充分的社会保障。由此不难看出，大湾区内人才保障措施具有一定针对性，但在实践层面，广东省针对境外人才的落户居留特定生活保障由于政策门槛过高而难以落实，无法惠及大部分的人才。此外，大湾区的人才保障措施较为常见，缺乏独特性，对于顶尖人才并无太多吸引力，在人才吸引质量与效益上作用不显著，难以实现预期理想效果。

总而言之，粤港澳大湾区在有关人才方面的政策较为全面且完善，但是仍存在政策落实不到位、政策实施与现实分离、政策门槛过高、粤港澳三地不同制度法律框架下协同效应发挥受到约束等问题，比如前文所提及的大湾区个人所得税优惠政策，真正能享受优惠的只是极少部分人。此外，大湾区建设进度与政策实际成效间也可能会出现落差。现阶段粤港澳大湾区仍处于建设期，许多政策文件还需进一步落实，许多项目尚未启动新一轮的申报工作。这些问题都会阻碍粤港澳大湾区内外部的人才流动。

五 结论与建议

本研究以粤港澳大湾区高校人才流动为例，对城市群发展中的人才流动受阻问题进行探讨。研究发现，近四年珠三角就业流向占比稳定增长，人才趋于向薪酬高、福利好的地区集聚，同时人才聚集又反哺当地经济发展，逐渐形成一个良性循环。为了进一步了解大湾区内部人才流动所考虑的因素，本研究发放 300 多份线上问卷，调查大学城学生对于就业地选择的具体考量。调研结果显示，经济因素、政策制度因素和个人因素对就业流向的影响较大，也发现高校毕业生对政策制度因素的关注更胜于对经济因素的关注。鉴于此，本研究对粤港澳大湾区历年来促进人才流动的主要政策措施进行整合和分析，发掘各地的人才政策效果及其不足之处，如政策落实过程中仍存在问题等。

针对这些不足之处，本研究提出以下三条建议。

一是推动粤港澳税收合作，积极推进跨区域行业服务标准与管理的对接。为切实推进三地税收协调，应在一定的原则与理论标准下开展税收合作的探索实践，搭建湾区内税收合作与交流平台。鉴于粤港澳三个不同关税区内税收环境、制度设计等差异显著，统一税收标准具有一定难度。在推动税收合作上，税务机关扮演着重要角色，有必要将税收合作机制协调与创新纳入现实考量，努力突破人才流动的税收瓶颈。地方也需提高区域合作的参与积极性，大力争取国家层面的政策助力，并细化完善相关配套措施，从制度上保证税收合作的有效实施。此外，积极对接行业服务标准与管理，推动设立共同的行业标准或统一管理模式，有助于增进三地协调工作、提高效率，大力促进粤港澳三地的人流、物流运转，更利于深化粤港澳区域合作关系。

二是整合粤港澳优质教育资源，助推产学研用融合创新。在"创新湾区""人文湾区"建设中，教育具有特殊功能与极其重要的战略地位，因此需要培养全局意识和长远眼光，推动粤港澳三地教育"求同存异"合作发展，打造"人才高地"。推动大湾区高等教育整合，建议根据三地高等教育资源在各领域的比较优势开展深度合作，在基础科学研究、技术前沿、重大专项等方面交流互补，通过拓宽空间、提高层次实现教育资源优化配置。欲打造全球性国际人才湾区，需提高教育质量。建议设立高校试点教育，鼓励新式教学与研究模式，以解决社会问题为教育导向，规范教师选聘标准，加大教师培养力度，与国际统一学术标准对接，并加快构建湾区内知识产权的保护格局，强化制度约束与社会监督共治，在湾区内打造优质创新环境，通过夯实"创新之基"激发高校科研创新活力。教育发展最终须落实到成果转化方面，建议搭建政府、高校、社会互动的创新平台，通过政府支持与体制创新，畅通科技成果转化渠道，深度推进产教融合、科教融合，实现湾区内高校、科研机构、企业的良性协同发展。

三是建立健全人才服务保障机制，改善各类人才创新创业环境。相关部门需根据大湾区的特殊性、复杂性，探索制定健全合理、有机衔接、务实可行的长效机制，对知识与人才给予充分尊重与切实保障。在优化人才创业环境上，政府可为创业人才提供财政补贴、法律援助、政策咨询，同时不能忽视基础设施与配套服务的完善。通过对资源的统筹整合与有效利用，在制度建设上保障青年人才合法权益。青年人才作为创新创业的新兴力量，具有一定的不成熟性与脆弱性，建议构建大湾区青年创业的交流互通载体，依托政府、社会、企业共同发力，协调好多方主体与青年个体之间的关系，在信息提供、政策咨询、资源开放、结果反馈等方面为创业青年提供帮助。并加快推进落实港澳青年创业待遇享有问题，完善就业、创业、住房、医疗等相关制度，为港澳青年提供更优质的生活环境与工作条件。以政策保障激励青年在大湾区创业发展，吸引和留住更多高层次优秀人才，力争打造"人才湾区"优势品牌。

参考文献

陈双专、温彩霞，2019，《粤港澳大湾区人才流动的税收瓶颈与税收协调》，《税务研究》第 11 期，第 66～70 页。

傅鹏，2020，《城市大学生吸引力指数及其指标体系研究》，硕士学位论文，浙江大学。

郭洪林、甄峰、王帆，2016，《我国高等教育人才流动及其影响因素研究》，《清华大学教育研究》第 1 期，第 69～77 页。

侯纯光、杜德斌、刘承良、翟晨阳，2019，《全球人才流动网络复杂性的时空演化——基于全球高校留学生流动数据》，《地理研究》第 8 期，第 1862～1876 页。

胡本田、曹欢，2020，《长三角高质量一体化发展研究——基于人才吸引力视角》，《华东经济管理》第 10 期，第 1～10 页。

纪建悦、张学海，2010，《我国科技人才流动动因的实证研究》，《中国海洋大学学报》（社会科学版）第 3 期，第 65～69 页。

梁伟年，2004，《中国人才流动问题及对策研究》，博士学位论文，华中科技大学。

刘金栋，2019，《河南省高校人才流动影响因素研究》，《现代商贸工业》第 19 期，第 77～78 页。

马志敏，2018，《山西省科技人才流动意愿的影响因素——基于层次分析法的实证研究》，《调研世界》第 11 期，第 46～51 页。

邵春玲，2006，《中小企业人才流动的因素分析》，《商业研究》第 4 期，第 52～55 页。

汪志红、谌新民、周建波，2016，《企业视角下人才流动动因研究——来自珠三角 854 家企业数据》，《科技进步与对策》第 5 期，第 149～155 页。

王宁，2014，《地方分层、人才流动与城市人才吸引力——"地理流动与社会流动"理论探究之二》，《同济大学学报》（社会科学版）第 6 期，第 47～55、109 页。

魏浩、王宸、毛日昇，2012，《国际间人才流动及其影响因素的实证分析》，《管理世界》第 1 期，第 33～45 页。

吴培群、封化民，2013，《大学教师校际流动性的实证分析——基于 Web 内容分析数据与国际调查结果的比较》，《科研管理》第 5 期，第 86～92 页。

谢婷、梁艳茹、石校雨、鲁美娟，2020，《粤港澳大湾区个人所得税优惠政策对高端人才流动的影响研究》，《商业会计》第 15 期，第 106～109 页。

辛斐斐、范跃进，2017，《"双一流"建设背景下高校人才流动失序的反思及矫治》，《高教探索》第 10 期，第 25～29 页。

徐倪妮、郭俊华，2019，《科技人才流动的宏观影响因素研究》，《科学学研究》第 3 期，第 414～421、461 页。

詹晖，2017，《吉林省科技人才流动影响因素及作用机制研究》，博士学位论文，东北师范大学。

张干英，2019，《民营企业人才流动与流失现状的成因及对策分析》，《企业改革与管理》第 22 期，第 61～62 页。

郑巧英、王辉耀、李正风，2014，《全球科技人才流动形式、发展动态及对我国的启示》，《科技进步与对策》第 13 期，第 150～154 页。